Oslo
Die Geheimlehre der Tempelritter

Allan Oslo

Die Geheimlehre der Tempelritter

Geschichte und Legende

Patmos Verlag Düsseldorf

*Für Hans Gaensslen und
Günter Sandmann.*

Die Deutsche Bibliothek – CIP-Einheitsaufnahme

Oslo, Allan:
Die Geheimlehre der Tempelritter :
Geschichte und Legende / Allan Oslo. –
3. Aufl. – Düsseldorf : Patmos-Verl., 2000
ISBN 3-491-72396-5

© 1998 Patmos Verlag Düsseldorf
3. Auflage 2000
Alle Rechte, einschließlich derjenigen des auszugsweisen Abdrucks
sowie der fotomechanischen und elektronischen Wiedergabe, vorbehalten.
Satz: Fotosatz Froitzheim, Bonn
Druck und Bindung: Pustet, Regensburg
ISBN 3-491-72396-5

Inhalt

7   Vorwort

10   Eine Legende und ein Rätsel
28   Esoterik
31   Die Mysterien
37   Die Pythagoreer
40   Die Kabbala
41   Die Essener
45   Die Mystik
46   Gnostik
47   Die Königliche Kunst
50   Hermetik
51   Die Christiani
55   Die Evangelien
60   Markioniten und Montanisten
63   Die Manichäer
65   Die Druiden
69   Die Staatsreligion
73   Die Keltenmission der Culdei
76   Die Sufis
81   Die römische Kirche
85   Die Ismailiten
88   Der Bagdad-Vertrag
90   Die Baumeister
94   Die Fatimiden

96 Die Bogomilen
101 Die Katharer
106 Das Papsttum
112 Die Vorbereitung
121 Der Orden
132 Die Waldenser
135 Die Assassinen
153 Wer waren die Assassinen?
166 Wer waren die Tempelritter wirklich?
176 Die Geheimlehre der Tempelritter
180 Ludwig IX. und die Tempelritter
188 Papst Gregor X. und die Tempelritter
199 Die letzten Jahre von Outremer
207 Philipp IV., der »Unschöne«
216 Philipp IV. und der Kreuzzug
225 Prozeß und Untergang
229 Und die Geheimlehre?

236 Die Großmeister des Templerordens

238 Literaturverzeichnis

Vorwort

Seit der Mitte dieses Jahrhunderts mehren sich die Abhandlungen über die Templer. Allein zwischen 1927 und 1965 gab es im Abendland 797 Veröffentlichung. Dabei zeichnen sich drei verschiedene Tendenzen ab. Die eine Gruppe von Autoren verdammt sie im Geiste der Inquisition und des Prozesses zu Beginn des 14. Jahrunderts, die andere verherrlicht in ihnen die ersten konsequenten Sucher nach der Wahrheit im Abendland. Schließlich sieht eine dritte Gruppe in ihnen die Vorläufer der Freimaurerei und versucht krampfhaft, dies zu beweisen.

Die einzige Gemeinsamkeit, die alle Autoren haben, ist die Tatsache, daß der Templerorden seinen Anfang in Jerusalem genommen hat und in Frankreich untergegangen ist. Doch warum gerade Jerusalem? Wozu ein weiterer Ritterorden, wo es dort bereits den Johanniter-Ritterorden gab? Um gegen die Ungläubigen zu kämpfen? Welche Ungläubigen? Die orthodoxen Christen oder die Muslime? Warum nicht in Spanien, um die Mauren nach Süden abzudrängen und das Land von den Ungläubigen zu befreien? Warum kamen die Templer aus Frankreich? Ja sogar aus Nordfrankreich, aus der Champagne. Hatten sie bereits eine Ideologie, bevor sie ins Heilige Land gekommen waren, oder hatten sie eine solche erst im Vorderen Orient entwickelt?

Warum mußte der Templerorden untergehen? Hat ihn der Papst verboten? Trachtete König Philipp der Schöne von Frankreich den Templern nach dem Leben? Neidete er ihnen die angeblich unermeßlichen Reichtümer, die sie aufgehäuft haben sollen? Wollte er sie »beerben«? Waren sie dem Papst inzwischen zu mächtig geworden? Wodurch? Ländereien und Komtureien? Politische Macht? Das leuchtet nicht ein, denn nach ihrer Enteignung durch den Papst wurde ihr gesamter Besitz den Johannitern übereignet. Rechnet man diese »unermeßlichen« Besitzungen der Templer zu den Besitzungen der Johanniter hinzu, müßten die letzteren noch mächtiger und reicher geworden sein.

Der Reichtum kann deshalb nicht der Grund für ihr Verbot sein.

Alle drei Gruppen von Autoren jedoch haben eines gemeinsam: sie sprechen vom Einfluß des Islam, von der Zusammenarbeit mit dem ›Feind‹ und von einer Geheimlehre, die noch immer im Verborgenen weiterlebt. Nach den inzwischen veröffentlichten Akten des Templerprozesses sowie der Anklageschrift, die nicht weniger als 127 Artikel umfaßt, kann unschwer festgestellt werden, daß man den Templern Ketzerei und magisches Wissen sowie Kollaboration mit den ismailitischen Assassinen vorwirft. Zahlreiche Befürworter und Gegner haben hervorgehoben, was die Geheimlehre der Assassinen enthielt, andere haben auf den Einfluß des Islam von Spanien, ja von Süditalien unter den Normannen auf das Geistesleben des Abendlandes verwiesen. Esoterisches Wissen, Alchemie, Magie, Reichtümer, Machtstreben, Autonomie von Staat und Kirche wurden als Erklärung angeführt.

Wenn die Assassinen eine ismailitische Sekte des fanatischen Islam waren, die vor Meuchelmord nicht zurückschreckte, wie sollten fränkische Ritter Mitglied dieser Sekte werden? Und Mitglied müssen sie geworden sein, denn sonst hätten sie die Geheimlehre dieser Sekte nicht erfahren können. Sie müssen alle Grade der Einweihung und Illumination durchgemacht haben, bevor sie in die Lage versetzt werden konnten, diese Geheimlehre für den Templerorden zu adaptieren.

Doch kein Autor machte sich die Mühe, die Wurzeln und Ursprünge dieses Wissens bzw. die Herkunft dieser Geheimlehre, zu verfolgen und ihr Wesen zu ergründen, um zu verdeutlichen, warum die römische Kirche unweigerlich so allergisch darauf reagieren mußte. Dies nachzuholen, ist mein Anliegen in der vorliegenden Arbeit. Möge es mir gelingen, zur Erhellung beizutragen.

Mag auch der Leser das Gefühl haben, was er auf den folgenden Seiten liest, habe nichts mit dem Templerorden, geschweige denn mit seiner Geheimlehre zu tun, so möchte ich ihn um Geduld bitten und ihm versichern, daß *alles*, was er hier zu lesen bekommt, ein Bestandteil jener Geheimlehre ist. Gerade eine solche Lehre, ein solches Geheimwissen, läßt sich nicht isoliert betrachten. Ideengeschichte überschreitet, anders als eine reine Geschichtsschreibung, Zeit und Raum und wurzelt weit zurück in der Vergangenheit.

Allan Oslo

Eine Legende und ein Rätsel

Templerorden, Tempelherren, Templer, eigentlich *Fratres militiae Templi* oder *Pauperes commilitones Christi templique Salomonis*, Arme Ritter vom Salomonischen Tempel, erster geistlicher Ritterorden der Christenheit, Verteidiger des katholischen Glaubens, Erbauer der Kathedralen, Landwirte, Landverweser und Bankiers. 1118 durch Hugo von Payns aus der Champagne und weitere acht Ritter, die Keuschheit, Gehorsam und Armut gelobten, zum Schutz der Jerusalempilger gegründet sowie zum Kampf gegen die Ungläubigen, später kam noch der Hospitaldienst dazu. 1128 vom Konzil von Troyes bestätigt auf Betreiben Bernhards von Clairvaux, der an den Ordensstatuten mitwirkte und ein Buch zum ›Lob der neuen Ritterschaft‹ schrieb. 1139 nur dem Papst unterstellt, von allen Zehnten und Zöllen befreit, nahezu unabhängig und besonders in Frankreich reich begütert. Seitdem er seine Aufgabe im Heiligen Land nach dem Fall von Akkon 1291 verlor, wurde er bald mißliebig und verdächtig. Der französische König Philipp IV. ließ ihn 1305 ketzerischer Geheimlehren und unsittlicher Bräuche bezichtigen. 1307 wurde der Orden zerschlagen und alle Templer in Frankreich verhaftet, viele von ihnen gekreuzigt oder verbrannt. Papst Klemens V. mußte auf dem Vienner Konzil 1312 den Orden wegen Ketzerei und Nutzlosigkeit verurteilen und auflösen. Sein reiches Vermögen beschlagnahmte in Frankreich großenteils die Krone, in Portugal fiel es an den Christusorden, im übrigen Abendland an die Hospitaliter. 1314 starb der letzte Großmeister der Templer auf dem Scheiterhaufen.

Was stimmt *nicht* an dieser allgemeinüblichen Darstellung des berühmt-berüchtigten Templerordens?

So ziemlich alles!

Es beginnt schon mit der Behauptung, er sei der erste geistliche Ritterorden der Christenheit. Wo? Im Orient oder im Okzident? Welche Christenheit? Die katholische, die orthodoxe oder die Ostkirche? Und zwar der erste geistliche Ritter-orden zum Schutz von Pilgern.

Im Jahre 1070 hatten einige fromme Bürger der Stadt Amalfi zu Jerusalem ein Hospiz zur Betreuung armer Pilger be-gründet. Der damalige ägyptische Statthalter der Stadt hatte dem amalfitischen Konsul (Obmann) gestattet, einen ge-eigneten Bauplatz auszuwählen, und die Anstalt war dem hei-ligen Johannes von Jerusalem (gest. 417) geweiht. Das Hospiz wurde hauptsächlich von Amalfitanern betrieben, die die üb-lichen klösterlichen Gelübde (Keuschheit, Gehorsam, Armut) ablegten und von einem Meister geleitet wurden, welcher sei-nerseits den in Palästina wirkenden Oberen des Benediktiner-Ordens unterstand. Da es in den islamischen Ländern keine Trennung zwischen Religion und Staat gab, galt das islamische kanonische Recht (Scharia) ausschließlich für die Muslime; deshalb regierte das jeweilige kanonische Recht die einzelnen religiösen Minderheiten, die zunächst Oberhäuptern der je-weiligen Konfession unterstanden, später gar des jeweiligen Herkunftslands. Daher betraf dieses Hospiz vorerst aus-schließlich die amalfitischen und italienischen Pilger.

Als die Kreuzfahrer 1099 vor Jerusalem erschienen und Anstalten machten, die Stadt zu belagern, wurden die abend-ländischen Christen aus der Stadt verbannt, um etwaige Sym-pathisanten der kriegerischen Invasoren nicht in den eigenen Reihen zu haben. Damals war der Meister dieses Hospizes ein gewisser Gerhard aus Amalfi. Nach dem Einzug in die Stadt am 14. Juli 1099 war Gerhard mit seiner Kenntnis der örtli-chen Verhältnisse den Kreuzfahrern wertvoll gewesen. In Er-mangelung eines eigenen (fränkischen) Hospizes wurde die Tätigkeit des amalfitanischen auf alle Pilger ausgedehnt. Viele der Pilger traten auch seinem Stab von Helfern bei.

Nach der Eroberung des Heiligen Landes erfuhr der Pilger-verkehr eine gewaltige Steigerung, so daß die Betreuung der Pilger bereits im Abendland am Einschiffungshafen er-forderlich wurde. Und so entstanden in den allerersten Jahren des 12. Jahrhunderts solche Hospize der Amalfitaner in Asti,

Pisa, Bari, Otranto, Tarent. Um den Pilgerstrom vom Schrein des St. Jakob zu Compostela in Nordspanien ab- und nach Jerusalem hinzulenken, schrieb der päpstliche Legat Kardinalbischof Richard von Albano an die Bischöfe Spaniens, empfahl ihnen das Hospital zu Jerusalem und erklärte, jeder, der zu der dort geübten Gastfreundschaft gegen die Pilger und zur Pflege der Armen und Kranken beitrage, genieße auch den besonderen Schutz, der der Stiftung Gerhards vom päpstlichen Stuhle gewährt war, und sei mit seinen Gütern durch kirchliche Zensuren gegen jede Beeinträchtigung zu sichern.

Kurz darauf dehnte sich der Dienst des Hospitals auf Südfrankreich, Katalonien und England aus. Bereits kurz nach dem Kreuzzug wurde ihm die dem heiligen Martin geweihte Kirche zu Gap in der Grafschaft Toulouse geschenkt, deren Einkünfte Gerhard und seinen Genossen für ihre Pilgerherberge zur Verfügung gestellt wurden. Ebenfalls ausdrücklich zur Verwendung für das Hospital in Jerusalem und die Pilger, die dort verpflegt wurden, bestimmten fromme provençalische Große mancherlei Zuwendungen, die sie durch Vermittlung des Bischofs Isarnus von Toulouse (gest. 1105) der neuen Genossenschaft zukommen ließen: Weinberge und Felder sowie bare Einkünfte, Waffen und Pferde. Das ermöglichte Gerhard die Errichtung einer Hospitalsniederlassung in Gap und die Entlassung aus seiner Bevormundung durch die Benediktiner. So erhob er 1110 seine Genossenschaft zu einem selbständigen geistlichen Orden, der den Namen »Hospitaliter« trug und unmittelbar dem Papst Gehorsam schuldete.

Die Kirche förderte die Bestrebungen der von Gerhard gestifteten Genossenschaft, indem sie deren Mittel dadurch vermehrte, daß sie ihrerseits auf Zahlungen verzichtete, die sie von ihr beanspruchen konnte. Dies galt zunächst für den Zehnten von den Ordensgütern. Auf diesen verzichtete für seinen Sprengel bereits der zweite lateinische Patriarch von Jerusalem, Arnulf, am Tage seiner Weihe 1112. Seinem Beispiel folgte (18. Juli 1112) Erzbischof Euremar von Cäsarea.

Daß Bischof Herbert von Tripolis und sein Nachfolger Pontius die gleichen Bestimmungen zugunsten des Hospitals getroffen haben, lehrt ihre Bestätigung durch Papst Kalixt II. vom 19. Juni 1119. Noch im Jahre 1112 wurde die Niederlassung zu St. Gilles in Südfrankreich von einem der Komturei Gap angehörigen, Bruder Stephan, eingerichtet.

Und am 15. Februar 1113 bestätigte Papst Paschalis II. in einer Bulle den Hospitaliterorden und diesem wiederum alle Schenkungen, die ihm bisher zugewandt worden waren, und verlieh den an ihm tätigen Brüdern das Recht zur Wahl ihres Vorstehers. Aus Johannes von Jerusalem machte der Papst gleich Johannes den Evangelisten. Mit einem Breve vom selben Datum schrieb der Papst an die Prälaten und Gläubigen Spaniens, wer den nach der heiligen Stadt ziehenden Pilgern etwas zuwende, sei des Lohnes gewiß, welcher der Wallfahrt dorthin verheißen sei. Dem Orden wurde weiterer Grundbesitz übertragen, und die meisten großen Geistlichen des Königreichs von Jerusalem entrichteten ihm einen Zehnten ihrer Einkünfte. 1114 befreite Graf Raimund Berengar III. von der Provence und Barcelona das Hospital zu St. Gilles für den Transport aller ihm gehörigen Gegenstände von den üblichen Schiffahrtsabgaben auf der Durance.

Gerhard starb um das Jahr 1118. Sein Nachfolger, der Franzose Raimund von Le Puy, hatte weitgreifende Pläne. Er befand, es genüge nicht, daß sein Orden sich lediglich der Pflege und Betreuung der Pilger widme; er müsse außerdem bereit sein zu kämpfen, um die Pilgerstraßen offenzuhalten. Gerade 1118, im Jahr der angeblichen Gründung des Templerordens, verwandelte Raimund den geistlichen Orden der Hospitaliter in einen Ritterorden. Der Orden umfaßte weiterhin Brüder, denen nur friedfertige Pflichten oblagen; aber seine Hauptaufgabe bestand jetzt darin, eine Organisation von Rittern zu betreiben und aufrechtzuerhalten, die den klösterlichen Gelübden der persönlichen Armut, der Keuschheit und des Gehorsams verpflichtet waren und sich dem Kampf gegen die Ungläubigen angelobt hatten. Das Abzeichen der Hospitaliter-

Ritter war das weiße Kreuz, das sie auf dem Mantel über der Rüstung trugen.

Wie aus alledem ersichtlich, gab es bereits einen gutgehenden und reichlich dotierten geistlichen Ritterorden der abendländischen Christenheit zur Pflege und dem Schutz von Pilgern, noch bevor der Templerorden auf die Bühne der Weltgeschichte trat. Und dessen Großmeister war ein Franke. Wozu also ein weiterer Orden mit einem ebenfalls fränkischen Großmeister?

Über die Anfänge der Templer wissen wir ohnehin nur wenig: die genauesten Berichte sind lange Zeit nach der Gründung des »ersten« geistlichen Ritterordens der Christenheit verfaßt worden. Gewöhnlich wird Wilhelm von Tyrus zitiert:

Im selben Jahr [1118] begaben sich einige edle Ritter, die voll Verehrung Gottes, gläubig und gottesfürchtig waren, in die Hand des Herrn Patriarchen [Gormond] der Kirche und gelobten, für immer nach der Ordensregel der Kanoniker leben zu wollen, Keuschheit und Gehorsam zu wahren und jeden Besitz abzulehnen. Die vornehmsten und wichtigsten waren zwei ehrwürdige Männer, Hugo von Payns und Gottfried von Saint-Omer ...

Der soeben zitierte Wilhelm wurde um 1130 in Palästina geboren. Im Jahre 1174 ernannte man ihn zum Kanzler des Königreichs Jerusalem und im folgenden Jahr zum Erzbischof von Tyrus. Sein erstes Werk, *Gesta orientalium principum*, eine Geschichte des arabischen Ostens, ist verloren gegangen. Doch das zweite Werk, *Historia rerum in partibus transmarinis gestarum*, überlebte. Es wurde zwischen 1169 und 1173 verfaßt und behandelt die Geschichte des lateinischen Ostens von 614 bis 1184. Er schrieb es also während der Herrschaft von König Amalrich I. (1162–1174), zu einem Zeitpunkt, als dieser siegreiche Feldzüge in Ägypten führte und die Zukunft des Königreichs gesichert schien. Wilhelm von Tyrus hat die Anfänge der Kreuzfahrerstaaten des Heiligen Landes nicht gekannt, die ersten schwierigen, aber verheißungsvollen Schritte der Templer also nicht selbst miterlebt.

Im 13. Jahrhundert schildert uns Jakob von Vitry, Bischof von Akkon, dieselben Geschehnisse in seiner *Historia orientalis sive Hierosolymitana*:

Einige von Gott geliebte und seinem Dienst ergebene Ritter entsagten der Welt und weihten ihr Leben Christus. Durch feierliche, vor dem Patriarchen von Jerusalem abgelegte Gelübde versprachen sie, die Pilger gegen Räuber und Wegelagerer zu verteidigen, die Wege zu schützen und dem König und Herrscher als Ritter zu dienen. Sie hielten die Gebote der Armut, der Keuschheit und des Gehorsams ein, nach der Regel der Regularkanoniker. Ihre Führer waren zwei ehrwürdige Männer, Hugo von Payns und Gottfried von Saint-Omer. Anfangs waren es nur neun Männer, die einen so heiligen Entschluß gefaßt hatten; sie dienten neun Jahre lang in weltlichen Gewändern und kleideten sich von dem, was die Gläubigen ihnen als Almosen gaben. Der König, seine Ritter und der Patriarch waren des Mitleids voll für diese edlen Männer, die für Christus alles aufgegeben hatten, und gaben ihnen bestimmte Güter und Benefizien für ihren Unterhalt und für das Seelenheil der Stifter. Und weil sie keine eigene Kirche oder Wohnstatt hatten, beherbergte sie der König in seinem Palast nahe dem Tempel des Herrn. Der Abt und die Regularkanoniker des Tempels gaben ihnen für die Erfordernisse ihres Dienstes ein Stück Land nicht weit vom Palast. Und aus diesem Grund nannte man sie später die »Templer«.

Alle Berichte stimmen darin überein, daß der Templerorden von zwei Rittern ins Leben gerufen worden sei: Hugo von Payns und Gottfried von Saint-Omer. (Die restlichen sieben Ritter waren Andreas von Montbard, Gundomar, Gudfried, Roland, Payen von Montdidier, Gottfried Bisol und Archibald von Saint-Amand.) Hugo und Gottfried sollen ihre Befugnisse zuerst vom Patriarchen Theokletes, dem 67. Nachfolger des Apostels Johannes, hergeleitet haben.

Hugo stammte aus der Champagne und war Vetter des Grafen Hugo von der Champagne und zwei Jahre jünger als dieser. Payns, seines Vaters Besitz, lag etwa zehn Kilometer nordwestlich von Troyes, der Hauptstadt der Grafschaft Champagne. Viele Historiker gehen davon aus, daß er am ersten Kreuzzug teilgenommen habe. Dann muß er in der Gefolgschaft des Grafen Stephan von Blois, Bruder des Grafen von der Champagne, gereist sein. Gottfried von Saint-Omer war dagegen Flame und nahm am Kreuzzug teil in der Gefolgschaft des Grafen Eustach von Boulogne, dem Bruder des Gottfried von Bouillon. Doch was haben die beiden in den zwanzig Jahren zwischen der Eroberung des Heiligen Landes und der Gründung des Templerordens getan?

Die Templer sollen nach der Regel der Regularkanoniker bzw. der Augustiner-Chorherren die Gelübde abgelegt haben. Bereits 1099 nach der Eroberung der Stadt hatten Gottfried von Boullion und der neuernannte lateinische Patriarch von Jerusalem, Eumarius, 20 weltliche Kanoniker unter dem Namen »Kanoniker der Kirche der Auferstehung des Herrn« eingesetzt und sie mit reichlichen Pfründen ausgestattet. Die Ritter und Mönche, die sich in der Grabeskirche einrichteten, schlossen sich mit Billigung Gottfrieds (also noch vor dessen Tod am 18. Juli 1100) zu einem Orden zusammen: dem Ritterorden vom Heiligen Grab. 1114 reformierte der Patriarch von Jerusalem, Arnulf von Rohes, die Kanoniker der Kirche der Auferstehung des Herrn unter der Augustinerregel als »Regularkanoniker der Kirche des glorreichen Grabes des Herrn« (die Sepulkriner). Warum haben sich die neun Ritter nicht diesen Sepulkrinern, wenn schon nicht den Hospitalitern, angeschlossen? Arbeit gab es für christliche Ritter mit geistlichen Gelübden mehr als genug.

Neun Jahre lang sollen die »Templer« aus neun Rittern bestanden haben. Sie sollen die klösterlichen Gelübde abgelegt haben, dennoch lesen wir anderswo für das Jahr 1123, daß Hugo von Payns ein Laie gewesen sei. Außerdem war er verheiratet und hatte einen Sohn, Theobald, der 1139 Abt von Sainte-Colombe in Troyes wurde. Und obwohl Hugo Graf von der Champagne 1125 zu ihnen gestoßen war, wird er von keinem Chronisten erwähnt. Dennoch hören wir nichts über die Templer, bis Hugo von Payns im Herbst 1127 die Reise nach Europa antritt. Während dieser verborgenen neun Jahre nehmen sie an keinem Kampf teil. Dabei gab es Kämpfe genug!

Seit Beginn seiner Regierungszeit, am 18. April 1118, stand König Balduin II. dem Emir von Damaskus gegenüber, der ihm den Krieg erklärte, sich auf Galiläa warf, es überrannte, Tiberias plünderte, das Land verwüstete und sich dann mit den Fatimiden in Askalon verbündete. Das ägyptische Heer unternahm einen erneuten Angriff gegen die Franken, zog eine Flotte in Tyrus zusammen und schickte eine neue Armee nach Askalon. Zwar siegte Balduin in Tiberias, aber im Jahr 1119 mußte er Antiochia gegen al-Ghazi verteidigen und sich gleich danach einer großen türkischen Armee stellen, die Apamea bedrohte. Nach einigen Niederlagen mußte er erneut im Jahr 1120 gegen al-Ghazi einen Feldzug führen; ebenso 1121 gegen Nord-Syrien; es folgte ein zweiter Feldzug 1122 gegen Nord-Syrien; im Jahre 1123 wurde er gefangengenommen und durch die Armenier aus der Festung Karput befreit; man nahm ihn wieder gefangen und ließ ihn gegen Lösegeld abermals frei. Alliiert mit den Beduinen, belagerte er 1124 Aleppo, das er im selben Jahr einnahm. 1124 zerschlug er auch eine sarazenische Vereinigung und kämpfte gegen das Emirat von Damaskus.

Ganz offensichtlich waren die Templer nicht bereit, sich in Kämpfe einzulassen. Und für die Sicherung der Pilgerwege von der Küste nach Jerusalem und umgekehrt waren die neun zu wenig. Das konnte der Hospialiterorden besser besorgen. Sie hielten sich einfach auf dem Gelände des Tempels Salomonis auf, so daß spätere Autoren feststellen, sie hätten sich um den Wiederaufbau des Tempels bemüht, nach dessen Fertigstellung sie die einzigen Besitzer waren. Auch die unterirdischen Pferdeställe sollen sie freigelegt haben. Wie erklärt man dieses Verhalten? Waren sie auf der Suche nach etwas Bestimmtem? War ihr Anliegen von Anfang an nicht der Schutz der Pilger oder gegen die Feinde zu kämpfen, sondern etwas besonders Wichtiges zu finden?

Etwas anderes fällt auf: Hugo Graf der Champagne wurde 1077 als Sohn des Theobald III. geboren, der Graf von Blois und der Champagne war. Bei dessen Tode 1093 erhielt Hugo die

Champagne, während sein Bruder Stephan Blois und Chartres bekam. Hugo von Payns war sein Vetter und nur zwei Jahre jünger als er. Mit diesem hatte er 1104 seine erste Reise ins Heilige Land unternommen; nach seiner Rückkehr nahm er Verbindung zu Stephan Harding auf, dem Prior von Citeaux. Und von diesem Moment an verwandelte sich das Kloster in eine Studierstube der hebräischen Heiligen Texte. Dabei ließ sich Harding durch textkundige Rabbiner helfen.

Hugo ging 1114 noch einmal ins Heilige Land, nahm aber nach seiner Rückkehr 1115 sofort wieder Kontakt mit Stephan Harding, der inzwischen dritter Abt von Citeaux (Zisterzienserorden) geworden war, auf. Er schenkte dem Orden im Wald von Bar-sur-Aube ein Gebiet, das heute unter dem Namen »Tal des Absinth« bekannt ist, damit dort eine Abtei mit besonderer Aufgabe errichtet werden konnte. Zum Leiter dieser Gründung ernannte der Abt seinen besten Schüler, den 25jährigen Mönch Bernhard von Fontaine, der gemeinsam mit zwölf sorgfältig ausgewählten Mönchen am vorgesehenen Platz die Abtei von Clairvaux errichtete.

War der Graf 1105 der Überbringer eines Geheimtextes gewesen? Hatte er sich vielleicht dem Prior der Zisterzienser anvertraut, und hatte dieser sein Kloster für die Lektüre eines solchen hebräischen Dokuments trainiert? Es muß ein sehr wichtiges Dokument gewesen sein, daß man jeden, ob christlich oder nicht, dessen Wissen helfen konnte, zur Mithilfe heranzog. Kann man annehmen, daß die zweite Reise des Grafen 1114 eine Reise der Nachprüfung war? Und als diese zweite Prüfung die ersten Ermittlungen bestätigte, wurde diese Übersetzungsaufgabe und das, was daraus entstehen konnte, einer Persönlichkeit anvertraut, die im Gebiet der Champagne, d. h. unter dem direkten Schutz des Grafen lebte.

War das erst der Anfang? Hatten die Ritter den Auftrag, im Tempel Salomonis nach etwas Bestimmtem zu suchen? Haben sie deshalb um eine Unterkunft auf dem Gelände beim König nachgesucht, damit sie ungestört stöbern konnten? Was können sie gesucht haben? Den heiligen *Gral*?

Dieser befand sich jedoch nach der Überlieferung nicht im Tempel. Außerdem war er bereits beim Einzug König Balduins I. in Cäsarea am 17. Mai 1101 in einer Kirche aufgefunden, erbeutet und dem im Juni 1099 von Gottfried von Bouillon auf dem Berg Zion während der Belagerung von Jerusalem gegründeten Ritterorden von Zion zur Verwahrung anvertraut worden. Seitdem wurde dieser Orden zum Hüter des Heiligen Grals.

Suchten sie gar die heilige *Bundeslade*? Sollte Clairvaux zum Aufbewahrungsort der Bundeslade werden? Mit dieser geht eine Legende einher, die von einer Weitergabe wichtiger Erkenntnisse von einer Zivilisation auf die folgende berichtet.

»Ich habe die Welt mit dem Maß, mit der Zahl und mit dem Gewicht geschaffen«, sagt Gott in der Genesis. Was bedeutet dies anderes, als daß es ein grundlegendes physikalisches Gesetz gibt, das das gesamte Universum lenkt? Ging es also um die Gesetzestafeln, die möglicherweise auf heilige ägyptische Dokumente zurückgehen, die Moses während des Exodus mit sich führte? Das würde die Verfolgung der Hebräer durch die Ägypter erklären und warum der Pharao sie hindern wollte, das Land zu verlassen. Die kabbalistischen Juden glauben, die Methode der Übertragung der Moses-Bücher in Zahlen zu kennen. Heute würde man statt Zahlen »Formeln« sagen.

War das die Hilfe der »textkundigen« Rabbiner bei Stephan Harding? Bereitete man sich auf die Übernahme der Gesetzestafeln vor? Hatten die Templer die Bundeslade gefunden? Das müssen sie wohl, sonst könnte man das seltsame Verhalten des Grafen von der Champagne nicht verstehen: 1125 hielt ihn nichts mehr in Frankreich; er verstieß seine Frau, verleugnete sein Kind, verzichtete auf seine Grafschaft – sein Neffe Theobald, der Nachfolger Stephans von Blois, regierte nun als Graf beider Länder Blois und Champagne – und traf sich mit den neun Rittern in deren Haus auf dem Gelände des Tempels Salomonis in Jerusalem.

Demnach war die eigentliche Aufgabe der Templer mit dem
Zisterzienserorden, insbesondere aber mit Clairvaux, eng ver-
knüpft. Hing das mit dem heiligen Bernhard von Clairvaux
zusammen, dem man die Förderung des Ordens und die Ab-
fassung seiner Regel zuschreibt?

Bernhard wurde 1090 im Schloß von Fontaine bei Dijon geboren. Sein Vater war Tescelin, seine Mutter Alice von Montbard, die von den Herzögen von Burgund abstammte. Er wurde
in der Kirche Saint-Vorles in Châtillon-sur-Seine unterrichtet.
Aus dieser Zeit erzählt man sich eine Geschichte, die – auch
wenn sie nur erfunden ist – gut zu ihm paßt:

In dieser Kirche Saint-Vorles gab es ein altes Bildnis der
Mutter Gottes auf Holz. Das Gesicht war etwas zu lang, die
großen Augen ohne viel Ausdruck, die Wangen weder aufge-
blasen noch eingefallen. Die verwendeten Farben waren
bräunlich und durch das Alter noch nachgedunkelt. Sie war
sitzend dargestellt und hielt den kleinen Jesus auf ihrem
Schoß. Es handelte sich um eine Schwarze Madonna. Die
Legende erzählt, daß Bernhard im Gebet vor dieser Jungfrau
kniete und sie ansprach: »Monstra te esse matrem ...«
(»Zeige mir, daß du eine Mutter bist ...«). Maria drückte auf
ihre Brust, und drei Tropfen Milch spritzten auf Bernhards
Lippen.

Die Allegorie kann bedeuten, daß der mit der Milch der
Schwarzen Jungfrau genährte Bernhard dadurch aus den tief-
sten Quellen der druidischen Tradition getrunken hat. Er
selbst spendete seinem Lehrmeister Eichen und Buchen, die
zwei heiligen Bäume der Druiden. Denn man hat recht früh
vermutet, daß die von Bernhard aufgestellte Ordensregel keltischen Ursprungs sei. Seine Regeln enthalten, christlich um-
geformt, tatsächlich jene Pflichten, die in früheren Zeiten
einmal der »Rote Zweig« und die »Feinians« in Irland hatten.
Man muß die fast bardischen »Triaden« (= die Aufteilung in
drei) beachten:

Die Tempelritter mußten immer den Kampf gegen die Ketzer annehmen, selbst wenn sie einer gegen drei waren. Wenn

20

sie gegen andere kämpften, durften sie erst zurückschlagen, nachdem sie dreimal attackiert wurden. Wenn sie ihre Aufgaben nicht erfüllten, wurden sie dreimal gegeißelt. Auch für das tägliche Leben galten Dreierregeln: Dreimal in der Woche durften sie Fleisch essen. Für die Tage, an denen sie gehungert hatten, durften sie an anderen Tagen drei Teller essen. Dreimal im Jahr mußten sie kommunizieren; dreimal in der Woche die Messe hören, dreimal in der Woche Almosen geben.

Aus initiatischer Sicht ist die Verbindung der Schwarzen Madonna zum Druidentum nicht zu leugnen. Ganz gleich, ob sie als ›Jungfrau vor der Niederkunft‹ dargestellt wurde oder den Christus-König auf dem Schoß hielt, sie war immer Sinnbild der Fruchtbarkeit. Der Fruchtbarkeit jener dunklen, fetten und wohlriechenden Erde, jener jungfräulichen Erde, die das Beste ihrer selbst gibt, die Frucht ihres Leibes. Sie bringt das Salz der Erde hervor, Christus, den Erlöser der verirrten Menschheit. Die Schwarze Madonna, Mutter Gottes und der Menschen, ist letztendlich Symbol der kosmischen Energie, lebendiges Prinzip, Kraft der Natur – Natur selbst.

Das oft abgebildete und kommentierte Siegel der Templer, zwei Templer auf einem Pferd, Symbol der Brüderlichkeit und Armut, ist ebenfalls keltischen Ursprungs. Doch das ist nur die äußerliche Erklärung. Man kann auch etwas ganz anderes in ihm sehen. Im allgemeinen trägt jeder der beiden Reiter eine Lanze; wenn beide jedoch dieselbe Lanze halten, erinnern sie eher an das Tierkreiszeichen ›Schütze‹. Die beiden Templer sind also zwei Brüder des Ordens, aber auch die beiden Zwillinge. Die Betrachtung der nachstehenden schematischen Abbildung des Tierkreises führt zu folgender Überlegung:

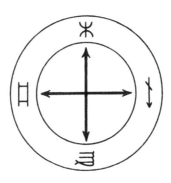

Im Zeitalter der Fische, dem christlichen Zeitalter, wurde die Jungfrau besonders verehrt, und zwar von den Templern oder Zwillingen; die Vereinigung und Polarisierung ihrer Kräfte wird durch den Schützen dargestellt. Die untereinander verbundenen Zeichen bilden ein Kreuz, und zwar ein Kreuz in einem Kreis. Erinnert dies nicht an das ›keltische Kreuz‹, das am Beginn der westlichen Tradition steht und das, angefangen von der frühen keltisch-christlichen Kirche bis zu den Gesellenbruderschaften unserer Tage, von allen verwendet wurde?

Aber wie kam Bernhard zum druidischen Wissen, das offensichtlich in der Templerregel enthalten ist? Daß die Legende von den drei Tropfen Milch der heiligen Mutter Gottes nachträglich erdichtet worden ist, liegt auf der Hand. Nachdem Bernhard mit dem Templerorden und dessen Regel identifiziert wurde, mußte der druidische Inhalt jener Regel begründet werden. Denn waren die Templer im Geheimauftrag in Jerusalem, so ging es um jüdisches und nicht um druidisches Wissen.

Das hatte er von seinem Lehrmeister, von Stephan Harding, drittem Abt von Citeaux. Denn dieser stammte aus Merriott bei Sherborne im Südwesten der britischen Insel und erhielt seine Ausbildung in Lismore, Irland, bei keltischen Mönchen, bevor er nach Paris ging, um dort am theologischen Seminar zu studieren. Im Anschluß an eine Pilgerfahrt nach Rom war er in das Kloster von Molesme eingetreten und hatte den Namen Stephan angenommen. 1098 wurde er zum Mitbegründer des Zisterzienserordens, dessen Abt er seit 1109 geworden war. Bernhard trat erst 1112 als 21jähriger in das Kloster Citeaux ein und war mit der Ausbildung noch nicht fertig, als Stephan ihn für die Abtei Clairvaux ausgewählt hatte. Hier muß man unweigerlich die Handschrift Stephans erkennen.

Unmittelbarer Anlaß für die Reise Hugos von Payns und seiner fünf Begleiter nach Europa im Herbst 1127 soll das Anwerben von Kämpfern für Christus gewesen sein. Dennoch wurden zwei seiner Kameraden zum Papst nach Rom geschickt, um den Orden zu bestätigen. Sie trugen zwei Empfehlungsschreiben bei sich, das eine von Stephan von La Ferté, dem Patriarchen von Jerusalem, an Papst Honorius II. und das andere von König Balduin II. an Bernhard von Clairvaux. Allein im Herbst 1127 war der Patriarch von Jerusalem noch Gormond von Piquigny aus der Picardie (seit Mai 1118) gewesen. Erst zu Beginn des Jahres 1128 starb dieser; sein Nachfolger (bis zu seinem Tode Anfang 1130) wurde dann Stephan von La Ferté, gleich ihm ein französischer Priester und Abt von Saint-Jean-en-Vallée zu Chartres, ein Mann edlen Geblüts und mit König Balduin II. verwandt. Entweder irrt man beim Datum, oder das Schreiben stimmt nicht. Zudem soll das Schreiben des Königs an Bernhard von Clairvaux nach der Wiedergabe von Henriquez wie folgt lauten:

Balduin II., durch die Gnade Jesu Christi König von Jerusalem und Fürst von Antiochia, an den verehrten P. Bernhard, Abt von Clairvaux, Gruß und Ehrerbietung.

Unsere Brüder, die Tempelritter, die Gott zur Verteidigung dieses Landes befahl und in bemerkenswerter Weise schützte, wünschen die apostolische Bestätigung sowie eine feste Ordensregel. Zu diesem Zweck haben Wir Andreas (von Montbard) und Gundomar abgesandt, die sich durch ihre Kriegstaten und durch ihr edles Blut auszeichnen, damit sie vom Papst die Bestätigung ihres Ordens erbitten und sich bemühen, von ihm Unterstützung und Hilfe gegen die Feinde des Glaubens zu erhalten, die sich allesamt vereinigten, um Uns zu vertreiben und Unsere Regierung zu stürzen.

Wohl wissend, welches Gewicht Eure Fürsprache sowohl bei Gott als auch bei seinem Stellvertreter und den anderen rechtgläubigen Fürsten Europas besitzt, vertrauen Wir Eurer Umsicht diese zwiefache Mission an, deren Erfolg Uns sehr angenehm wäre.

Gründet die Regel der Templer in der Weise, daß sie sich nicht vom Lärm und Getümmel des Krieges fernhalten und daß sie der nützliche Hilfstrupp der christlichen Fürsten bleiben (...)

Handelt so, daß Wir, so Gott will, bald den glücklichen Ausgang dieser Sache erleben.

Betet für Uns zu Gott.

Er möge Euch in seiner heiligen Obhut behalten.

Mit dieser königlichen Empfehlung versehen, hatten sich die Gesandten Hugos von Payns nach dem nächstliegenden italienischen Hafen eingeschifft und waren in Rom vom Papst empfangen worden, der ihnen die ihrem Rang und ihren Verdiensten entsprechenden Ehren zuteil werden ließ und sich lange mit ihnen über die Lage im Heiligen Land unterhielt. In Troyes wurden sie auf dem Konzil am 13. Januar 1128 von Bernhard nicht weniger ehrenvoll aufgenommen als von Honorius II.

So lauten die üblichen Quellen. Doch dem war nicht so! Das Konzil wurde nicht eigens dafür einberufen, es war lediglich eines von vielen: Bourges, Chartres, Clermont, Beauvais, Vienne im Jahre 1125, Nantes 1127, Arras 1128, dann Châllon-sur-Marne, Paris, erneut Clermont, Reims 1129. Diese Provinzialkonzilien (Synoden) wurden vom päpstlichen Kardinallegaten für Frankreich Matthias von Albano einberufen. Am Konzil von Troyes nahmen neben dem päpstlichen Legaten teil: die Erzbischöfe von Reims und Sens mit ihren Suffraganbischöfen von Chartres, Soissons und Paris, mehrere

Äbte, darunter Stephan Harding Abt von Citeaux, Bernhard Abt von Clairvaux, Hugo von Mâcon Abt von Pontigny (alle drei Zisterzienser), Vézelay, Troisfontaines, Molesme sowie die Laien Theobald Graf von Blois, Chartres und der Champagne als Vorsitzender, Andreas von Baudement, Seneschall der Champagne, und der Graf von Nevers.

Das Datum vom 13. Januar 1128 für das Konzil von Troyes ist falsch. Die Ordensregel, der Wilhelm von Tyrus und Jakob von Vitry folgten, stellt uns die Dinge folgendermaßen dar: Das Konzil von Troyes (wo die Regel verfaßt und gebilligt wurde) trat »am Sankt Hilarius, das heißt am 13. Januar im Jahre der Fleischwerdung Jesu Christi 1128 [zusammen], im neunten Jahr seit Gründung der besagten Ritterschaft«. Die Urkunden Nordostfrankreichs wurden zu dieser Zeit im Stil Mariä Verkündigung datiert; das Jahr fing nicht wie unser heutiger Kalender am 1. Januar, sondern am 25. März an. Das Jahr 1129 begann also am 25. März unseres Jahres 1129, aber bis zum 24. März lebten die Menschen der damaligen Zeit immer noch im Jahr 1128. Das Konzil von Troyes trat nach den zeitgenössischen Texten am 13. Januar 1128 zusammen, versammelte sich also in Wirklichkeit nach unserem Kalender am 13. Januar 1129. Und wenn es sich um das neunte Jahr der Existenz des Ordens handelte, müßte dieser zwischen dem 14. Januar 1120 und dem 11. Januar 1121 gegründet worden sein. Eine andere Quelle ermöglicht, die Zeitspanne weiter einzugrenzen: zwischen den 14. Januar 1120 und den 14. September 1120. 1118 als Gründungsjahr ist somit vom Tisch!

Bernhard hatte damals noch nicht die Berühmtheit erlangt, die ihm, seitdem er den Zweiten Kreuzzug gepredigt hatte, erwachsen war. König Balduin II. kann von ihm im Heiligen Land noch nicht gehört haben, womit das Schreiben des Königs eine nachträgliche Dichtung wäre. Aber zwei der Gründer des Templerordens kannten ihn sehr gut: Andreas von Montbard war der Bruder von Bernhards Mutter, und Hugo von Payns der Gatte von Bernhards Base! Sollten diese also einen Kontakt zu Bernhard wünschen, bedürften sie keiner Hilfe des

Königs. Und seit 1125 gehört zu den Templern der ehemalige Graf von der Champagne; sollte man in dessen vormaliger Hauptstadt ein Konzil wünschen, hätte er die besten Verbindungen dorthin, zumal sein Neffe und Nachfolger – wie es bei Synoden üblich war – den Vorsitz führte.

Außerdem war Bernhard beim Konzil gar nicht anwesend! Er entschuldigte sich für sein Fernbleiben, da ihn ein schlimmes Fieber plage. Dann schrieb er:

Die Dinge, um deretwillen ich mein Schweigen brechen soll, sind einfach oder schwierig. Sind sie einfach, so kann man sie ohne mich erledigen; sind sie schwierig, so kann ich sie nicht regeln, es sei denn, man hielte mich einer Sache für fähig, die anderen unmöglich ist.

Der Werbeaktion des Hugo von Payns und seiner Mitstreiter in Italien, Frankreich, Flandern, England, Schottland, Spanien und Portugal sollte großer Erfolg beschieden sein. Die Ritter strömten ihnen geradezu entgegen und konnten es kaum abwarten, in den neuen Orden aufgenommen zu werden. So lesen wir allenthalben, und niemand findet einen Widerspruch darin. Warum nicht?

Gewiß, Europa war voller junger Adliger aus bekannten Geschlechtern und berühmten Häusern, die niemals Aussicht auf Titel, Land, Besitz oder Ruhm hatten, da sie Zweit- und Drittgeborene waren. Das Feudalgesetz verbot die Aufteilung von Gütern unter Brüdern, gab dem Erstgeborenen den Anspruch auf Titel und Erbe, dem Zweitgeborenen den Weg ins Kloster oder zum Klerus frei, während dem Drittgeborenen nur noch das Soldatenleben blieb. Sie leisteten Militärdienst als Söldner gegen Bares oder das Versprechen auf Lehen oder Besitz in der Fremde. Drei »herrenlose« Gebiete galt es zu erobern: die unter maurischer Herrschaft stehenden Landstriche Nordspaniens, die unter byzantinischer Herrschaft stehenden Länder Süditaliens und des Balkans sowie die unter sarazenischer Herrschaft stehenden Länder des Vorderen Orients. Der Kreuzzug hatte sich als ein großer Erfolg erwiesen, und viele junge Ritter erhielten Städte, Burgen oder gar ein ganzes

Gebiet zum Lehen. Das hatte sich inzwischen bis ins Abendland herumgesprochen. »Let's Go East!«, so muß wohl die
Devise gelautet haben. Denn der Kampf gegen Byzanz war seit
1059 eine normannische Domäne.

Doch Spanien lag viel näher. Und Alfons von Aragón begrüßte jeden Kämpfer gegen die Mauren. Mehr noch: Im Jahre
1122 wurde unter seiner Obhut die Belchite-Bruderschaft gegründet. Nach maurischem Vorbild der *Ribât*, der Grenz-
festungen, und des *Murâbitûn*-Ordens (zu Almoraviden ver-
ballhornt) wurde diese christliche Bruderschaft mit der Mission betraut, die Grenze zu verteidigen und gegen die
Ungläubigen zu kämpfen. Ein zeitlich begrenzter Dienst war
möglich, wie im Ribat. Beiden gemeinsam war auch, daß der
Verdienst proportional zur Dauer des geleisteten Dienstes
stand. Dieser Begriff des zeitlich begrenzten Dienstes ist jedoch dem christlichen Mönchtum fremd – er muß deshalb
übernommen worden sein.

Bei den Templern wurden die Ritter, die sich für eine begrenzte Zeit verpflichteten (*fratres ad terminum*), nicht als
Mitglieder des Ordens betrachtet; »Brüder« waren allein diejenigen, die Gelübde abgelegt hatten, die sie ihr ganzes Leben
verpflichteten. Die Bruderschaft von Belchite befand sich auf
halbem Wege zwischen dem Mönchs- und dem Laienstatus.
Warum also sollten junge Ritter auf alle Träume von Ehre,
Ruhm und Besitz verzichten, um einem Orden anzugehören,
bei dem sie Keuschheit, Armut und Gehorsam schwören mußten? Was erklärt den Andrang, den Hugo von Payns angeblich
erleben mußte? Was versprach der Templerorden, das andere
Orden nicht bieten konnten? Das Beispiel von Hugo von der
Champagne, der alles aufgab, um Templer zu werden, habe ich
bereits angeführt. Die einzige Erklärung könnte ein Reichtum
sein, der kein materieller war. Ein geistiges, initiatisches Wissen, unerreichbar ohne die Geheimlehre des Ordens und den
hierarchischen Aufstieg zum inneren Kreis der Auserwählten.

Liest man die Ordensregel, so findet man darin kein Wort
von Geheimlehre, initiatischem Wissen, geheimen Regeln,

Meistern und Siegeln. Doch ist zu unterscheiden zwischen 1. der geheimen – oder esoterischen – Regel, die nur einer begrenzten Zahl von Ordensangehörigen, den ›Unbekannten Brüdern‹, bekannt war und dem Wortlaut der offiziellen Regel einen tiefgreifenden Sinn gab, und 2. der Regel, die Nicht-Ordensangehörige nicht kennen dürfen, die also geheim zu halten ist; letzteres ist bei zahlreichen mystischen Organisationen der Fall.

Daß ein esoterisches, initiatisches Wissen, eine Art Geheimlehre im Templerorden gepflegt wurde und einem auserwählten Kreis innerhalb des Ordens vorbehalten war, ist eine allgemein akzeptierte Annahme. Der Templerprozeß, bei aller Verzerrung und Verleumdung, hat einige Hinweise dafür geliefert. Die Frage ist nur, woher dieses Wissen herrührte. War es pythagoreisch (wie der *Abakus*, der Stab des Großmeisters), war es jüdisch (wie die kabbalistischen Symbole auf den Waffen der Ritter), war es keltisch-druidisch (wie die Schwarze Madonna, die Triaden und das Siegel), oder war es gar islamisch (wie die Geheimlehre der Assassinen)?

Um das zu ergründen, müssen wir weit ausholen und beim Anfang alles Geheimwissens beginnen, bei der Esoterik.

Esoterík

Der Mensch besitzt einen grobstofflichen »mineralischen« Körper, der sich aus natürlichen chemischen Verbindungen in fester, flüssiger und gasartiger Form zusammensetzt. Nicht anders als die Tiere und Pflanzen, verdankt auch er dem Mineralreich, der Erdensubstanz, seinen physischen Leib.

Durch die Kraft einer im Körper wirkenden Energie erhalten die »körpereigenen« Mineralstoffe Leben und Form. Man nennt sie »Ätherleib«. Auch Tiere und Pflanzen haben einen Ätherleib wie der Mensch. Zum Unterschied von den

Pflanzen, reagieren Mensch und Tier aber nicht nur auf die äußeren Reize, sie können auch Sympathie und Antipathie zum Ausdruck bringen, fühlen sich angezogen oder abgestoßen, was sich darin äußert, daß ihr Verhalten sich nach Impulsen richtet, die weder vom physischen Körper noch vom Ätherleib ausgehen, sondern von anderen, latent vorhandenen Kräften, die jedes Individuum in sich trägt. Diese dritte Komponente wird als »Seelenleib«, »Astralkörper« oder einfach »Anima« bezeichnet. Denn die »Anima« wirkt be-»seelend«, gibt jedem Lebewesen seine Bewegungsfähigkeit und läßt es nach eigenen Bedürfnissen handeln.

Unser physischer Körper hat Anteil am Mineralreich, unsere vegetativen Funktionen sind »pflanzenhaft«, unsere Instinkte »tierhaft«. Statt sie zu verfeinern und ihnen mit Liebe zu begegnen, unterjochen wir die drei *Naturreiche* in uns nicht weniger als außerhalb von uns, in der Mitwelt.

Es gibt jedoch Menschen, die bereit sind, mit sich selbst ins Reine zu kommen, Licht und Dunkel in sich kennenzulernen, die Natur, die wir in uns tragen, nicht mehr zu verleugnen, sondern zu erheben. Meistens sind es schlichte Menschen, keine Gebildeten oder Gelehrten, sie stehen im Berufsleben, sind vielleicht einfache Arbeiter oder Handwerker. Aber hinter der Hülle ihres physischen Körpers wohnt ein Geist von außerordentlicher Kraft; sie benötigen keine Einweihung, das Wissen vom Großen Arkanum (Geheimnis; aus lateinisch *arcanus* »geheim«) finden sie in sich selbst, dank der natürlichen Entwicklung ihrer psychophysischen Kräfte. Weder müssen sie sich von der Welt zurückziehen, noch brauchen sie auf Anhänger zu warten, denn die Welt mit ihren Herausforderungen berührt sie nicht; und die Schüler stellen sich von selbst ein, als folgten sie einem geheimen Ruf.

Diese Wesen von ausgeprägter Spiritualität sind Pioniere, die neue Wege erschließen und den bestehenden Straßen das richtige Profil geben. Sie sind nicht nur Meister, vielmehr Magier (Weiser; aus lateinisch *magus* »Zauberer, Beschwörer«

zu griechisch *magos* »Wahrsager, Astrologe, Zauberer« von altpersisch »Weiser, Gelehrter«) und »Führer«, die bereits den Gipfel erreicht haben. Führer eben, die durch ihr Wort und ihr Beispiel andere belehren und erleuchten. Aufgrund ihrer Hellsichtigkeit vermögen sie auch die anderen mit dem »inneren Auge« zu »sehen«. Jene »okkulten (verborgen; heimlich, geheim; aus lateinisch *occultus* »verborgen, versteckt«) Führer« und »großen Magier« hatten die übersinnliche Wirklichkeit, der sie sich nähern konnten, hinter einem undurchdringlichen Schleier verhüllt, um sie vor der Kurzsichtigkeit der Menge zu verbergen. Diese esoterischen (nur für Eingeweihte zugänglich, begreiflich; geheim; aus griechisch *esoteros* »der Innere«) Inhalte wurden hinter exoterische (äußerlich, für Außenstehende, Nichteingeweihte verständlich; aus griechisch *exoteros* »der Äußere«) Aussagen versteckt. Zwei Welten, zwei Wirklichkeiten standen sich einander gegenüber: jenseits und diesseits des »heiligen Schleiers«.

Vor fünftausend Jahren gab es im heutigen Ägypten in der Küstenstadt Iunu (uns eher unter dem griechisch-lateinischen Namen Heliopolis bekannt), 12 Kilometer nordöstlich von Kairo, den Kult des Sonnengottes Rê (in Falkengestalt). In der Uferstadt Menfe (uns besser als Memphis bekannt), 34 Kilometer südwestlich von Kairo, den Kult des Haremachet (griechisch Harmachis), Sohn des Ptah (in Menschengestalt) und der Sachmet (in Löwengestalt), deshalb wurde er mit Löwenleib und Menschenkopf dargestellt (der Sphinx). In Schmunu, (besser bekannt unter dem griechisch-lateinischen Namen Hermopolis), 300 Kilometer südlich von Kairo am Westufer des Nil, verehrte man den Gott Djehuti (in Paviangestalt), uns besser vertraut als Thot.

Allein auf Thots Gotteswort hin wurde die Welt, deshalb war er ›Herr der göttlichen Worte‹. Dazu erfand er die Hieroglyphen (heilige Schrift; zu griechisch *hieros* »heilig« und *glyphein* »einritzen«), den Schlüssel zu allen Geheimlehren, und somit war er ›der zweimal Große‹. Die Schriftzeichen enthielten das Geheimnis der Schöpfung und waren nur einer Handvoll Auserwählten zugänglich. Er war Berechner der Zeit, Erfinder von Mathematik, Astronomie, Technik, Heilkunde, Zauberkunst und Weissagung. Mit eigener Hand soll Thot ein Zauberbuch und die 42 Bände, die alle Weisheit der Welt enthielten, geschrieben haben: 36 kultische und theologische, einschließlich der astronomischen, und 6 medizinische.

Durch die Reichseinigung verschmolzen die Kosmogonien der drei Hauptstädte Memphis, Heliopolis und Hermopolis: Rê wurde zum Reichsgott, Ptah, ›der sehr Große‹, zum Weltenschöpfer und Thot, ›der zweimal Große‹, zu dessen Zunge und somit Sprechorgan; denn allein durch das Wort schuf er, während Ptah durch Denken und Benennung aller Dinge die Schöpfung vollzog. Bis zum Ende des Alten Reiches (um 2263 v.Z.) gab es in Ägypten nur eine Standesreligion, und diese war dem Volk nicht zugänglich. Erst dann wurden Auserwählte aus dem Volk zu den Mysterien (Geheimlehre, Geheimkult; lateinisch *mysterium* aus griechisch *mysterion* »Geheimnis; Geheimlehre; Geheimkult«; zu griechisch *mystes* »der [in die Geheimlehre] Eingeweihte«) zugelassen. Unter der 18. Dynastie (1552–1306 v.Z.) bezog man sich auf die 42 Bände des Thot vor Gericht. Damals gab es noch eine Stadt im Deltagebiet mit dem Thot-Kult. Einer der Eingeweihten in den Mysterien des Thot war kein geringerer als Moses, der Adoptivsohn der Tochter des Pharaos. Und das ägyptische Erbe begegnet uns bereits im Schöpfungsbericht der Bibel.

Die Mysterien

Wem die offizielle Religion nicht genügte, der suchte auf anderen Wegen in die spirituelle Welt einzudringen und erfuhr vielleicht relativ bald von der Existenz vereinzelter geistiger Zentren; von kleinen Gemeinschaften, die in mönchischer

Abgeschiedenheit die Meditation pflegten. Dort konnte er als Aspirant (Suchender; zu lateinisch *aspirare* »zu einer Person oder Sache zu gelangen suchen«) um Aufnahme bitten, in der Hoffnung, auf den Weg der Erkenntnis geführt zu werden.

Jeder Neophyt (Neugetaufter; zu griechisch *neos* »neu« und *phytos* »gepflanzt, gewachsen«) mußte das Potential ungeahnter Kräfte in sich entwickeln und sie zu beherrschen lernen, um sie zur rechten Zeit auch richtig anzuwenden. Nach einer jahrelangen, strengen und geduldigen Vorbereitungszeit durfte er an die Pforte des Tempels klopfen, um Einweihung zu empfangen. Hatte er den Stand des Einzuweihenden erreicht, wurde ihm die Pforte geöffnet; denn seine persönliche Arbeit an sich selbst hatte ihn dahingebracht, der ersten Weihe entgegensehen zu dürfen.

Die Initiation (Einweihung; zu lateinisch *initiare* »den Anfang machen, einführen, einweihen«) diente der Einführung des zur Einweihung Bereiten in den Tempel und sollte den Zugang zu einem höheren Bewußtseinszustand öffnen und dem Wahrheitssuchenden eine bessere Meisterung seines weltlichen und spirituellen Lebens ermöglichen. Sie war die erste Stufe, der Beginn der Unterweisung, die erste andeutungsweise Kenntnis eines Mysteriums. Dieser erste Schritt entsprach der *Öffnung der Augen*.

Über dem Eingang des Tempels waren folgende Worte eingraviert: »Rein ist, wer diese Schwelle überschreitet.« Hier wurde man im göttlichen Auftrag mit der Aufforderung empfangen: »Erkenne dich selbst!« Nun stand die Prüfung bevor, die aus einer ganzen Reihe von Proben bestand. Die erste war das *Überschreiten der Schwelle*. Der Schrecken der Schwelle, eine reale und berechtigte Angst, war in der Tat die bedeutendste Prüfung, die der Anwärter auf das Licht zu bestehen hatte. Seine wenigen Schritte auf dem Pfad hatten ihn zur Kenntnis von Gesetzen und Prinzipien geführt, die das Erwachen einer latent in ihm vorhandenen Fähigkeit zur Folge hatten.

Plötzlich spürte er eine Präsenz an seiner Seite, die er als feindlich erkannte: Der *Hüter der Schwelle* war erschienen und hinderte den Wagemutigen, den die Angst der Kräfte beraubt hatte, weiter in das Heiligtum einzudringen. Dieser Hüter der Schwelle, ein häßliches Monster, war in Wirklichkeit nur ein Geschöpf des Geistes, eine Verquickung von Ängsten, verdrängten Wünschen und sonstigen Trugbildern. Nur durch *Glaube*, die *absolute Gewißheit*, die auf persönlicher Erfahrung und beharrlicher, selbstloser Arbeit beruhte, konnte er besiegt werden.

Die Einweihung war ein dornenreicher Pfad. Der Einzuweihende erlebte seine eigene innere Entwicklung mit, nahm mit seinem ganzen Wesen am sakralen Charakter der Initiation teil. Er wollte sich der Quelle des *Großen Lichtes* nähern, das ihm die Geburt in ein neues Leben erlaubte, die Erlangung des *tiefen Friedens*. Die Annäherung an das Große Arkanum konnte dabei nur allmählich, stufenweise geschehen, da der Uneingeweihte die tiefe Wahrheit einer Lehre nicht ohne weiteres erfassen konnte. Das Ritual diente zunächst nur als Stütze für die Weitergabe des Wissens mit Hilfe des Symbols, dem wichtigsten Werkzeug des Einweihenden. Daher war die Einweihung kein Ziel an sich, sondern ein Schlüssel, der den Zutritt zu einer neuen Welt ermöglichte und den verschiedene Kriterien bedingten. Die initiatische Organisation bot dem Suchenden den mystischen Weg der Illumination (Erleuchtung; aus lateinisch *illuminatus* »erleuchtet«; zu *illuminare* »erleuchten«) und erlegte ihm äußerste Strenge auf. Wer sich als unwürdig erwies, wer das Geheimnis preisgab, wurde mit dem Tod und der Beschlagnahme aller Güter bestraft.

Im Verlauf der Zeremonie wurde der zur Einweihung Bereite zum Eingeweihten. Und am Ende des Einweihungsrituals wurde ihm vom Meister vielleicht ein Wort enthüllt, oder er erhielt die Antwort auf eine grundlegende Frage. Nun mußte er sich als Eingeweihter des erhaltenen Schlüssels würdig erweisen, damit er durch seine Arbeit all die Früchte erntete, die

33

diese erste Einweihung erhoffen ließ. Seine Aufgabe bestand jetzt darin, die Tür zu finden, in deren Schloß der ihm überlassene Schlüssel paßte; diese eröffnete ihm neue Bereiche, die es – zusammen mit dem Lehrer oder allein – zu entdecken galt. Die Einweihung zeigte dem Eingeweihten einen Weg auf und bot ein Werkzeug an.

Die esoterischen Inhalte der Lehre waren für den Eingeweihten eine unmittelbar wirksame, lebendige, überaus dynamische Realität. Sie mochten auf das Leben sowie die Denk- und Handlungsweise des Eingeweihten zunächst keine konkrete Auswirkung gehabt haben; denn oft vollzog die Veränderung sich unbewußt und drang erst allmählich in das Bewußtsein ein. Gerade die esoterische Seite einer Lehre trägt am meisten zur Wahrung der Geheimnisse bei. Erschwert man den Zugang zum inneren Kern, so verhindert man ihre Trivialisierung. Klein war die Zahl der Berufenen, noch kleiner die der Auserwählten.

Als Mysterien wurden die ersten Riten und Sakralfeiern dann bezeichnet, wenn ihr Charakter hierarchische Stufen bei den Mitwirkenden erforderlich machte und man von jeweils verschiedenen »Einweihungsgraden« sprechen konnte. Dort gab es den Schlüssel zum okkulten Wissen, die Geheime Offenbarung jener Wahrheit hinter den Worten, Gesten und Symbolen eines religiösen Kultes. Bei der letzten Einweihungsstufe wurde der Eingeweihte vom Meister in einen scheintodähnlichen Zustand versetzt, der bis zu drei Tage andauern konnte. Während dieser katatonischen Phase übertrug der Meister sein gesamtes Wissen in Form von Bildern auf das Bewußtsein des Eingeweihten und weihte ihn somit in das Große Arkanum ein. Danach holte der Meister den solchermaßen »erleuchteten« Eingeweihten mit lauter Stimme aus dem Todesschlaf zurück. Nach dem Erwachen war er nicht mehr derselbe. Er fühlte sich wie ein anderer Mensch, als jemand, der die Schwelle des Todes überwunden hatte und wieder geboren war.

34

Endgültiges Ziel jeder Einweihung war die Begegnung mit Gott. Im Alten Ägypten geschah dies beispielsweise im »Heiligtum der Barke«, das außer dem Obersten Priester und dem Pharao niemand betreten durfte und deshalb den Blicken aller anderen entzogen blieb. Die Barke bestand aus einer Art überdachtem Gestell, das man hochheben konnte. Dahinter lag, im letzten Abschnitt des Tempels, der Altar oder das »Allerheiligste«, bestehend aus einem rechteckigen, in einer Pyramide gipfelnden Granitblock, in den eine Öffnung gehauen war. Darin befand sich der hinter einem dichten Schleier verborgene Gott. Nun wurde der Eingeweihte vor den heiligen Stein geführt und aufgefordert, die Hand durch den Schleier zu stecken, um dem »einzigen, wahren Gott« zu begegnen.

Auch in den Tempeln von Ephesus endete die Einweihung in die orphischen und die artemisischen Mysterien mit dem »Todesschlaf« oder der Seelenreise ins Jenseits und einer Reihe außerordentlich harter Prüfungen, die in der »anderen Welt« zu bestehen waren, bis die Götter den Eingeweihten erkannten und annahmen. Persephone trat ihm entgegen mit dem Ausruf: »Ein Gott, du bist ein Gott geworden!« Dann folgte das Wiedererwachen, eine bewußte Wiedergeburt, die den Initiierten für immer von allen Zweifeln befreite.

Homer, Pindar, Solon, Pythagoras, Herodot, Aischylos, Platon, Manethon und Plutarch waren Eingeweihte der ägyptischen Mysterien. Alexander der Große wurde in Ägypten in das Große Arkanum eingeweiht und zum Gott erklärt. Ebenso Julius Caesar, Markus Antonius und Oktavian/Augustus, die damit die Gott-Kaiser-Zeit des Römischen Reiches einleiteten.

Dem gesamten antiken Ritualverhalten in Religion und Politik haftet ein Doppelsinn an. Jede Funktion, jede Geste, jedes Wort mußte gleichzeitig exoterisch und esoterisch interpretiert werden. Welche Deutung dabei auf den Ausübenden zutraf, hing davon ab, wo er innerlich stand. Die Initiation diente der Einführung des Aspiranten in den Tempel. So wurde er mit dem Mysterium vertraut gemacht, bis es in ihm zur inneren Gewißheit heranreifte, verdichtet zum »wahren Wissen«. Die Offenbarung einer übersinnlichen Welt mußte zwangsläufig zu einer totalen Änderung der Lebensweise führen.

Schon in der assyrisch-babylonischen Zeit waren die Tempel, Wohnsitze der Götter, wie prachtvolle Königspaläste gestaltet. Den Griechen galt der Tempelraum als heilig. Üblicherweise war er groß und rechteckig, durch Säulenreihen untergegliedert und mit einem Dach versehen. In seiner Doppelfunktion als sakraler Ort und Versammlungsraum begegnet uns der Tempel zum ersten Mal in Ägypten; und später in Jerusalem, wo der Salomonische Tempel zum Musterbeispiel für den Tempel schlechthin wird. (Das hebräische Wort *haikal* bedeutet sowohl Palast als auch Tempel: Wohnsitz Gottes.) Dem Jahwe geweiht, bestand er aus drei Baueinheiten: Der Vorhalle, dem Hauptraum und dem Allerheiligsten, wo die »Bundeslade« aufbewahrt wurde, jene Truhe, die das »Heilige Wort« enthielt.

Religiöse Zeremonien hatten zwei verschiedene Aspekte, waren gleichzeitig Festakt für die Masse und Sakralfeier für die Priester. Zu beiden Seiten säumte das Volk die Straße, wenn in langen Reihen die Adepten (Eingeweihter; aus lateinisch *adeptus* »wer etwas erreicht hat«) zur heiligen Handlung pilgerten; eine nicht enden wollende Prozession, deren Teilnehmer nach Rang und Würde gekleidet einherschritten. Von den bunten Gewändern der niedrigsten Würdenträger bis zur festlichen Pracht weißer Tuniken und Überwürfe, die den Eingeweihten der höchsten Grade vorbehalten waren, traf hier alles zusammen. Die Prozession setzte ein äußeres Zeichen, um die Schaulust der Menge mit einer Prunkentfaltung zu befriedigen, die einer außerordentlichen Machtdemonstration gleichkam. Diese exoterische *Form* des Kultes stand in einem klaren Gegensatz zum esoterischen *Gehalt*, zur geheimen Bedeutung des Zeremoniells.

Das Volk wohnte den feierlichen Prozessionen bei, sah zu, wie eine Person nach der anderen in den Vorraum des Tempels gelangte, schloß sich hinten an, um die Gebete der Priester zu hören und in den Gesang der Zelebranten (die Messe lesender Priester; aus lateinisch *celebrans*, Genitiv -*antis*; zu lateinisch *celebrare* »heiligen, feierlich begehen«) miteinzustimmen. Vom Vorhof in den Mittelraum oder eigentlichen Tempel ging eine wesentlich kleinere Gruppe. Hier war der Sitz der Priester. Der Ritus, der nun zelebriert wurde, stand vom Symbolgehalt her auf einer höheren Stufe.

Auf wenige Auserwählte zusammengeschmolzen war das Grüppchen, das dann in »das Herz des Tempels« Einlaß begehrte. Diesen Eingeweihten folgte der Hohepriester, um schließlich hinter den »Schleier« zu treten, dorthin, wo das Mysterium, das Große Arkanum der »Göttlichen Wesenheit«, gehütet wurde.

Die Pythagoreer

Im 6. Jahrhundert vor der Zeitrechnung verkündeten zwei große Meister ihren Mitmenschen, daß der Weg zurück zum Ursprung für die Seele nur über das steinige Pflaster mehrerer Leben erreicht werden konnte. Einer lehrte im Osten, der andere im Westen. Buddha und Pythagoras wirkten fast gleichzeitig in der Öffentlichkeit, für sie war die Reinkarnation ein Sühneprozeß und ein Reinigungsweg, um zu Gott zu gelangen.

Pythagoras, der sich längere Zeit in Ägypten aufgehalten hatte, in die Thot-Mysterien eingeweiht und als Gefangener nach Babylonien deportiert wurde, bevor er mit 56 Jahren in die Heimat (die Insel Samos) zurückkehren konnte, war vielleicht der größte Mathematiker aller Zeiten, aber auch Philosoph (Kenner metaphysischer und okkulter Zusammenhänge; zu griechisch *philein* »lieben« + *sophia* »Weisheit«) und Hellseher. Vom Tyrannen Polykrates vertrieben, schiffte er sich

529 vor der Zeitrechnung mit einer Gruppe von Anhängern nach Süditalien ein, wo sich in Kroton um ihn herum eine Gemeinschaft bildete, die seinen Namen trug.

Diese Gemeinschaft war gleichzeitig religiöse Bruderschaft, Philosophenschule und politische Partei. Dem äußeren Kreis der Pythagoreer gehörten die Exoteriker oder Akusmatiker an, dem inneren Kern die Esoteriker oder Mathematiker. Die Akusmatiker richteten ihr Leben nach den »Akusmata«, den gehörten Sprüchen, während die Mathematiker sich philosophisch und mystisch mit der Zahl als Symbol für alles geschaffene beschäftigten: Sie pflegten die »Mathemata«, d. h. Arithmetik, Geometrie, Harmonik und Astronomie.

Der Zulassung zum niedrigsten Weihegrad ging eine Vorbereitung als Akusmatiker von drei Jahren voraus. Dann folgte ein Noviziat (Probezeit; zu lateinisch *novicius* »Neuling« aus *novus* »neu«) von fünf Jahren. Während dieser Zeit wurde der Novize überwacht, seine Physiognomie geprüft, seinen Charakter, seine Reden, seine Fähigkeit, das Licht der ewigen Stille zu spüren. Erst nach erfolgreichem Abschluß des Noviziats wurde der Hospitant (Gastschüler; zu lateinisch *hospitari* »zu Gast sein«) in den Stand eines wahren Jüngers erhoben und für würdig befunden, mit dem Meister persönlich zu verkehren.

Darauf folgten die fünf Jahre eisernen Schweigens als *Hörer*, eine Zeit, in der man zuhören lernte, mit dem äußeren und dem inneren Ohr. Auf jede Frage, jede Schwierigkeit, jeden Zweifel gab es immer nur eine Antwort: »Aútos épha« (»Er selbst hat es gesagt«). Er: der Meister, der Göttliche, der Unsterbliche. Bestimmte Leierakkorde und der Wohlgeruch besonderer Spezereien bewirkten, daß sich die empfänglichen, irrationalen Seelenbereiche wie durch Zauber entspannten und die Nerven beruhigten; ohne künstliche Eingriffe, ohne Berauschung lösten sie sich, so wie man Knoten löst. Auf diese Weise reinigten sie die der Phantasie zugeneigten Regionen der Seele, putzten sie blank wie einen Spiegel und machten sie bereit für die Aufnahme der Träume. Danach folgte die Zeit der *Zönobiten*, die in den philosophischen Gesetzen und Wohltaten des Gemeinschaftsleben unterrichtet wurden; schließlich die der *Initiierten* oder *Mysten*, die man in den großen Mysterien unterwies.

Bereits im 4. Jahrhundert vor der Zeitrechnung waren sowohl Buddha als auch Pythagoras legendäre Figuren. Ihre Bewunderer verehrten sie als Halbgötter, als Numina (ein Willens- und Wirkungsausdruck, der auf ein göttliches Wesen ohne persönlichen Gestaltcharakter übertragen ist, um dann die Gottheit selbst zu bezeichnen; zu lateinisch *numen* »göttliche Macht, göttliches Walten und Wirken«). Die Pythagoreer sahen in ihrem Meister sogar den hyperboreischen Apoll mit der goldenen Hüfte.

Alexander der Große war der erste Europäer, der Ost und West einte und somit Religionen, Philosophien und Weisheiten des Ostens (China, Indien, Persien, Babylonien) den Weg in den Westen ebnete. Das von ihm 331 vor der Zeitrechnung gegründete Alexandreia an der Mittelmeerküste Ägyptens wurde seitdem zum Schmelztiegel aller Kulturen und Religionsvorstellungen in einer neuen synkretistischen Form, dem Hellenismus. Hier lebten die Gelehrten in der Universität Museion im Stadtteil Brucheion, wo unter Ptolemaios III. (246–221 v.Z.) 490 000 Schriftrollen aufbewahrt wurden, als Pensionäre auf öffentliche Kosten. Weitere 42 800 Rollen befanden sich im Tempel des Serapis, dem Serapeion im Stadtteil Rakotis. In dieser neuen Weltmetropole lehrten die Mathematiker Euklid und Archimedes, der Astronom Hipparchos und der berühmteste Mediziner des Altertums Galen.

In Alexandreia, wo die Platoniker bereits Plato zum Numen der esoterischen Denker gemacht hatten, gründete ein Pythagoreer einen Ableger dieser Bruderschaft, die das Prinzip der mathematischen Vollkommenheit auf die menschliche Seele anwandte und daraus einen Kult mit Einweihungszeremonien und Mysterien machte.

Die Kabbala

Da Judaia zum ägyptischen Reich der Ptolemäer gehörte, beherbergte Alexandreia eine ansehnliche Gemeinde von Juden. Hier wurden die Bücher des Alten Testaments ins Griechische übersetzt (die Septuaginta). Aus der Begegnung mit dem Kult des Thot, den die Juden mit Henoch gleichsetzten, entstand hier im dritten Jahrhundert vor der Zeitrechnung die erste Form der Buchstabenmystik der jüdischen Kabbala (hebräisch *qabbala* »Überlieferung, Geheimlehre«): die *Merkava* (der »Thronwagen« im Buch Ezechiel).

Die esoterische Kabbala betraf das geheime Wissen um die ungeschriebene Thora (= die Fünf Bücher Mosis), die Adam und nach ihm Moses von Gott mündlich offenbart worden sein soll. Obwohl das mosaische Gesetz weiterhin die sichtbare, exoterische Grundlage des jüdischen Glaubens darstellte, bot die Kabbala einen Weg, sich Gott unmittelbar anzunähern. »Ich habe die Welt mit dem Maß, mit der Zahl und mit dem Gewicht geschaffen«, sagt Gott in der Genesis/ 1.Mose. (In der christlichen Fassung des Kanons nur noch in Weisheit 11,20 erhalten.) Darin sahen die Kabbalisten ein grundlegendes Gesetz, das das gesamte Universum lenkt. Das sei das Geheimnis, das Gott Moses mit den Gesetzestafeln offenbart habe, die – wenn auch selbst aus Stein – in einem Goldkasten eingeschlossen seien: der Bundeslade.

Die Kabbala bot dem Eingeweihten die Möglichkeit, die Geheimnisse des Gesetzes (Thora) zu verstehen und zu erklären. Sie gab ihm den Schlüssel an die Hand, mit dessen Hilfe die Bindeglieder zwischen Mensch und Universum, zwischen dem einfachen Sterblichen und seinem Schöpfer erkannt werden konnten. Diese Bindeglieder wurden als Kräfte aufgefaßt, die unter Beachtung des Gesetzes die Schöpfung formten. Sie konnten also, wenn sie bekannt waren, auch im Umkehrschluß verwendet werden. Die Kabbala nannte bestimmte Mächte *Engel* oder *Genien*, durch deren Anrufung der Natur befohlen werden konnte. Diese praktische Kabbala stand im Gegensatz zur theoretischen Kabbala, die rein spekulativ war.

Die Essener

An den Ufern des Mariutsees nahe der Nilmündung südlich Alexandreias wurde Ende des dritten Jahrhunderts vor der Zeitrechnung der jüdische Orden der *Essener* oder Essäer (Die Reinen; aus aramäisch *hesjâ* »rein«) gegründet, in dem jeder *Bruder* eine Einzelzelle hatte, während das Essen gemeinsam im Speisesaal eingenommen wurde, wo es Räumlichkeiten für Versammlungen gab, die von der Bruderschaft abgehalten wurden. Auf einen kurzen Nenner gebracht, war das Ziel der Essener die Verwirklichung des Gottesstaates, der mit der Ankunft des verheißenen Messias (aus hebräisch *maschiach* »der Gesalbte«, griechisch *christos*, zu *chriein* »salben«) vollendet werde. Und darauf wollten sie sich durch physische und psychische Ertüchtigung als Streiter Gottes vorbereiten.

Die gottgeweihten Knaben (*Nazoräer*, zu hebräisch *nazor* »Gott weihen«, Numeri/4.Mose 6) waren fünf Sommer alt, wenn sie von der Mutter an der Klosterpforte abgegeben wurden, um sie »Gott und den Heiligen darzubringen«, wie es in der Adoptionsurkunde hieß. Mit unerbittlicher Disziplin wurden die Klosterknaben erzogen. Sprechen durften sie nur, wenn sie dazu aufgefordert wurden. Selbst das Sitzen war ihnen verboten. Sie standen bei Tisch, zum Gebet und beim Lernen, achtzehn Stunden am Tag. Für die geringsten Verstöße gab es Schläge und Essensentzug. Schlimmer als Nahrungsmangel war der Schlafmangel. Es gab Zeiten, da beneideten sie die Toten um ihren ewigen Schlaf.

Besonders der Drill mit schweren Waffen zehrte an den Kräften der Knaben. Der Schwertkampf mußte mit beiden Händen erlernt werden. Und immer wieder übten sie Bogenschießen, Speerwerfen, Klettern an Stangen und Seilen, Laufen und Springen, Schwimmen und Tauchen, Faustkampf und Ringen. Kein Tag ohne Kampf, ohne Beulen und Schrammen. Um drei Uhr nachts, nach dem ersten Morgengebet, begannen die geistigen Exerzitien: Lesen, Schreiben, Mathematik und Geometrie. Unwürdige, Schwätzer und Schwächlinge wurden gnadenlos ausgesiebt.

Jeder Bruder erhielt zu Beginn seines Noviziats eine einfache Tunika zum Zeichen seines Eintritts in die Gemeinschaft. Sie mußte während der Exerzitien getragen werden. Auch ein Schurz und eine Hacke wurden ihm ausgehändigt. Letztere mußte am Gürtel befestigt werden. Beides galt als Werkzeug und Symbol der Reinheit. Vom Tag der Initiation an verpflichtete er sich unter Eid, Gott zu ehren, dem Nächsten gegenüber Gerechtigkeit walten zu lassen und keine Vorurteile zu hegen. Durch geistige Übungen sollte die Seele von störenden Einflüssen freigemacht werden. Strenge Askese und harte Exerzitien warteten auf jeden Essener, der nach Erklimmen der 42 Stufen (analog der 42 Bände des Thot, die alles Wissen enthielten) der esoterischen Leiter bis zur Katharsis gelangen wollte, der Vereinigung mit Gott. Nach einer kargen Mahlzeit, die nur aus Brot, Wasser und Salz bestand, nahmen sie einsam und zurückgezogen die Martyrien ihres heiligmäßigen Lebens auf sich.

Erst nach Abschluß der körperlichen sowie geistigen Übungen gelangte man in den dritten Grad, in den inneren Kreis der Rabbinen, der *Therapeuten*, die auf einer höheren Initiationsstufe standen als die übrigen. Hier wurde eine Geheimlehre gepflegt, in der sich pythagoreische, griechische, chaldäische und orientalische Einflüsse zu einer esoterischen Heilsbotschaft verbanden. Aufgrund einer noch härteren, täglichen Disziplin gelang es den Therapeuten, Äther- und Astralleib mit Hilfe des Ich völlig unter ihre Herrschaft zu bringen, was ihnen ermöglichte, die hellseherische Stufe des »bewußten Träumens« zu erreichen. Die oberste Stufe der Erkenntnis war nur dem Stellvertreter des Messias, dem Haupt allen Wissens, vorbehalten. Im Unterschied zu den Essenern der ersten Grade trugen die Therapeuten weißes Gewand und rote Schärpe.

Sowohl die jüdische Gemeinde als auch die Essener und Therapeuten erwarteten die Ankunft des verheißenen Messias und Errichtung des Gottesstaates. Doch der Gesalbte des Herrn sah bei beiden verschieden aus: Während die Gemeinde, die Exoteriker, einen Messias aus dem Hause David in der Doppelfunktion als Prophet und Staatsmann erwartete, war der Messias für die Esoteriker nicht irgendeiner aus dem Hause David, sondern Salomon der Weise, der Erleuchtete als eine kosmische Wesenheit.

Die Initiationsfeier zum Therapeuten hatte große Ähnlichkeit mit den Einweihungszeremonien der Mysterien. Nach meditativer Vorbereitung in einer dunklen Kammer beim Licht einer Kerze wurde der Neophyt mit dem Glockenschlag zur dritten Stunde abgeholt und über steinerne Stufen durch einen düsteren Gang hinab in die Erde bis tief in die Katakomben unter der Krypta geführt. Es war ein mythischer Weg durch Tod und Geburt. Der Neophyt war ein Schmetterling, der seine Raupennatur abstreifte, um in Lichtgestalt neu zu erstehen.

Der schwerste Teil des Weges zu sich selbst lag noch vor ihm. Nur wer stark und furchtlos war, bestand den Gang durch die vier Elemente, durch Feuer und Wasser, durch Erde und Luft. Nur der Wissende vermochte die Schwelle zu überschreiten, in den Spiegel zu blicken, dessen Glanz den Unwürdigen blendet und tötet. Tore öffneten sich. Unsichtbare Hände hoben ihn über Hindernisse hinweg. Er fiel, wurde aufgefangen, schwebte und schwamm. Körperlos wie die Seele eines Toten, wie die eines noch Ungeborenen, trieb er den mächtigen Strom der Zeit hinab. Längst war alles irdische Licht erloschen. Am Ende erreichte er den Ort, an dessen Schwelle das Schweigen begann, das Land ohne Wiederkehr. Die sieben Richter der Unterwelt hefteten ihre Augen auf ihn, die Augen des Todes. Er stieg über schlafende Riesen, über Drachen und Bären. Da waren Schlangen, schlüpfrige Aale, Ratten. Er stieg über sie hinweg dem Licht entgegen, das oberhalb einer steilen Treppe den Weg wies. Die Allesgebärende erschreckte ihn, Schoß und Sarg zugleich, das Muttertier, das seine Ferkel verschlingt.

Er betrat einen höhlenartigen Saal. Stalaktiten hingen wie Eiszapfen von der Decke herab. Im schwachen Licht weniger Kerzen erblickte er die Versammelten in ihren weißen Festgewändern. Er blickte in Gesichter wie aus Granit gemeißelt. Er wurde entkleidet. Nackt und schutzbedürftig wie ein Kind war er ihren Blicken preisgegeben. Ihn fror. Er mußte niederknien. Sie salbten seine Stirn und die Schläfen mit duftendem Öl aus Bilsenkraut, Stechapfel, Schierling und Tollkirsche. Sie salbten seine Handflächen und Achselhöhlen. Die Essenz brannte auf der Haut wie Branntwein in der Kehle. Auf Befehl erhob er sich. Sie salbten seine Lenden.

Der Trank der Nachtschattengewächse verwirrte seine Sinne. Der Boden schwankte. Die Decke senkte sich herab. Abgründe taten sich auf, in deren Schlünden Irrlichter aufleuchteten. Wolfsgeheul mischte sich mit der Klage einer Eule. Töne verwandelten sich in wirbelnde Bilder, Farben in nie gehörte Wohlklänge. Dann lag er mit ausgebreiteten Armen auf dem Boden und spürte mit dem Bauch den Atem der Erde. Er erlebte die Windstille der Seele. Er stieg über glühende Kohle, tauchte in eiskaltes Wasser, wurde vom Wind davongetragen und von feuchter Erde umhüllt wie die Wurzel eines Baumes. Er gelobte dem wahren Schöpfer aller Dinge ewige Treue.

Er sprach das geheime Glaubensbekenntnis der Therapeuten, das mit den Worten begann: »Außerordentlich schwierig ist die Frage nach dem Wesen Gottes. Wir wissen nicht, wie Gott ist. Wir wissen nur, wie er nicht ist. Er hat keine Gestalt, nicht einmal eine geistige. Er ist unbegreiflich und unaussprechbar, denn alle unsere Vorstellungen und Worte werden aus der Begegnung mit dieser Welt gewonnen. Wir vermögen nicht in Worte zu kleiden, was außerhalb unserer Welt liegt.

Versuchen wir es dennoch, so scheitern wir in lächerlichem Aberglauben.« Dann vernahm er die feierlichen Worte der Verwandlung. Plötzlich blendete ihn der Glanz unzähliger Kerzen. Er wurde angekleidet. Sie legten ihm das weiße Gewand der Therapeuten an. Gemeinsam sangen sie: »Dich läßt kein fremder Glanz erstrahlen, wenn du keinen eigenen besitzt.«

Nun war der Neophyt einer von ihnen, von nun an war er vom Waffendienst befreit.

Die Mystik

Aus der esoterischen Frömmigkeit der Essener entstanden in Alexandreia weitere Schriften, die zunächst aramäisch abgefaßt und dann ins Griechische übersetzt wurden. So zum Beispiel Das Testament Adams, Das Testament Abrahams, Das Testament Isaaks, Das Testament Hiobs, Das Testament der zwölf Patriarchen, Die Himmelfahrt des Moses, Die (18) Psalmen Salomos, Das Jubiläenbuch, auch Kleine Genesis genannt, und Die (24) Prophetenleben.

Nach Auffassung der Essener war nicht jeder in der Lage, die Schrift auszulegen; zu einer lebendigen, auf Gottes gegenwärtiges Wirken bezogenen Auslegung war nur der in der Lage, der dazu eine charismatische Vollmacht besaß. In diesem Sinne konnte die verborgene Botschaft in der Schrift nur von einem Pneumatiker, einem eingeweihten Therapeuten entziffert werden. Voraussetzung hierfür war die kultisch orientierte Mystik.

Unter Mystik verstanden sie eine gegenwärtige, bewußte und ganzheitliche Erfahrung des Nicht-Sichtbaren, insbesondere als Gemeinschaft mit »Personen« der Transzendenz (»des Himmels«), also mit Vater, Sohn, Geist, Engeln, Mose, Elia usw. – Bewußt war diese Erfahrung, weil es nicht um

Träume oder autoritative Vollmacht ging; es handelte sich um eine ganzheitliche Erfahrung, nicht um bloßes Wissen über Gott oder theoretische Erkenntnis. *Transzendenz* hieß: Das Wahrgenommene ist alltäglicher Erfahrung verschlossen in dem Sinne, daß es von einem Unbeteiligten als weder sichtbar noch anwesend beurteilt würde.

Gnostik

Aus der Erkenntnis, daß Offenbarung und Wissen um das Göttliche nicht das Vorrecht eines ganz bestimmten Volkes, sondern bei allen Kulturvölkern zu finden seien, und daß jede bestimmte Glaubensform einen Keim der großen Wahrheit enthalte, verschmolzen in der Weltstadt Alexandreia babylonische Astrologie, iranische Spekulation, zoroastrische Magie, ägyptische Geheimlehren, jüdische Apokalyptik, griechische Philosophie und hellenistische Mysterienreligiosität zu einem Synkretismus, der fortan unter der griechischen Bezeichnung *Gnosis* (= [Gottes] Erkenntnis) bekannt wurde.

Darin spiegelt sich Babyloniens ekstatische Schau des Himmels, des Lichts, des höchsten Wesens wider; eine ganze Hierarchie von Äonen, Demiurgen, Dämonen und Engeln, das Göttliche, das zum leeren, wesenlosen Chaos der Materie herniedersteigt, um es zu beseelen, und dabei immer mehr von seiner Göttlichkeit verliert, an die Materie gefesselt wird. Dazu gesellten sich griechische Elemente religiöser und philosophischer Tradition, die den Makrokosmos der Welt und den Mikrokosmos des Menschen betreffen. Dem Makrokosmos der Welt mit seinen über der Materie angeordneten Geister- und Engelmächten und dem jenseits thronenden Allein-Guten entspricht der Mikrokosmos des Menschen mit seiner geistfeindlichen »Seele« und dem Geist-Ich, das dem Allein-Guten entspricht.

Gnosis ist die zur Vollendung des Menschen führende Erkenntnis seiner selbst als des Gottes, der er war; sie ist sein Vermögen, zu seinem verschütteten, fern seines Ursprungs weilenden eigentlichen Selbst, das göttlich ist, hinabzudringen. Weil die Gnosis das Geschick des »trunkenen« Selbst, seinen »Fall« und seine Rückkehr beschreibt und dieses Geschick im Mythos mit der Welt, den Sternen, den Engeln und den Geistern verwoben ist, ist Gnosis immer auch Kosmologie, Astrologie, Angelologie, Soteriologie und Pneumatologie. Weil die Gnosis dualistisch ist und das eigentliche Selbst zu Gott, nicht zur Materie zählt, ist sie weltflüchtig, zuweilen asketisch, zuweilen libertinistisch (freigeistig; aus lateinisch *libertinus* »freigelassen«; zu lateinisch *liber* »frei«).

Empfangen werden kann die Gnosis nur von denen, die weder unwissende Atheisten, noch blind von Natur sind, sondern *Pneumatichoi* (Pneumatiker, Inhaber der höchsten Erkenntnisstufe; zu griechisch *pneuma* »Hauch, Atem, Wind«), unter diesen aber in besonderem Maße von denen, die einer Offenbarung gewürdigt worden sind. Daher wurde die Gnosis als jüdischer Synkretismus verstanden.

Die Königliche Kunst

Aus dem fernen China gelangte zu Beginn des ersten Jahrhunderts vor der Zeitrechnung eine neue Kunde nach Alexandreia. Bereits in der Frühzeit der Streitenden Reiche (475 bis 221 v.Z.) praktizierte man in China das *liunjin*-Handwerk, die Amalgamiervergoldung durch »Auflösung« von anderen Metallen in Quecksilber. Aus dieser Frühzeit wird auch berichtet, daß dem König des Staates Chu von »Zaubertechnikern« ein »Trank der Unsterblichkeit« dargeboten wurde. Qin Shi Huang, der erste Kaiser der Qin-Dynastie (221–207 v.Z.), der das Land geeint und die

47

Feinde unterworfen hatte, stellte eine Reihe dieser »Zaubertechniker« zur Herstellung einer »Wunder-Droge zur Sicherung der Unsterblichkeit« an und entsandte Tausende von Jünglingen und Jungfrauen, geführt von einem Jünger Xu Fu auf deren Suche nach Übersee.

Von Kaisern und Königen, Fürsten und Adligen gefördert, begann die Feuerbehandlung von hellrotem Zinnober (Quecksilbersulfid) ihren Aufschwung zu nehmen. Liu An (179–122 v.Z.) schreibt in seinem Buch *Huai Nan Wan Bi Shu* (*Die zehntausend unfehlbaren Künste des Königs von Huai Nan*): »Der rote Zinnober ist in Wirklichkeit Quecksilber.« *Shendan* (der »Zaubertrank«) sichere nicht nur die Langlebigkeit, sondern sei fähig, andere Substanzen in Gold zu verwandeln. —

Daher nenne man es *jinyi* (»trinkbares Gold«). Auf der Suche nach einem lebenspendenden Rezept nahm Liu Che, der Kaiser Wu Di (regierte 140–87 v.Z.), persönlich an solchen Experimenten teil und ließ im Volk danach forschen.

Damals wurde der Handel mit Zentralasien, Persien und Ägypten über den wichtigen Handelshafen Quanzhou in der Provinz Fujian abgewickelt. Und auf diesem Wege gelangte das Buch von *Den zehntausend unfehlbaren Künsten des Königs von Huai Nan* in den Westen, dazu auch Salpeter, den man in Persien »China-Salz« und in Syrien »China-Schnee« nannte. In der Aussprache des Quanzhou-Dialekts wurden die zwei Silben *jin-yi* als *kim-ya* wiedergegeben. (*Wissenschaft und Technik im alten China*, Herausgegeben vom Institut für Geschichte der Naturwissenschaften der Chinesischen Akademie der Wissenschaften, chinesisch 1978, englisch 1983, deutsch Basel–Boston–Berlin 1989, S. 214.)

In Ägypten nun erhielt die Lehre von der unaussprechlichen chinesischen Suche nach dem Lebenstrank den Namen »Königliche Kunst« nach dem Titel des chinesischen Werkes. Die Aussprache des Zaubertranks, *kim-ya*, wurde auf griechisch als *chemeia* übernommen zur Unterscheidung von der Goldmacherkunst, die auf griechisch *chrysopeia* hieß.

Jetzt ging die Königliche Kunst mit der Gnosis eine Symbiose ein. Man übertrug die Sehnsucht, sich durch Selbsterkenntnis und Veredelung mit dem Göttlichen zu vereinen, auf die Elemente und Metalle in allegorischer Weise. Aristoteles hatte davon gesprochen, daß Elemente unbeständig seien, daß sie sich »verwandeln« können. Sähe man darin eine Läuterung, eine Veredelung der Materie, müßte das Endziel aller Elemente die Umwandlung (Transmutation) in das königliche Metall sein, in Gold. Die Transmutation müßte das Magisterium (Meisterstück; zu lateinisch *magisterium* »Aufsicht, Leitung«; in der Alchemie die Herstellung des Steins der Weisen) sein sowohl bei Menschen als auch bei Metallen. Man müßte dem unedlen Metall seinen Samen extrahieren und diesen dann zu Gold veredeln. Dazu bedürfte es eines Mittels, jenes »Zaubertranks« der Chinesen, griechisch *zerion* (»trockenes Heilmittel«), »eines Steines, der kein Stein« wäre, des »Philosophensteins«, den man dem aristotelischen Urstoff *materia prima* entzöge.

Hinter der Suche nach dem Mittel, künstlich Gold zu machen, bauten sich die Gnostiker das Lehrgebäude einer Art Geheimtheologie und bedienten sich der Allegorie als Ausdrucksform. Über die Gnosis wollten sie zu den Ursprüngen allen Seins und zum Sinn aller Dinge vordringen. Sie suchten das innere Gold, und sie fanden es in der menschlichen Vollkommenheit. Ihr Vorbild wurde Salomon der Weise (wie bei den Essenern und Therapeuten), der die höchste Vollkommenheit erreicht haben soll, die je ein menschliches Wesen erreichen konnte. Der Ausgangspunkt war die Überzeugung, daß Gott das Geheimnis nur demjenigen schenken würde, der den höchsten Grad menschlicher Reinheit erreicht habe. So waren die Gnostiker zugleich auch Mystiker und Eklektiker.

Für die Gnostiker war das Alte Testament nur eine Allegorie metaphysischer Zusammenhänge, eine Allegorie wie die Himmelsleiter des persischen Mithras-Kults, deren sieben Sprossen (aus verschiedenen Metallen) den sieben Planeten entsprachen und den sieben Vokalen. Hier wurzelt die hermetische Methode, jedes Metall einem Planeten zuzuordnen. Schlüsselzahlen und Paßworte, geheime Riten und Initiation sind Wesensmerkmale der Gnosis. Der Adept war ein Eingeweihter. Er konnte sein Geheimnis nur von einem Meister haben oder von Gott.

Hermetik

Die ägyptischen Priester verehrten den Mondgott Thot auch als Gott aller Wissenschaft und heiligen Bücher. Er trug die Bezeichnung ›der zweimal Große‹, während Ptah, dessen Zunge er sein soll, ›der sehr Große‹ hieß. Doch Thot schuf mit dem bloßen göttlichen Wort, auch als Zunge Ptahs. Wenn einer ›der sehr Große‹ heißen sollte, dann Thot. Damit vereinten sie die beiden Titel zu ›der dreimal Große‹. Die Griechen in Alexandreia setzten Thot dem Hermes gleich, da dieser der Schutzherr des Weissagens, der Literatur und der Künste war. Und so entstand die griechische Übersetzung des Namen Hermes Trismegistos (= der dreimal Große). Nun bezeichneten sie alle unter Verschluß gehaltenen Wissenschaften als »hermetische Kunst«. Jetzt wurden die 42 Bände des Thot ins Griechische übersetzt, die man als *Poimandres* bezeichnete nach dem Titel des ersten Bandes/Traktats.

Das hört sich einfacher an, als es war. Denn die Übersetzung der literarischen Formen konnte nicht verstanden werden, wenn man nicht die geheime Sprache (die »verborgene Zunge«) kannte, die benutzt wurde, um die esoterischen Ideen und Konzepte weiterzugeben. Wörtliche Übersetzung hermetischer Worte oder verschlüsselter Begriffe macht den Inhalt esoterisch unbrauchbar. So würde beispielsweise die Allegorie der geistigen *chemeia* von der Selbstveredelung des Menschen verlorengehen, zurückbleiben würde lediglich eine fruchtlose Lehre von der Veredelung der Metalle zu Gold. Bei der Übersetzung mußte die Zahlen- und Buchstabenmystik berücksichtigt werden, um die größte Sammlung an Bänden des Geheimwissens zu tradieren.

Die Hermetiker hatten keine Einweihungszeremonie, ihr Metier waren Allegorie und Symbolik. Ihr Hauptsymbol war das »Siegel Salomos« (lebt noch im profanen Juden- oder Davidstern weiter): Es besteht aus zwei Dreiecken, einem weißen und einem schwarzen; das weiße Dreieck mit der Spitze nach oben symbolisiert das Feuer, das schwarze mit der Spitze nach unten das Wasser. Die beiden Dreiecke streben zwar in entgegengesetzte Richtungen, sind aber durch die Kraft, die sie zusammengeführt hat, unauflöslich miteinander verbunden. Diese »stärkste aller Kräfte« ist die Wissenschaft des Adepten; er hat die Macht, die Gegensätze zu verbinden, den Elementen zu befehlen und das Unsichtbare sichtbar zu machen. Die beiden ineinander verflochtenen Dreiecke stellen die Verbindung des Festen mit dem Flüchtigen dar, den roten *Philosophenstein* (lapis philosophorum = Stein der Weisen).

So trafen sich in Alexandreia Therapeuten, Gnostiker und Hermetiker in der Verehrung Salomons als Haupt allen Wissens. Wenn auch die hermetischen Schriften von den Schriften der Königlichen Kunst sowie der jüdischen Apokalyptik getrennt blieben, so strebten erleuchtete Geister danach, alle diese Quellen des Geheimwissens zu erfahren.

Die Christiani

Einer der Esoteriker, der Weltruhm erlangen sollte, war der Jude Saulus, der sich als Paulus zum Apostel eines gnostischen Messias (griechisch *Christos*) aufschwang. Der gnostische Christos bewirkte eine grundlegende Änderung gegenüber dem mosaischen Messias: Seine Ankunft wurde für die gesamte Menschheit und nicht für das auserwählte Volk erwartet, demzufolge war er nicht einem einzigen Volk vorbehalten und sollte deshalb anderen Völkern bekannt gemacht werden, womit der Auftrag zur Mission der Heiden geboren wurde. Darin zeichnete sich der Apostel Paulus besonders aus, der in Kleinasien für die Überwindung des mosaischen Gesetzes kämpfte.

Paulus wurde zum Gnostiker der Zukunft, dem sich auf neue Weise die übersinnliche Welt erschloß. Seine neu gewonnene Gemeinde sah in ihm die einzige Autorität der Wahrheit und Richtigkeit. Es war ihr klar, daß Paulus vor Damaskus jener Wesenheit begegnete, die nicht nur den Mittelpunkt der Welt bedeutet, sondern das Mittelpunktwesen selbst ist – nicht nur von Raum und Zeit, sondern aller Mittelpunkte, vornehmlich jener der einzelnen Menschenwesen. In seinem Innern hat sich diese Wesenheit offenbart: als sein höheres *Selbst*, als sein persönlicher Anteil am *Ich* der Welt. Gott hat es gefallen, seinen Sohn in mir zu offenbaren. »So bin nicht ich es, der da lebt, sondern Christos lebt in mir« (Gal. 2,20).

Vieles hängt mit diesem Erlebnis zusammen. Das entdeckte Ich wirkt als Keim der Freiheit, mehr noch, es zeigt sich als Instanz für Wahrheit und Gerechtigkeit. Christos richtet nicht nach den Gesetzestafeln Mosis, sein Urteil blüht im Wesensmittelpunkt eines jeden Menschen selber auf. Das Gesetz Mosis ist formal abgelöst. An Stelle der von *außen* kommenden Wirkweise tritt das Gesetz Christi, das im *Innern* als Wahrheit erstrahlt. Daraus entstand eine zwingende Konsequenz: Jahwe, der Gott der Juden, kann nicht der Vater sein, an den sich der Christos betend wendet. Der Gott des alten Bundes hatte eine begrenzte Aufgabe, die zu Ende ging, als der neue Bund geschlossen wurde. Ein Fortbestehen des Jahweismus über seine Zeit hinaus mußte sich ins Gegenteil verkehren und schlimme Folgen zeitigen.

Das Hauptanliegen Pauli mußte gewesen sein, dem Menschen bei dem schweren Übergang aus der gesetzhaften Gebundenheit in die Selbstverantwortung und Freiheit zu helfen und die Auseinandersetzung mit dem mosaischen Gesetz in aller Offenheit und Entschiedenheit zu führen. Von Paulus stammte die Lehre von einer guten Gottheit, die in einem Lichtreich wohnt; aber auch von einem kommenden Gottesreich, das als Lichtreich gesehen wird und das weder Verweslichkeit noch Tod kennt. Das irdisch-zeitliche Jerusalem bedeutet das Gesetz; denn der Sohn der Magd war auf fleischliche Art geboren. Der Sohn der Freien entstand jedoch aufgrund der Verheißung; daher ist das überirdische Jerusalem frei, es ist unsere Mutter (Gal. 4,26). – Ihr, liebe Brüder, seid Kinder im Sinne der Verheißung – erkennt es also: Wir sind nicht Kinder der Magd, sondern Kinder der Freien! So fasset Fuß in der Freiheit und laßt euch nicht wieder in das Joch der Knechtschaft spannen. Eure Seele wird nicht der Finsternis verfallen, denn ein Licht ist eingesenkt, das unterstützt wird von jener Gottheit, die immer war, immer ist und immer sein wird. – Der göttliche Weltengrund selber ist es, der da spricht: Aus der Finsternis leuchtet das Licht hervor! Dieses Licht ist hell geworden in unseren Herzen, es führt uns zur Erleuchtung, so daß sich uns die Erkenntnis erschließt von der Lichtwelt der göttlichen Offenbarung, die uns aus dem Antlitz Christi entgegenstrahlt (2. Kor. 4,6).

Aus den paulinischen Schriften zog die gnostisch-christliche Gemeinde in Kappadokien und Armenien deutliche Konsequenzen. Christos ist für sie ein rein geistiges Prinzip, das direkt vom Himmel herabkam, um die Menschen aus der Knechtschaft des bösen Gottes zu befreien. Im Fleische wohnt nach Pauli Worten nichts Gutes – und ob wir auch Christum gekannt haben nach dem Fleische, so kennen wir ihn jetzt nicht mehr (2. Kor. 5,16). Demnach ist Jugend und Leidensgeschichte nichts als menschliche Erfindung. Weder durch das Kreuz noch durch sonstige Zeremonien ist eine Erlösung möglich, sondern einzig und allein durch die Erweckung des Bewußtseins des Menschen von seiner höheren Abkunft und seiner höheren Bestimmung (2. Kor. 4,2)! – Aus all dem ergibt sich ein Dualismus, den sie auch durch Paulus bestätigt fanden: »Lasset euch, die ihr dem Herrn dienen wollt, durchströmen von der gewaltigen Stärke seiner Sonnenmacht. Ziehet die volle Waffenrüstung Gottes an, damit ihr bestehen könnt gegen die zielbewußten Angriffe des Widersachers. Was uns obliegt, ist nicht ein Kampf gegen irdische Mächte von Fleisch und Blut, sondern gegen Geistwesen, mächtig im Zeitenstrom, gegen Geistwesen, gewaltig in der Erdenstoffgestaltung, gegen Wesen, die über eine verhärtete Welt als Herren der Finsternis herrschen, gegen Wesen, die in den Geisteswelten die Mächte des Bösen selber sind« (Eph. 6,10–13). In diesem Aufruf vernahm die Gemeinde den Auftrag, für das kommende Reich und gegen die Widersacher zu kämpfen als Soldaten Christi zur Errichtung des Gottesstaats. Darin glichen sie den Therapeuten bei den Essenern. Für diese neue Gemeinschaft tauchte nun die Bezeichnung *Christiani* auf.

Das religiöse Leben der Christiani vollzog sich in denkbar einfachen Formen. In schmucklosen Räumen vereinigten sie sich zum Gebet. Kultische und sakramentale Gebräuche kannten sie nicht. Folglich gab es auch keine hierarchische Ordnung. Unter der Bezeichnung *Synekdemoi*, wie schon Paulus seine Begleiter nannte, übernahmen gewählte Häupter die Führung mit Anspruch auf höhere Erleuchtung als Organe des heiligen Geistes. Sonst gab es nur noch sogenannte *Notarien*, die für die Ordnung in der Versammlung sorgten.

In der Zwischenzeit steigerte sich der Widerstand im römischen Palästina gegen die römische Herrschaft, wobei dieser von den Essenern entfacht und angeführt wurde. Die politische Komponente ihrer Lehre machte sich bemerkbar: Die Streiter Gottes des zweiten Grades gingen gegen Römer und solche Juden vor, die mit ihnen sympathisierten. Kein Wunder, daß diese religiösen Kämpfer für den Gottesstaat bei den Juden die Bezeichnung *Zeloten* (Glaubenseiferer, Fanatiker; aus griechisch *zelotes* »Nacheiferer, Bewunderer, Anhänger« zu *zelos* »Eifer, Neid, Eifersucht«) und bei den Römern *Sicarii* (aus griechisch *sikarioi*, »Dolchmänner«, Meuchelmörder) erhielten.

Als die christliche Botschaft von Palästina nach Alexandreia drang, erschien Jesus den Gnostikern in seiner Eigenschaft als Retter und Messias, als der Schlüssel, der dem Gnostizismus gefehlt hatte, um Himmel und Erde, Oben und Unten, Philosophie und Religion wirklich miteinander zu versöhnen. Das Evangelium war die barmherzige Antwort auf »Jahwe« – den »schrecklichen Gott der Juden«, wie dieser bei den Gnostikern hieß –. Mit ihm kam auch die innere Erfahrung einer neuen Einweihung: die Taufe durch das »Wasser« und durch den »Geist«. Und die Gnostiker ließen sich taufen; aus ihnen wurden christliche Priester, Bischöfe und Meister der christlichen Lehre.

Die Evangelien

Nach dem Auftrag Jesu Christi und der Apostel wußten die Christen, daß sie sich nicht an diese Welt verlieren, ihr nicht gleichförmig werden sollten. Damit waren Verzicht und Enthaltsamkeit vielfacher Art angemahnt, um das ewige Leben zu erlangen. Auch hierin spiegelte sich die Läuterung und Selbstveredelung der vorchristlichen Gnostiker wider. Vertreter einer sehr strengen Form christlicher Askese zogen sich aus familiären und fast allen menschlichen Bindungen zurück, entwichen (Anachoreten; zu griechisch *anachorein* »zurückweichen«) aus den Städten, aus dem Kulturland überhaupt in unwirtliche Gegenden, um hier in einem Leben der Enthaltsamkeit, der Buße und des Gebets Gott zu suchen. Aus christlicher Tradition dienten ihnen Johannes der Täufer und Jesus von Nazareth als Vorbild. Tausende in Syrien und Palästina bevölkerten als Eremiten (Einsiedler; aus griechisch *eremites*; zu *eremos* »einsam, verlassen«) Wüsten und Oasen. Die unmittelbare Nähe zueinander ließ ganze Verbände von Anachoreten und Eremiten entstehen, Einsiedlerkolonien, die man *Laura* (= enge Gasse, Hohlweg) nannte: eine Gruppe von Einsiedlern stand unter Leitung eines Abtes und vereinigte sich zu bestimmten Anlässen, vor allem zur Eucharistiefeier am Sonntag. Ziel dieser Bewegung war die Loslösung von der Welt und deren Verneinung, womit sie ganz in der Tradition der Essener und Therapeuten stand.

Um das Jahr 100 nach der Zeitrechnung breitete sich die Lehre des Visonärs und Propheten Elkhasai (Alkhasaios) im Lande der Parther aus. Er deutete die alte Lehre der Essener im Sinne der neuen Anhänger des ›Gesalbten‹ und wurde zum Begründer des christlichen Mönchtums. Seine Gemeinde lebte in geschlossener Abgeschiedenheit, verschmähte Wein, Fleisch und Frauen und lebte von eigener Hände Arbeit; die von ihr erzeugten Pflanzen galten als männlich und rein, die der Außenwelt als weiblich und unrein. Als religiöses Gebot galt ihr das Verbergen der eigenen Überzeugung. Von den nahezu zwanzig im Umlauf befindlichen Evangelien anerkannte sie nur das Thomas-, das Philippsevangelium sowie die Petrusapokalypse. Ihr Vorbild war Johannes der Täufer, und sie sah in dem dreimaligen Eintauchen des Neophyten im reinigenden Wasser den Tod des alten Menschen und die Geburt des neuen Bruders. Die Griechen nannten sie *Baptistai* (die Täufer), die Aramäer Syriens *meneqqedê* (die Gereinigten) und die Aramäer Iraks *hallê hewârê* (die Weißen Gewänder), da sie das weiße Gewand der Essener trugen. Sie nannten sich selbst die Wahren Juden und die Wahren Christen. Ihnen fehlte jedoch der esoterische Kern der Therapeuten.

Die christlichen Evangelien und die hermetischen Schriften sind miteinander verwandt. Sie wurden in der ersten Hälfte des 2. Jahrhunderts unabhängig voneinander geschrieben bzw. verbreitet; ihre Verfasser haben ohne Abstimmung vergleichbare Ideen und Ausdrucksweisen entwickelt. Diese Ähnlichkeit machte auf die frühen Führer der Kirche einen tiefen Eindruck. Zusammen mit den sibyllinischen Büchern riefen sie Hermes Trismegistos als Zeugen ihrer Wahrheit an. Im zweiten und dritten Jahrhundert gab es sogar einen geheimen gnostischen Hermeskult mit eigenen Einweihungszeremonien. Hermes wurde als Allgeist verehrt, als derjenige Demiurg, der die Welt geschaffen hat und sie als Logos durchdringt; er wurde mit dem Erlöser identifiziert, dem Mittler zwischen Gott und der Welt, die er vom verderblichen Einfluß der Planeten befreite. Der einzige segensreiche Planet war in diesem Kult die Sonne, die Gott war. Erlöst wurden aber nur Auserwählte, die Vollendeten, die Ambrosia tranken und der Reise ins himmlische Reich für würdig befunden worden waren – überdies der Wiedergeburt. Aus der Hermetik und der Gnostik entstand die griechisch-orientalische Lehre vom Christentum.

In einem Evangelium, einer Abhandlung über den Großen Seth, spricht Jesus in der ersten Person: »Ich unterlag ihnen nicht, wie sie es erhofft hatten (...) Und ich starb nicht wirklich, ich tat nur so, denn ich wollte mich von ihnen nicht beschämen lassen (...) Der Tod, den sie mir zugedacht hatten, traf einen der ihren (...) Es war ein anderer, ihr Vater, der die Galle trank und den Essig; nicht ich war es. Sie schlugen mich mit Ruten; es war ein anderer, Simon, der das Kreuz auf seinen Schultern trug. Ein andrerer war es, dem sie die Dornenkrone aufsetzten (...) Ich jedoch lachte über ihre Unwissenheit.«

Das Marienevangelium legt Zeugnis von einem heftigen und andauernden Streit zwischen Petrus und Maria Magdalena ab, der die Spaltung zwischen den »Anhängern der Botschaft (des Propheten Jesus)« und den »Anhängern der Dynastie (des Hauses David)« widerspiegelt. Petrus wendet sich darin wie folgt an Maria Magdalena: »Schwester, wir wissen, daß der Erlöser dich mehr liebt als die anderen Frauen. Wiederhole uns die Worte des Erlösers, die du in Erinnerung behalten hast, die du kennst, und wir nicht.« Ein wenig später fragt Petrus entrüstet die anderen Jünger: »Hat er wirklich unter vier Augen mit einer Frau gesprochen und nicht offen mit uns? (...) Hat er sie uns vorgezogen?« Einer der Jünger antwortet Petrus: »Sicher kennt der Erlöser sie gut. Darum liebt er sie mehr als uns.«

Das Philippusevangelium bietet eine Erklärung für den Streit. Dort wird immer wieder das Bild des Brautgemachs hervorgehoben. Diesem Evangelium zufolge »ist der Herr überall: in einem Mysterium, in einer Taufe, in einer Firmung, in einer Eucharistie, in einer Erlösung und in einem Brautgemach«. Deutlicher sagt dieses Evangelium: »Es waren drei, die stets mit dem Herrn wandelten: Maria, seine Mutter, ihre Schwester und Maria Magdalena, die man seine Gefährtin nannte.« Und an einer anderen Stelle: »Maria Magdalena ist die Gefährtin des Erlösers. Christus liebte sie mehr als alle Jünger und pflegte sie oft auf den Mund zu küssen. Die Jünger nahmen daran Anstoß und drückten ihre Mißbilligung aus. Sie sagten zu ihm: ›Warum liebst du sie mehr als uns alle?‹ Der Erlöser anwortete: ›Warum liebe ich euch nicht so wie sie?‹«

Der Gnostiker Basileides aus Syrien, der 125–130 in Alexandreia einen 24bändigen Kommentar zu den Evangelien schrieb, stellt in seiner Lehre die Täuschung bei der Kreuzigung genau wie in der Abhandlung über den Großen Seth dar und sieht in der christlichen Offenbarung die Erlösung des Lichtes aus der Finsternis. Valentinus von Alexandreia, der zwischen 136 und 160 in Rom wirkte, verband in seiner Emanationslehre der Geisterwelt die christliche Lehre mit orientalischer und platonischer Metaphysik. Jesus war der Erlöser nach der Anschauung fast aller gnostischer Gruppierungen. In Alexandreia wurde ihm die Gestalt der *Pistis Sophia* (= Glaube und Weisheit) beigegeben, eine Art vergeistigter Maria Magdalena, ein gefallener Engel, den Jesus erlöst und mit dem er sich hernach vermählt. Und in Anlehnung an das Philippusevangelium lautet die Lithurgie des »Sakraments der Brautkammer«, das zum Ritual des Valentinus von Alexandreia gehörte:

»Ich will meine Gnade über dich kommen lassen, denn der Vater aller Menschen sieht deinen Engel vor seinem Angesicht; wir müssen nun eins werden; empfange diese Gnade von mir und durch mich; schmücke dich wie eine Braut, die den Bräutigam erwartet, damit du werden mögest wie ich bin und wie du selbst bist; laß den Samen des Lichts in deine Brautkammer fallen, empfange den Bräutigam, gib ihm Raum und öffne deine Arme, um ihn zu empfangen. Siehe, die Gnade ist über dich gekommen.«

Um diese Zeit verschwand die Klostergemeinschaft, die von den Therapeuten an den Ufern des Mariutsees nahe der Nilmündung gegründet worden war. Die Niederschlagung der letzten jüdischen Revolte in Palästina (Bar Kochba Aufstand 132–135) ließ die Hoffnung der Essener und Therapeuten auf eine Wiedererrichtung des davidischen Gottesstaats schwinden, und sie ließen sich von den gnostischen Strömungen um sie zum eschatologischen Christos führen. In konsequenter Erfüllung der Verheißung ihrer Lehre trugen sie nun das Zeichen Christi. Ihre Geheimlehre und die Kraft ihrer »Liebeskette« wurden von Einsiedlern gehütet, die sich in dem Gebiet der kleinasiatischen Provinzen Kappadokien und Armenien, insbesondere zwischen Euphrat und Tigris am »Berg der Knechte Gottes«, aber auch in den Öden Südwestarabiens niedergelassen hatten.

Dafür tauchte im südlichen Mesopotamien eine gnostische Täufersekte auf, die aus dem Jordantal dorthin abgewandert war: die Mandäer (aus aramäisch *manda* »Erkenntnis«). Kern ihrer Lehre ist die Vorstellung vom Geschick der Seele (mana), die, vom Himmel stammend, durch den ›ersten Gesandten‹ (meist manda' d'Haije »Gnosis des Lebens«) erweckt, durch alle Gefahren der Weltäonen geleitet, zum ›Haus des Lebens‹ emporsteigt und dort ›gefestigt‹ wird. Sie vollzieht darin das Geschick des Erlösers nach. Somit stand die Sekte in der jüdischen Erlösertradition, erkannte jedoch Johannes den Täufer als Erlöser an. Ihre Schriften zeigen auffallende sprachliche und sachliche Parallelen zum Johannesevangelium. Sie entwickelte ein sorgfältig ausgearbeitetes kultisches Ritual, besonders für die Taufe, wie keine andere gnostische Sekte zuvor. Wie bei den Elkesaiten, hielt sie das Verbergen der eigenen Überzeugung für ein religiöses Gebot.

Markioniten und Montanisten

Die griechisch-orientalische Lehre vom Christentum, diese eschatologisch-rigoristische Erweckungsbewegung mit prophetisch-ekstatischer Naherwartung, wurde von Markion aus Sinope in Paphlagonia ab 150 in die Welt getragen und breitete sich in Ost und West schnell aus. Er galt in den Augen der Christiani als der Stellvertreter Christi, der im Johannes-Evangelium (14,26) verheißene *Paraklet* (= Tröster; »Aber der Tröster, der heilige Geist, welchen mein Vater senden wird in meinem Namen, der wird euch alles lehren und euch erinnern alles des, was ich euch gesagt habe.«).

In den phrygischen Städten Kleinasiens war es Montanus, der diese Lehre verkündete in Erwartung der Herabkunft des himmlischen Jerusalem und des Anbruchs des Millenniums. Er erklärte sich als Stellvertreter Christi im Besitze der höchsten, abschließenden Offenbarungsstufe des Glaubens. Um 170 war er auch im Westen, in Gallien und Nordafrika zu finden und wurde sogar in Rom anerkannt.

Allein die orientalisch-griechische Denkungsart lag dem abendländisch-lateinischen Wesen nicht. In der Weltstadt Rom wimmelte es von gnostischen Sekten, die den Namen Jesu führten. Hinzu kamen Philosopheme aller Art, asketische Bünde und Orden, die aus Griechenland ebenso wie aus Ägypten, Palästina, Kleinasien und Armenien verpflanzt worden waren. Und bereits Irenäus von Lyon, Justinus der Märtyrer und später auch Hippolytus kämpften leidenschaftlich dagegen.

60

Die Wirksamkeit der *Apostel* fiel in die Zeit des Umbruchs, und ihre »Witterung« ließ sie den rechten Weg in dieser Wildnis finden. Doch in der *nach*apostolischen Zeit vermehrten sich die Gefahren. Die Angst und die Sorge um das Christentum und um die junge Kirche zwang die *Väter* zu einer gnosisfeindlichen Haltung, die über die Tendenz der Apostel weit hinausging. Während die Apostel gewissen Auswüchsen entgegentraten und die falsche von der echten Gnosis unterschieden, verdichtete sich in dem Abwehrkampf der Väter diese Tendenz zum *antignostischen Prinzip*. Sie glaubten, der chaotischen Zuspitzung nur dadurch Herr werden zu können, daß sie die oszillierenden Kräfte der *Erkenntnis* (Gnosis) zum Stillstand brachten, um dem *Glauben* einen festen Mittelpunkt zu geben.

Dabei hielt noch Clemens von Alexandreia die Gnosis für so ehrenhaft, daß er um 200 den guten Christen in *Stromata* ihren Namen gab. »Glücklich, wer in der Heiligkeit der Gnosis lebt!« rief er. Die Bücher fünf und sechs dieser *Stromata* behandeln ganz die gnostische Vollkommenheit. Man liest dort: »Wer den Namen Gnostiker verdient, widersteht der Versuchung und gibt allen, die ihn bitten.«

Das Christentum ist aber das Ergebnis eines Offenbarungswunders, das mit der Verkündigung beginnt und sich wie eine Blüte entfaltet, immer reicher, schöner und gewaltiger, vom Kelch, der das Mysterium der Menschwerdung Gottes umschließt, bis zur Blüte, die als flammende Aura den Christus umstrahlt, als er am Kreuz das Mysterium der Welterneuerung vollzieht. Dieses Offenbarungswesen, das ein »Pfingsten« der ganzen Menschheit herauführt, das die Apostel begeistert, sie lenkt und zeugen läßt, dieser Offenbarungsgeist, der selbst die Feder führt und die »frohe Botschaft« schriftlich niederlegt und ein Buch entstehen läßt, das nichts enthält als offenbarendes Geschehen, das sich selbst als »Weg« erklärt, der zur Vollkommenheit führt, diese ganze Offenbarungsfülle, in der sich die Barmherzigkeit Gottes als *gratia gratis data* der Welt schenkt, hörte plötzlich auf, die vollkommene Gnosis zu sein, die sie einmal war. Die Prophetie verlosch in der frühchristlichen Kirche und wurde zur Tradition.

Denn durch das antignostische Prinzip, das sich die Kirche zu eigen machte, wurde nicht nur die falsche Gnosis empfindlich getroffen, sondern jede Gnosis; aus diesem Prinzip ging unmittelbar die Agnosia (= Erkenntnisfeindlichkeit) hervor. Je weiter die apostolische Zeit zurücklag, desto deutlicher zeichneten sich die Auswirkungen ab.

Gewiß, die Kirche hat sich behauptet, aber sie hat im Verlauf der Entwicklung *zu schnell* aufgehört, Gnosis zu sein. Die ihr innewohnende Offenbarungskraft war *schon* gebrochen, ehe die neue, im Innern der Seele aufkeimende Erkenntniskraft aus dem *Ich* heraus geboren war. Die Offenbarungsquelle versiegte, noch ehe die neue Quelle im Innern des Menschen zu sprudeln begann. So entstand ein Mangel an Spiritualität, der für die abendländische Kultur schwerwiegende Folgen hatte. Abgesehen davon, daß die Menschen schneller und gründlicher das reine Kopfdenken entwickelten, ist daraus jene Geisteshaltung erwachsen, die in der *Macht* das einzige, ordnende und schöpferische Prinzip sah, und eine Kirche, die um der *Macht* willen der Gnosis schonungslosen Kampf ansagte.

Der Westen machte sich die mystische Lehre des Neoplatonikers Plotin aus Alexandreia, der ab 244 in Rom lehrte, zu eigen. Statt zur Esoterik wandten sich die Römer zur Exoterik. So gesellte sich zur kulturellen Spaltung zwischen dem griechischen Osten und dem lateinischen Westen eine Spaltung der religiösen Auffassung zwischen gnostischem Orient und mystischem Okzident.

Die Manichäer

Noch gefährlicher in den Augen der Väter im Westen war die gnostische Lehre Manis aus Seleukeia-Ktesiphon bei Babylon, der 242 mit seiner Mission begann. Sein esoterisches Christentum war die erweiterte Version seiner Vorgänger. In seinem *Buch der Geheimnisse* baute er eine ganze Kosmogonie auf und wollte konkrete Antwort geben auf die Fragen nach dem Ursprung von Welt, Seele und Körper, der Herkunft des Bösen und der Erlösung der Seele: Am Anfang sind Licht und Finsternis in Gestalt voneinander abgegrenzter und übereinanderliegender Reiche. Der mit dem Lichtreich identische und dessen Personifikation darstellende Vater existiert in fünf Hypostasen (Vernunft, Denken, Einsicht, Sinnen und Überlegung). In einer entsprechenden Pentade (Rauch, Finsternis, Feuer, Wasser und Wind) existiert auch das Reich der Finsternis. Dieses zettelt einen Krieg mit dem Licht an. Der Vater antwortet mit der Zeugung des »Großen Geistes«, der seinerseits die »Mutter des Lebens« beruft, die ihrerseits den »Urmenschen« hervorbringt, damit er die Finsternis bekämpfe. Doch der Urmensch wird überwältigt. Zu seiner Rettung beruft der Vater jetzt den »Lebendigen Geist«, der einen Weckruf zum Urmenschen sendet und auch Antwort erhält. Damit ist der Urmensch befreit, seine Söhne jedoch bleiben in der Finsternis, verschlungen von den Archonten (im alten Athen die neun höchsten Beamten; zu griechisch *archein* »herrschen«). Zu ihrer Befreiung kreuzigt der Große Geist die Archonten ans Firmament und ordnet sie in Sonne, Mond, Sterne, Himmel und Erde.

Die Erlösung der Söhne geschieht aber erst, nachdem der »Dritte Gesandte« den bisher stillstehenden Kosmos in Bewegung gesetzt hat. Jetzt steigen die versprengten Lichtteilchen über eine Lichtsäule (Milchstraße) zum Mond empor, der sie an die Sonne, diese an den neuen Äon abgibt. Damit der Mensch sich als Lichtträger erkennt, sendet der Dritte Gesandte Christos zu ihm, der seinerseits Apostel entsendet

(Seth, Noah, Buddha, Zarathustra, Jesus, Paulus u. a.). Jesus bezeichnete er als »Sohn der Witwe« und erklärte ihn für menschlich – oder, wenn überhaupt göttlich, so nur im symbolischen oder metaphorischen Sinn. Und ebenso wie Basileides behauptete Mani, Jesus sei nicht am Kreuz gestorben, sondern durch einen anderen ersetzt worden.

Mani ist der Stellvertreter Christi, der im Johannes-Evangelium verheißene *Paraklet*; er ist *Maitreya* der Buddhisten und *Uschetar bamik* der Zoroastrier; er ist das »Siegel der Propheten« und Begründer der eigentlichen Heilsgemeinde, die den Menschen Gnosis verkündet und z. B. durch Geschlechtsaskese und durch das Essen vieler Früchte, in denen Licht eingekerkert ist, verhütet, daß das Licht weiter in die Welt versprengt wird. Totale Geschlechtsaskese beachten aber nur die »Vollkommenen«, die sich damit selbst erlösen und nach dem Tode sofort zur Lichtwelt zurückkehren. Die »Hörer«, die breite Gemeinde, können erst durch mehrere Wiederverkörperungen gerettet werden. Eigenhändig bemalte Mani die Seiten der Evangelien und wurde somit zum Begründer der Illuminierkunst im Christentum. Bald nach seinem Tode (276) breitete sich seine Lehre über Armenien, Kleinasien, das westliche Mesopotamien, Syrien, Nordarabien, Ägypten, Nordafrika, Italien, Gallien bis nach Spanien aus.

In Armenien gingen Paulinismus und Manichäismus eine Symbiose ein, und die Christiani übernahmen die Initiationsgrade der Erleuchtung mit dem hierarchischen Aufbau von Perfecti, Electi und Auditores. Jetzt erst erhielten sie den ordensartigen Kern. Ihre Führer wurden wie Apostel verehrt und galten nacheinander als Stellvertreter Christi. In dieser neuen Form, von ihren Gegnern noch immer Markioniten genannt, gelangten die esoterische Kirche der *Christiani* und die *Laura*-Form des Asketentums bis nach Irland.

Die Druiden

Auch die Kelten, die Ureinwohner des westlichen Europa, waren dem esoterischen Wissen verschrieben und hatten eine Hierarchie von Graden der Erleuchtung, die zwanzig Jahre in Anspruch nahmen. Als erste westliche Tradition eröffnete das Druidentum (aus urkeltisch *dru-uid* »Eichenkundige«; zu urkeltisch **d[a]ru* »Eiche« und indogermanisch **ueid* »sehen, wissen«) die Möglichkeit zur wirklichen Reintegration des Menschen, denn es sah ihn als Ganzheit und wollte ihn zu einem physischen, moralischen und psychischen Einklang mit dem Kosmischen bringen. Diese Harmonie konnte nur durch die Aufnahme und Verinnerlichung eines transzendenten, d. h. initiatischen Wissens erreicht werden. Die druidische Einweihung fand unter freiem Himmel statt und war keine dogmatische Enthüllung, sondern das Ergebnis beharrlicher Arbeit. So erlernte der Schüler die Beherrschung seines Intellekts durch das tägliche Studium der in den Triaden enthaltenen Lehren; die Beherrschung seiner Psyche durch Übungen, die dem königlichen Raja-Yoga vergleichbar sind; die Beherrschung seines Körpers schließlich durch Atem- und Muskelübungen, die die Steigerung der Lebenskraft zum Ziel hatten. Die angewandten Methoden waren homogen und harmonierten miteinander, weil sie aus dem *einen* Gedanken hervorgingen.

Nach diesem ersten Schritt beschäftigte sich der Schüler mit der Stellung des Menschen innerhalb der Schöpfung und lernte, welchen Wesenheiten (Elementargeister) er befehlen konnte, ihm bei der Erfüllung seines Auftrags zu helfen. Seine Kenntnis der im Körper des Menschen kreisenden Energieströme gab ihm analog die Möglichkeit, diese auch im Boden und im Raum aufzuspüren. Die Anwendung: das Auffinden heilender Orte, Wettervorhersagen etc.

Durch Initiation gelangte der Neophyt in den ersten esoterischen Grad der *Barden*, die Inhaber, Lehrer und Verbreiter der mündlichen Tradition waren, die jeder Eingeweihte aus-

wendig kennen mußte. Diese bestand aus in Versform ge-
brachten dreigliedrigen Lehrsätzen, Triaden genannt. Die
Ovaten besaßen ein weitergehendes Wissen; sie waren Seher
und Heiler, die Orakel verkündeten, die Heilkraft der Pflanzen
studierten und den Einfluß der tellurischen Ströme auf die
Gesundheit von Menschen, Tieren und Pflanzen erforschten.
Sie kannten die heilenden Orte, an denen eine Genesung am
ehesten möglich war. Dann folgte der Kreis des vollkommenen Wissens, die Weiße Welt oder Gwenwed, der den
Eubagen und *Druiden* vorbehalten war, und nur sie trugen
weiße Gewänder. An der Spitze stand der Groß-Druide als
Stellvertreter des Sonnengottes.

Die Kelten verehrten die Mutter Erde in Gestalt einer
Schwarzen Madonna als Sinnbild der Fruchtbarkeit, die
»Jungfrau vor der Niederkunft«. Ihr meist im Dunkeln lie-
gender Platz am Ende einer Grotte oder in einer Nische wies
sie als Gäa aus, die mütterliche, nährende Erde. Oft wurden die
Statuen in der Nähe einer Quelle oder eines Brunnens aufge-
stellt – Zeugnisse für die von der Erde ausgehende Energie –
und bezeichneten so den Ort, an dem eine hydrotellurische
Strömung verlief bzw. an die Oberfläche trat. Die Schwarze
Madonna war letztendlich Symbol der kosmischen Energie,
lebengebendes Prinzip, Kraft der Natur, ja die Natur selbst.

Die mythischen Lehren eines Kulturkreises werden sowohl
durch Religion und esoterisch-okkulte Theorien als auch
durch die volkstümliche Überlieferung – Mythen, Sagen und
Märchen – von Generation zu Generation weitergegeben.
Letztere haben einen symbolischen Gehalt, eine »Moral von
der Geschichte«. In den Märchen kommt es oft vor, daß der
Held aufbrechen muß, um ein unbekanntes Land, einen verborgenen Gegenstand oder eine verschwundene Verlobte zu
suchen. Durch die Hilfe übernatürlicher Kräfte gelingt es ihm,
alle Hindernisse zu überwinden und seine Reise, die seine initiatische Entwicklung spiegelt, zu einem guten Ende zu führen. Der Held ist oft ein junger Mann oder der jüngste von drei
Brüdern oder aber ein Kind – was an die erst ansatzweise be-

kannten Geheimnisse erinnert. Es kann auch vorkommen, daß der Held sich selbst finden muß, z. B. wenn er in ein Tier verwandelt wurde. Der Vorgang der Verwandlung ist sehr bezeichnend. Oder er hat einen Teil seines Körpers oder eine besondere Fähigkeit verloren, z. B. die Stimme, das Augenlicht, die Intelligenz, die Jugend, die Schönheit. Noch eindeutiger ist, wenn er sein Herz oder das Licht sucht.

Bei den Kelten wurden die Mythen, Sagen und Märchen von den Barden überliefert, die sie als Stütze ihrer Lehren verwendeten; sie sind zum Teil allegorisch. Das Wunderbare ist allgegenwärtig, und magische Verfahren und druidische Zauberei sorgen dafür, daß die jeweils bevorzugte Partei den Sieg davonträgt. Der Text will kein historisches Zeugnis liefern, sondern ein höheres Wissen und die damit einhergehenden Kräfte andeuten. Das Leben der Helden ist ganz von diesem Wunderbaren geprägt.

Die Leichtigkeit, mit der die Kelten Irlands die esoterisch-gnostische Form der Lehre vom Christentum annahmen, zeigt, daß sie diesen Ideen geistig sehr nahe gestanden haben. Nichts in dieser neuen Offenbarung stieß sie ab. Weder die göttliche Einheit noch der unsichtbare Gott, der das Universum in all seinen Formen in sich vereinigt, noch der Gott, der von einer Jungfrau geboren wurde, noch der leibhaftige Gott, der als göttlicher Mensch ans Kreuz geschlagen wurde, noch die Auferstehung, noch die Unsterblichkeit der Seele. Dies alles hatten ihre Priester, die Druiden, schon vor der Christianisierung gelehrt. Daher ist es nicht verwunderlich, daß ganze Druidenkollegien geschlossen zum Christentum übertraten. So entstand das keltisch-druidische Christentum der *Culdei* (die mittelalterliche Bezeichnung für irische bzw. schottische Mönche, neulateinisch in der Bedeutung von *cultores Dei* »Anbeter Gottes«; aus mittellateinisch *keldei*, *keledei* zu altirisch *côle Dê* »Gefährte Gottes« aus *côle* »Gefährte« und *Dê*, dem Genitiv von *Dia* »Gott«).

Die Anfänge des Lebens in Einsiedeleien (griechisch *monastrion*) in Irland glichen den Lauren der orientalischen Kirche in Syrien und Palästina. Die Zellen der Anachoreten, die gleichzeitig auch zönobitisch (im Kloster lebend; aus spätlateinisch *coenobium*; zu griechisch *koinos* »gemeinsam« und *bios* »Leben«) lebten, insbesondere an der äußersten Westküste Irlands, bestanden aus Felssteinen, die ausgeklügelt aufeinandergeschichtet wurden, so daß nie ein Tropfen Wasser ins Innere drang. Solche Zellen waren dorfartig um eine Kirche gruppiert, in der Mönche (aus griechisch *monachos* »Alleinlebender«) zu den Stundengebeten zusammenkamen: fünfmal tagsüber, dreimal in der Nacht. Zu diesen gemeinsamen Gebeten kam noch das individuelle Gebet, das vor allem aus dem Rezitieren von Psalmen bestand. Die Askese gewann stark an Bedeutung. Das heftige Streben nach dem Absoluten, der Wunsch, über sich selbst hinauszuwachsen, der die Mönche oft bis zum Äußersten trieb, äußerte sich in freiwilligen Bußübungen wie Kniebeugen, Prostrationen, Bekreuzigungen und auch in den sogenannten *crosfigill*, bei denen der Betreffende stundenlang unbeweglich mit seitlich ausgestreckten Armen stand, in eiskalten Bädern, bei denen die Mönche oft Psalmen rezitierten, oder strengem Fasten. Fleisch war ganz und gar verboten, Fisch scheint man nur an Festtagen zu sich genommen zu haben, ebenso Eier und entrahmte Milch. Es gab nur eine Mahlzeit am Tag.

Die wesentlichen Punkte in der keltisch verfaßten Mönchsregel waren das Gebet, die Arbeit und die Askese, die alle dazu dienen sollten, beim Mönch die Nächstenliebe und die Liebe zu Gott zu stärken und ihm die Einhaltung seiner drei Gelübde – Keuschheit, Armut und Gehorsam –, die jeder religiösen Weihe zugrunde liegen, zu erleichtern. Bei der Arbeit handelte es sich um manuelle Tätigkeiten, was für die Mönche etwas ganz und gar Gewohntes war. Sie arbeiteten mit den Händen wie die Einsiedler und bestellten die Felder mit einer einfachen Hacke. Sie versagten es sich, auch nur das geringste Tier zu Hilfe zu nehmen.

Die Mönche trugen nach altem irischen Brauch eine Tonsur, das heißt, die Stirn war halbmondförmig ausrasiert, so daß das Haar nach hinten und auf die Schultern fiel. Und sie waren weißgewandet wie ihre Vorbilder im Orient, die Therapeuten bei den Essenern und die Vollkommenen bei den Manichäern. Jeder Mönch hatte in seiner Zelle eine Lagerstatt, vermutlich aus Stroh und Tierfellen, einen mit Stroh belegten Stein als Kissen, eine Bank, ein Kreuz und ein Lämpchen aus Schilfrohr, in dem Talg verbrannt wurde. Alle Handwerke waren im Kloster vertreten, das autark war wie eine Herrschaftsdomäne. Da gab es Maurer, Schmiede, Schreiner, Goldschmiede und Köche, aber auch Weber und Flickschuster. Sie alle sorgten dafür, daß die Gemeinschaft hatte, was sie zum Leben benötigte.

Vor allem aber gab es die Werkstatt der Schreiber, da die geistige Arbeit in allen irischen Klöstern sehr entwickelt war. Auch die Illuminierkunst hatten die Iren aus dem Orient übernommen.

Die Staatsreligion

286 verlagerte sich das Schwergewicht des Römischen Reiches nach Osten. Nikomedeia am Ausgang des Schwarzen Meeres wurde zur Hauptstadt, Rom trat seine Stellung als Hauptstadt (nur noch des westlichen Teiles) an Mailand ab und versank seitdem in Bedeutungslosigkeit. Griechisch war ohnehin seit Beginn der christlichen Mission die Sprache der Kirche geworden und hatte selbst in Italien erneut an Einfluß gewonnen.

Wir sollten uns erinnern, daß die Königliche Kunst und die Gnosis in der Hermetik bereits *vor* Entstehung des Christentums eine Symbiose eingegangen waren. Etwa um 300 schrieb nun ein Zosimos aus Achmim (besser bekannt mit dem griechischen Namen Panopolis) in Oberägypten eine hermetische Enzyklopädie in achtundzwanzig Bänden. Seit der Gleichstellung des Christentums mit anderen Religionen im Römischen Reich durch Toleranzedikte zu Beginn des vierten Jahrhunderts und durch Vermittlung des Kaisers Konstantin (des Großen) kam es 325 im Konzil von Nikäa, der Sommerresidenz des Kaisers, während er auf die Fertigstellung seiner Hauptstadt – Konstantineia – wartete, zum Kompromiß zwischen der exoterischen und der esoterischen Kirche. Von den Gnostikern wurde in die exoterische Kirche aufgenommen: das Dogma der Trinität – Gott Vater, Gott Sohn, Gott Heiliger Geist –; die Festsetzung des Osterfests, nach dem sämtliche kirchlichen Feiertage orientiert wurden, mit seinem ganzen mystischen Beiwerk, das nicht nur jüdischen (Osterlamm, ungesäuertes Brot), sondern auch heidnischen Ursprungs war (Frühlingsfest), und in dem das babylonische vertikale System mit Himmel, Erde und Hölle verankert wurde; die Sakramentspraxis der Kirche, welche die Formen der Mysterienkulte quasi als Gewand überstreifte; schließlich die heidnischen Äonen, Demiurgen und Dämonen, die sie als Engel und Teufel übernahm.

Vor allem wurde auf diesem Konzil die allgemeine (griechisch *katholikos* »allgemein, die Erde umfassend«; zu *kata* »über . . . hin« und *holos* »ganz«) Kirche in Provinzen, Diözesen und Bistümer nach den Verwaltungsgrenzen des Kaiserreichs aufgeteilt. Währenddessen erging sich die allgemeine Kirche in Streitigkeiten über Lehre und Auslegung. Hatte sie durch den Kompromiß die Esoterik überwunden, traten nun die verschiedenen Auffassungen ihrer Führer erst recht zutage. Lehren wie von der Wesens*ähnlich*keit und Wesens*gleich*heit des Sohnes mit dem Vater spalteten die Kirche.

323 verkündete nämlich der Presbyter Areios in Alexandreia eine Lehre, wonach Jesus in jeder Beziehung sterblich, in keiner Weise göttlich, und nichts anderes als ein begnadeter Lehrer war. Indem er einen einzigen allmächtigen Gott postulierte, einen Gott, der weder Fleisch noch von seinen Geschöpfen gedemütigt und gekreuzigt wurde, fügte Areios das

Christentum erfolgreich in einen im wesentlichen jüdischen Rahmen ein. Dieser höchste Gott des arianischen Christentums fand in Ost und West enormen Anklang und wurde durch Kaiser Konstantin den Großen für die allgemeine Kirche amtlich.

Je mehr politische Macht das Christentum anhäufte, desto stärker wurde die Anziehungskraft eines solchen Gottes, mit dem sich Könige und Potentaten leichter identifizieren konnten als mit einer sanftmütigen, passiven Gottheit, die sich widerstandslos dem Martyrium unterwarf und jeden Kontakt mit der Welt scheute. Und als das Christentum am 24. Februar 391 durch Kaiser Theodosius I. zur Staatsreligion im Römischen Kaiserreich erhoben wurde, war es noch arianisch.

Die Duldung des Christentums durch die Kaiser ließ die Bischöfe der allgemeinen Kirche davon ausgehen, daß die esoterische nicht mehr vonnöten sei. Erst recht nicht die Hermetiker. Die Kirchenväter begannen sich, zumal in Alexandreia, als staatserhaltende Macht zu fühlen und gingen mit entsprechendem Elan gegen die Hermetiker vor. 389 ließ Patriarch Theophilos von Alexandreia, um die für ihn pseudotheologische Konkurrenz der Gnostiker und Hermetiker ein für allemal auszuschalten, einen Teil der Alexandrinischen Bibliothek, das Serapeion, mit 200 000 Bänden verbrennen. Von da an stützten sich die Hermetiker, die im Machtbereich der römischen Kaiser blieben, getreulich auf die Lehren der Kirche und vergaßen nie mehr, ihre Theorien von diesen abzuleiten. Doch die meisten wanderten aus nach Südwestarabien und Persien, weit weg von der Intoleranz der erstarkenden christlichen Kirche.

Um von der griechisch-orientalischen Denkungsart endgültig wegzukommen, mußte das Abendland das Griechische als Kirchensprache durch das Lateinische ersetzten. Nach der Erhebung des Christentums zur Staatsreligion beauftragte Ambrosius, Erzbischof von Mailand, Hieronymus mit der Erstellung einer Fassung der Bibel in lateinischer Sprache (bis 406), die fortan als *Vulgata* bekannt wurde. Die Verwaltungsteilung des Römischen Reiches nach dem Tode Kaisers Theodosius I. (17. Januar 395) in ein griechisches Ostreich und ein lateinisches Westreich förderte diese Bemühung. Ein berühmter Illuminat der manichäischen Lehre war der Kirchenvater Augustinus, der für die exoterische Kirche das nachhaltig wichtige Werk vom *Gottesstaat* und den *Soldaten Christi* zu Beginn des fünften Jahrhunderts schrieb.

Inzwischen spalteten dogmatische Auffassungen die Kirche in zahlreiche Richtungen, die nach dem Gründer ihrer Lehre benannt wurden – Arianer, Athanasianer, Nestorianer, Jakobiten – und unzählige Konzilien unter kaiserlichem Vorsitz beschäftigten. Auf dem Konzil zu Chalkedon im Jahre 451 machte der christliche Kaiser die vom Mönch Eutyches, einem Klostervorsteher in Konstantinopel, formulierte Lehre von der einen Natur (*mone physis*), nach der das menschliche Wesen Christi vollständig in dem göttlichen aufgegangen sei, als Lehre der allgemeinen Reichskirche amtlich. Die Anhänger anderer Auffassungen im östlichen Teil des Römischen Reiches wurden verfolgt, verboten, abgedrängt; und sie, insbesondere die Nestorianer, flüchteten nach Persien und Nordarabien, um ihren Glauben in Sicherheit auszuüben.

Mit dem Abdanken des Westkaisers (476) wurde der Bischof von Rom abermals unmittelbar vom Kaiser in Konstantinopel abhängig. Das monophysitische Christentum herrschte nun in Burgund und Gallien, als der König der Franken Chlodwig I. aus der Dynastie der Merowinger, die sich als Priesterkönige verstanden und ihren Stammbaum bis auf König Saul und den Stamm Benjamin zurückführten, 498 durch Bischof Remigius von Reims zum Christentum bekehrt wurde.

Die Keltenmission der Culdei

Weitab vom Römischen Reich, auf der grünen Insel Irland, unberührt von den Streitigkeiten theologischer Spitzfindigkeiten zwischen den Schulen von Antiocheia und Alexandreia, zwischen dem Patriarchen von Konstantinopel und dem Bischof von Rom, entwickelte sich ein Mönchtum und ein Christentum eigener Prägung, das das Abendland nachhaltig beeinflussen sollte. Da Irland niemals zum Römischen Reich gehörte, gab es hier keine Aufteilung in Provinzen, Diözesen und Bistümer. Sprengelrecht existierte nicht, und die Missionsbischöfe konnten ungehindert im ganzen Land tätig werden. Das irische Mönchtum, im Unterschied zum Mönchswesen in Ägypten, Syrien, Kleinasien und dem Abendland, war esoterisch-gnostisch-druidisch. Es faßte die christliche Mission als göttlichen Auftrag auf und betrieb sie auch seit der Mitte des fünften Jahrhunderts. Nicht Weltflucht, sondern Verchristlichung der Welt war ihr Ziel. Diese Mischung der alten esoterischen Kulte Irlands mit der neuen esoterischen Lehre aus dem Orient dokumentiert sich in den Worten eines englischen Autors, der von König Diarmuid MacCaerbhail (gest. 528) schreibt, er sei halb Druide, halb Christ.

Die Mönchsmissionare gründeten etliche Missionszentren auf der Grünen Insel: Bangor, Clonard, Clonmacnoise, Derry, Kells und Lismore. Jeder der Missionare trug einen kleinen Sack oder Beutel bei sich, in dem er seinen Schatz, das Evangelium aus der Werkstatt der Schreiber, verwahrte. Zunächst wurden die Kelten Nordirlands bekehrt, dann gründete 563 der heilige Columban I. der Ältere mit zwölf Mönchen eine Kirche und ein Kloster auf der Insel Iona vor der Westküste Schottlands als Sprungbrett zur Missionierung der dortigen Scoten und Picten. 568 begann man auch mit der Missionierung der Kelten in Wales. Zu dieser Zeit war es den Christiani gelungen, (in Armenien) einen Gottesstaat zu gründen, der Städte errichtete und Festungen baute, Bündnisse einging und Erfolge sowie

Niederlagen aufwies, wie jeder anderer Staat auch. Und der, neben dem kämpferischen Willen, Reinheit und Armut als unabdingbare innere Leistung verlangte. Ebenfalls im Jahre 568 zogen die germanischen Langobarden von Pannonien aus in Richtung Oberitalien, wo sie Pavia zur Hauptstadt ihres Reiches machten. Und sie waren arianische Christen.

585 kam der heilige Columban II. mit zwölf Mönchen (darunter Attala, Gallus und Columban III. der Jüngere) in die Vogesen und führte das gnostische Mönchtum keltischer Prägung in Burgund ein. Columban, selbst ein Druide, wurde im Kloster Bangor von Druiden erzogen, was damals nicht ungewöhnlich war. Der erwähnte englische Autor berichtet vom heiligen Kertigern (gest. 612), er »läßt wieder mehrere druidische Sitten aufleben und scheint eine Zeitlang in einer völlig druidischen Art zu handeln«.

Damals waren die Benediktiner ausschließlich im Einflußbereich der lateinischen Kirche beheimatet, nämlich in Mittelitalien; ihre erste Missionstätigkeit ergab sich daraus, daß König Arthelberht von Kent ein Gegengewicht zur Keltenmission in seinem Reich schaffen wollte und deshalb den Papst um Entsendung solcher Missionare gebeten hatte. 596 sandte der erste Mönchspapst, Gregor I. (der Große), den Prior des Benediktinerklosters San Andrea mit 40 Mönchen aus, den lateinischen Ritus in Kent zu verbreiten.

Als die irischen Mönche ins Frankenreich kamen, gab es dort bereits 200 Klöster nach den Regeln von Martinus, Cassianus und Caesarius. Von Anegray in den Vogesen wechselte Columban nach Gallien, nachdem er das Kloster Iona im Trierer Raum gestiftet hatte. Für die zahlreichen Schüler, die er gewonnen hatte, gründete er die Klöster Luxeuil und Fontaines im Burgundischen nach seiner streng asketischen Regel, die keltisch verfaßt war. Seine Klöster wurden zum Mittelpunkt der Gelehrsamkeit und dem Streben nach Erkenntnis Gottes (Gnosis). Hier wurde das Wissen von der oberen Welt, das aus dem Bewußtsein der Menschen völlig verdrängt worden war, gehütet und gepflegt.

Die Konfrontation mit der Kirche der unteren Welt, der exoterischen Reichskirche, ließ sich auf Dauer nicht vermeiden. Eine Synode der fränkischen Bischöfe verurteilte 603 Columban wegen Einhaltung des Osterfestes nach keltischem Brauch, verbannte ihn aus dem Lande und entfernte ihn 610 gewaltsam aus seinem Kloster Luxeuil. Er bat Agilulf, König der arianisch-christlichen Langobarden, um Genehmigung seiner Missionstätigkeit in dessen Königreich Oberitalien und erhielt die Erlaubnis, bei Bobbio, sechzig Kilometer nordöstlich von Genua, ein Kloster als Missionszentrum zu gründen (614), das erste Kloster nach seiner esoterischen Mönchsregel vor der Haustür des Papstes.

Zu der Zeit hatte es drei verschiedene Kirchen auf italienischem Boden gegeben: der griechische Ritus in den Provinzen unter Herrschaft des Exarchen (Statthalter des christlichen Kaisers in Konstantinopel und *patricius Romanorum* sowie gleichzeitig Obermetropolit und Oberbischof der Amtskirche mit Sitz in Ravenna; aus griechisch *exarchos* »Vorsteher«; zu *arche* »Herrschaft«), der lateinische Ritus in den Kirchen unter Führung des Papstes mit Sitz in Rom und der arianische Ritus bei den Langobarden mit Hauptsitz in Pavia. Hinzu kamen nun drei verschiedene Ordensregeln: Die Klöster im griechischen Einflußbereich folgten der Ordensregel des heiligen Basilios (Basilianer), die im lateinischen Einflußbereich der Ordensregel des heiligen Benedictus (Benediktiner) und die im langobardischen Königreich der Ordensregel des heiligen Columban (Culdei). Hier übersetzten die esoterischen Mönche der Keltenmission ihren Namen ins Griechische: *Katharer* (zu griechisch *katharos* »rein«; langobardisch *gazzari*).

Der Langobardenkönig Rothari ließ die Volksrechte zu einem Gesetzbuch, dem *edictus*, in 388 Artikeln zusammenstellen. Dieser Edikt wurde am 22. November 643, nachdem er von dem Rat der Primaten und Judices bestätigt worden war, in Kraft gesetzt. Für das Gerichtswesen brachte das langobardische Recht einschneidende Veränderungen, besonders für die Strafgerichtsbarkeit. Kein Richterspruch, kein Urteil konnte ohne Beisitzer gefällt werden. Wer im Namen des Königs Recht sprach – alle Grafen und Herzöge und auch der König selbst – mußte einen »Wächter«, einen Hüter des Rechts an seiner Seite haben. Hieraus erwuchs die Sitte, einen ständigen Begleiter am Hofe oder auf der Burg bei sich zu haben, eine würdige Persönlichkeit, die völlige Freiheit genoß und von der größte Wahrhaftigkeit verlangt wurde, einen *bon-homines*, einen *homo-verdicus*, einen *Katharer*. Denn da solche Personen absolut unbestechlich sein mußten, wählte man sie gerne aus Kreisen, die den Reichtum bewußt verachteten. Da boten sich die in Armut lebenden Mönche der keltischen Mission geradezu an.

Die Sufis

Wie bereits ausgeführt, flüchteten die Hermetiker vor der Intoleranz der erstarkenden Kirche gegen Ende des 4. Jahrhunderts nach Südwestarabien, nach Arabia felix, dem heutigen Jemen. Dort fanden sie Gleichgesinnte unter den Sabäern, die in Astrologie und Esoterik recht bewandert waren. In dieser Atmosphäre der Duldung und Unterstützung gelang im Laufe von zwei Jahrhunderten die esoterische Übersetzung der 42 Traktate des *Poimandres* in die arabische Sprache. Unter Berücksichtigung der Zahlen- und Buchstabenmystik brachten es die Hermetiker fertig, dieses umfassende Werk des Geheimwissens zu »arabisieren«. Die Königliche Kunst gehörte jedoch nicht dazu, da diese eine eigene Entwicklung durchmachte.

Für diese neue esoterische Gemeinde benötigte man einen eigenen Namen, der sie von anderen unterscheidet, und entlehnte dem griechischen Wort *Sophia* (Weisheit) die Bezeichnung *Sûfî* als Sucher nach der Weisheit [Gottes]. Durch innere Unruhen in Südarabien zum Ende des 6. Jahrhunderts wanderten einige Stämme nach Norden und wurden in Yathrib (dem späteren Medina) seßhaft. Dort gab es bereits christliche Stämme der esoterischen Lehrart (Nestorianer und Monophysiten) sowie Juden aus dem ehemaligen Israel und Alexandreia, Hüter der Geheimlehre der Therapeuten. Das esoterische Wissen dreier verschiedener Richtungen traf hier kurz vor dem Auftreten des Islam zusammen.

Die Sufis – wie ihre hellenistischen Vorgänger, die Hermetiker – waren weder Mönche noch Anachoreten, sie gaben sich zeitweise der Meditation und Kontemplation hin, ohne sich für dauernd aus der Welt zurückzuziehen. Sie suchten die Selbstveredelung und -vervollkommnung sowie die Vereinigung mit Gott und galten als die einzigen Hüter des Geheimwissens in arabischer Sprache.

Sufismus entfaltete sich in drei unterschiedlichen Phasen: Askese, eine rein moralische Phase der Selbstreinigung; Ekstase, eine emotionale Phase, mit der man die Vereinigung mit Gott durch den ekstatischen Zustand erstrebt; und die Erkenntnisphase, in der das Ideal der unmittelbar erfaßten Erkenntnis oder Gnosis angestrebt wird – die Sophia, die Weisheit Gottes. Die Adepten waren davon überzeugt, daß sie eine privilegierte innere Kenntnis hatten, die sie Intuition oder Erkenntnis von innen (arabisch *kaschf*) nannten im Gegensatz zur Offenbarung von außen (arabisch *wahi*). Die Sufis waren nicht nur Mystiker, sondern auch Eklektiker. Sie postulierten einen Urmythos, der in allen Weltreligionen seinen Ausdruck findet, und sie nahmen infolgedessen von allem das, was sie für ihren eigenen neuen Mythos brauchten.

Am Rande der beiden Großreiche der Römer und Perser trat Anfang des siebten Jahrhunderts ein neuer Prophet in Nordarabien auf: Mohammed von Mekka. Seinem Erscheinen war eine längere Zeit der Einsamkeit als Einsiedler auf dem Berg der Knechte Gottes bei Mekka in Meditation und Askese vorausgegangen. Mohammed war der gnostisch-esoterischen Tradition des Fruchtbaren Halbmonds verpflichtet und unter-

77

schied in seiner Lehre zwischen Exoterik (*Islâm*) und Esoterik (*Imân*). Der Koran (arabisch *qur'ân* »Verkündigung«) weist auch hermetische Tradition auf, nicht zuletzt in der wundersamen Verherrlichung Salomos und seiner allumfassenden Weisheit. 622 gelang Mohammed die Errichtung des Gottesstaates (*al-madînah al-munauarah* = der erleuchtete Staat, stets fälschlich mit *Medina* übersetzt) mit sich an der Spitze in der Doppelfunktion als Prophet und Staatsmann (Priester-König). Im esoterischen Iman war er der Stellvertreter Gottes und das »Siegel der Propheten« in Manis Tradition. Auch sein Herrschertitel, Amîr al-Mu'minîn (= Fürst der Gläubigen) und nicht Amîr al-Muslimîn (Fürst der [Gott] Ergebenen) zeigt deutlich, daß er in der Erlöser-Tradition stand, der in seiner Lehre den Namen *Mahdî* (= der [von Gott] Geführte, Erleuchtete) trägt.

Die Gemeinde im Gottesstaat bestand demnach aus Muslimen, die nur den exoterischen Sinn des Korans (arabisch *zâhir* »sichtbar«) kannten, sowie aus Mu'minîn, die den esoterischen Inhalt (arabisch *bâtinî* »verborgen«) erfaßten. Berater Mohammeds in seinem Gottesstaat, Führer der Gemeinde und Nachfolger war Abu Bakr, drei Jahre jünger als er selbst und seit 624 Schwiegervater des Propheten. Sein Beiname in den arabischen Quellen ist bezeichnend: al-siddîq (der Aufrechte). Dieser Beiname bedeutet aber viel mehr, denn er entspricht den Sadduzäern in dem Umfeld Jesu. Sowohl das hebräische als auch das arabische Wort bestand aus den Konsonanten *sddq* und bezeichnete die buchstabentreuen Vertreter des göttlichen Gesetzes, womit Abu Bakr anerkanntermaßen bereits zu Mohammeds Lebzeiten Vorsteher der islamischen – exoterischen – Gemeinde war.

Mit Hilfe seiner beim Tode des Propheten gerade 18jährigen Tochter Aischah – sie war des Propheten dritte und Lieblingsfrau und trug den Ehrentitel Umm al-Mu'minîn (Mutter der Gläubigen) – wurde Abu Bakr als Nachfolger von der Gemeinde der Muslime anerkannt. Als politischem Fürsten jedoch verweigerten ihm die Nomadenstämme die Gefolgschaft. Sie hatten Mohammed verdientermaßen gehuldigt, und dieser war nun tot, somit war die Huldigung verwirkt. Auch die Esoteriker konnten ihm den Titel »Fürst der Gläubigen« nicht zubilligen, da er in ihren Augen kein vollwertiger Nachfolger war. Gegen die Bezeichnung »Fürst der Muslime« hätten sie nichts einzuwenden. Die nächsten Nachfolger, Omar und Uthman, wurden von den Esoterikern nicht anerkannt, da sie ausschließlich politische Nachfolger waren. Und als 656, nach der Ermordung Uthmans, sich vier Kandidaten um die Nachfolge stritten, zogen sich die Esoteriker aus dem Machtkampf zurück und strebten die Errichtung des wahren Gottesstaates an, wie er von dem Propheten einst proklamiert worden war. Als Streiter Gottes erklärten sie den heiligen Krieg zum sechsten Pfeiler des Islam, fortan wurden sie von ihren Gegnern Kharidschiten (Ausgetretene, Abtrünnige) genannt. Nichtsdestotrotz gelang es ihnen bald, im Bereich des Kalifats Unruhe zu stiften und in Arabien ganze Landstriche in ihre Gewalt zu bringen.

Seit dem Tode des Propheten gelang es seinen Kriegern, innerhalb von zehn Jahren Ägypten, Syrien und Persien zu erobern. Damit übernahmen sie die Herrschaft von zwei altehrwürdigen Hochkulturen, die seit der Antike miteinander im Streit lagen und sich dennoch gegenseitig befruchteten: die griechische und die persische. Was Alexander der Große zehn Jahrhunderte zuvor geschafft hatte, gelang nun den nomadischen Horden aus der Arabischen Halbinsel.

Die Herrscher in Damaskus behielten das Griechische als Amts- und Kultursprache bei. Dennoch ist es bezeichnend, daß die 28bändige hermetische Enzyklopädie des Zosimos aus Ägypten aus dem Jahre 300 bereits um 658 ins Arabische übersetzt wurde. Dabei wurde die Königliche Kunst von griechisch *chemeia* zum chinesischen *kim-ya* zurückgeführt. Von nun an hieß die Königliche Kunst auf arabisch – unter Hinzugabe des bestimmenden Artikels – *al-kimya*. Robert von Chester ist es zu »verdanken«, daß seit seiner Übersetzung des arabischen Werkes dieser Kunst im Jahre 1144 als *Liber de*

79

compositione alchemiae die Königliche Kunst den Namen *Alchemie* erhalten hat.

Nicht nur Juden und Christen glaubten an Heiligkeit und letztendlichen Triumph des königlichen Hauses David durch den gesalbten Messias; die alten Iraner erwarteten den Saoschyans, einen Heiland, der am Ende der Zeiten aus dem heiligen Samen des Zoroaster entstehen würde. Für die Perser galt der Kaiser als Gott. Davon profitierte Alexander und wurde durch Heirat mit Stateira, der Tochter des persischen Kaisers Dareios III., zum Gott. Der Statthalter Persiens nach der arabischen Eroberung (642) wurde Ali ibn Abu Talib, Mohammeds Vetter und Schwiegersohn. Mohammed – wenn auch bereits gestorben – war nun der neue Kaiser in den Augen der Perser, ergo müßte er göttlich sein. Sein Blut floß nicht in den Adern seines Vetters, sondern in denen seiner Tochter Fatima (gest. 633), Alis Gattin.

Ali (ermordet 661) begriff die persische Denkungsart und verheiratete seinen Sohn Husain (gefallen 680) mit der Tochter des letzten persischen Kaisers Yazdagird III. Die zwei heiligen Geschlechter vereinigten sich. Der Sohn aus dieser Verbindung, Ali al-Azhar, verband in sich das »heilige Blut« beider und galt in den Augen der persischen Gnostiker seit 690 als Vermittler zwischen Gott und der Welt (Imam; aus arabisch *imâm* »Vorsteher«). Für sie war er »Sohn der Witwe« nach Mani, da seine Mutter seit 680 Witwe des Husain war. Sie legten großen Wert auf die geheime Bedeutung des Korans, die esoterische Lehre hinter der exoterischen Heilsbotschaft. Unter diesem Aspekt machten sie sich den Islam zu eigen und traten geschlossen zu ihm über.

Ali, der Schwiegersohn Mohammeds, stellvertretend für die Tochter des Propheten, galt ihnen als der erste Imam. Demzufolge sah die Überlieferung seiner Anhänger in ihm den Mitwisser aller Geheimnisse der Schöpfung. Dieses Wissen um das Große Arkanum soll sich in der Reihe seiner Nachkommen gehalten haben. Mohammed hatte den Gottesstaat gegründet und hieß zu recht Amir al-Mu'minin. Seine Nachfolger in Damaskus waren lediglich weltliche Herrscher und mißbrauchten diesen Titel, da ihre Herrschaft nicht zur Ehre Gottes bestand. So forderten die islamischen Gnostiker die Rückkehr zur Herrschaft Gottes.

Die Anachoreten und Asketen (arabisch *Hanîfen*) auf der Suche nach der Vereinigung mit Gott und nach der Weisheit Gottes, die »Zurückgezogenen« (arabisch *Mu'tazil*), die sich von der Weltlichkeit und Äußerlichkeit der islamischen Gesellschaft abwandten, schlossen sich zu Gemeinschaften zusammen und nannten sich »Sucher nach der Weisheit«, arabisch *Sûfi*.

Die römische Kirche

Um 664 gelang den Benediktinern in England der erste Schlag gegen die esoterische Culdeimission. Und ab 678 verfolgten sie die keltischen Missionare auf dem Kontinent durch eigene Missiontätigkeit bei den Friesen (Willibrord). Bis zur Trullanischen Synode 692 hatte man Christus nie als Person abgebildet; neben dem Kreuz wurde er als Lamm Gottes symbolisiert. Auf der genannten Synode unter der Leitung Justinians II. wurde beschlossen, Jesus Christus selbst an Stelle seines Symbols darzustellen; der Kaiser machte auch den Anfang, indem er Münzen mit dem Bildnis Christi prägen ließ, auf denen er sich selbst als »Knecht Gottes« bezeichnete.

Als Rechtsnachfolger der Wandalen überquerten die Araber 711 die Straße von Gibraltar, um den spanischen Teil des Wandalenreichs im Süden der Halbinsel in Besitz zu nehmen. Dieser Teil war jedoch bereits von den Westgoten annektiert. In der Schlacht bei Jerez de la Frontera fiel der Westgotenkönig Roderich. Daraufhin verheiratete der arabische Statthalter von Nordafrika 713 oder 714 seinen Sohn Abd-al-Aziz mit Egilona, der Witwe des letzten Königs der Westgoten. Somit traten die Araber das Erbe des Westgotenreichs an. 714 waren sie bereits in Saragossa am Ebro, 717 in Barcelona und überschritten 718 die Pyrenäen. 719 waren sie in Septimanien und Narbonne, womit sie zu Nachbarn Aquitaniens und der Provence geworden waren. Septimanien wurde ein autonomes maurisches Fürstentum, das seine Hauptstadt in Narbonne errichtete und dem Emir von Cordoba nur nominell Treue schuldete.

Der Islam nahm weder am Judentum noch am Christentum Anstoß, vielmehr betrachtete er sich als mit beiden verwandt. Im Koran wird Jesus nicht weniger als fünfunddreißigmal erwähnt, zum Teil mit eindrucksvollen Titeln wie »Bote Gottes« oder »Messias«. Niemals aber ist er mehr als ein sterblicher Prophet, ein Vorläufer Mohammeds und ein Sprachrohr des einzigen höchsten Gottes. Auch der Koran – in der Tradition der Abhandlung über den Großen Seth, Basileides und Mani – behauptet, Jesus sei nicht am Kreuz gestorben: »Sie haben ihn nicht getötet und auch nicht gekreuzigt; sie dachten nur, sie hätten es getan« (Koran 4,158). Die meisten Kommentatoren des Korans vertreten die Meinung, es hätte einen Ersatzmann gegeben, und manche islamischen Autoren berichten, Jesus hätte sich in einer Mauernische verborgen gehalten und der fingierten Kreuzigung aus der Ferne zugesehen.

717 bestieg Leo III. den Kaiserthron; er stammte aus dem Gebiet von Klein-Armenien und war ein Illuminat der esoterischen Kirche. Er ließ den Führer der Christiani, Gegnaisios-Thimotheos, als Berater nach Konstantinopel kommen. Mit ihm erörterte der Kaiser religiöse und soziopolitische Fragen; denn bei den Christiani waren starke soziale Impulse lebendig, die dem Kaiser, der sich einer feudalen Front gegenübersah, sehr gelegen kamen. Die Gespräche fanden ihren Niederschlag in seinen antifeudalistischen Gesetzen: die Aufhebung der Schollengebundenheit der Bauern; Einführung der Freizügigkeit; Aufhebung der Dienstpflicht; Hebung der Stellung der Frau durch schriftlichen Ehevertrag und eheliche Güter-

gemeinschaft; kostenlose Rechtsgewährung für die Armen usw.

Aber auch das Bilderverbot entstammte dieser Beratung. Die Bilderverehrung hatte um sich gegriffen und peinliche Formen hervorgebracht. So konnte eine Ikone z. B. die Rolle von Taufpaten übernehmen oder durch Wunder so berühmt werden, das sie zum Ziel von Wallfahrten wurde. Die Christiani waren bilderfeindlich gesinnt und abstrakt monotheistisch, wobei sie den Juden und Muslimen glichen. 726 erließ der Kaiser das erste Edikt gegen die Bilderverehrung und 730 schritt er zur Tat und befahl die Vernichtung der Bilder. Mit den Bulgaren im Westen seines Reiches schloß er Frieden. Alle Slawen waren noch Heiden. So beauftragte der Kaiser die Christiani mit der Missionstätigkeit.

Als Antwort darauf bannte Papst Gregor III. auf einer römischen Synode am 1. November 731 alle diejenigen, die gegen die Bilder der Heiligen vorgehen würden. Daraufhin entzog der Kaiser die italienischen Kirchenprovinzen, sofern sie nicht den Langobarden bzw. dem Exarchen unterstanden, der päpstlichen Gewalt und unterstellte sie dem Patriarchen von Konstantinopel. Der lateinische Ritus blieb lediglich auf das Dukat von Rom beschränkt, ihm unterstand nur noch der Benediktinerorden.

Der Papst brauchte neue Verbündete und rief Karl Martell, den Majordomus und Machthaber im Frankenreich, zu Hilfe. Dieser war jedoch mit der Einverleibung des Herzogtums Aquitanien in sein Reich voll beschäftigt und lagerte an der Loire zwischen Tours und Poitiers. Daher setzte Gregor auf die Tätigkeit von Bonifatius und ernannte ihn 732 zum Erzbischof mit dem Auftrag, die Spuren der esoterisch-gnostischen Culdeimission zu vernichten und die Bischöfe des Frankenreichs der Oberhoheit Roms zu unterwerfen. 745 führte Bonifatius in Frankfurt am Main auf einer fränkischen Generalsynode mit wenig Erfolg den Vorsitz. Denn der Majordomus Pippin III. stärkte die nationale

Partei der Bischöfe in seinem Machtbereich und lehnte den fremden Einfluß Roms ab. Erst als Bonifatius zu einem vagen Versprechen griff, durch den Bischof von Rom könne das Blutrecht der Merowinger beseitigt und die Macht des Majordomus durch Salbung legitimiert werden, entschied sich das Schicksal aller: der Merowinger, der Keltenmission und des Papsttums.

750 übermittelte Bonifatius, Apostel der Franken, eine Botschaft des fränkischen Hausmeiers Pippin III. an den Papst, ob es nicht besser sei, wenn derjenige den Königstitel führe, der die effektive Macht im Frankenreich ausübe. Papst Zacharias, der letzte der dreizehn Griechen, die als Bischöfe von Rom geherrscht hatten, erkannte die Gunst der Stunde, sich den fränkischen König als neue Schutzmacht zu verpflichten, und gab Bonifatius eine entsprechende Antwort.

Am 4. Juli 751 eroberten die Langobarden Ravenna, so daß der griechische Exarch nach Bari im Süden ausweichen mußte. Das gab dem Bischof von Rom die Gelegenheit, Pippin zum König zu salben. Entsprechend seinem Urteilsspruch setzte man den letzten Merowingerkönig Childerich III. ab und rief Pippin zu seinem Nachfolger aus. Bonifatius persönlich salbte ihn im November 751 in Soissons. Am 4. Oktober 753 reiste Papst Stephan III. als erster Papst ins Frankenreich, legte die mit dem Datum 30. März 315 versehene und frisch gefälschte *Konstantinische Schenkung* vor und verlieh dem Frankenkönig den Titel des bisherigen Exarchen, *patricius Romanorum*, so daß er zum Lehnsmann des Papstes wurde. Für diesen sollte er die weltliche Herrschaft über die dem christlichen Kaiser verbliebenen Gebiete im Westen übernehmen, womit er seinen Anspruch auf das gesamte Exarchat dokumentierte. Pippin akzeptierte die ihm übertragene Rolle und ratifizierte am 14. April 754 im Vertrag von Quierzy-Laon das sogenannte *Pippinische Schenkungsversprechen*. Daraufhin wurde Pippin, zusammen mit seinen Söhnen Karl und Karlmann, am 28. Juli 754 in der Abtei von St. Dénis vom Papst gesalbt.

Leos Sohn Konstantin V. Kopronymos setzte das Werk seines Vaters als entschlossener Bilderstürmer fort, schloß die Klöster und zwang die malenden Mönche und Nonnen zu nützlicher Arbeit. In den Jahren 746–756 ließ er große Gruppen von Christiani aus dem syrisch-armenischen Gebiet als Schutz der Grenzen in Thrakien gegen die Bulgaren und zur Mission unter diesen umsiedeln. Aber auch in der Hauptstadt ließen sich die Christiani nieder, wo sie aus den Kreisen der Handwerker und kleinen Händler großen Zulauf hatten und wie diese die Volksrechte genossen, die aus der Zeit Leos III. stammten. Im August 754 gelang es dem Kaiser auch, die neue Lehre vom Bilderverbot durch ein allgemeines Konzil als verbindlich anerkennen zu lassen. Ein Grund mehr für den Papst, sich enger an Pippin anzulehnen.

Die Ismailiten

Da die Parteigänger Alis sowohl unter den Herrschern in Damaskus als auch ab 750 unter den Kalifen von Bagdad unterdrückt wurden, gingen sie – wie einst die Essener – in den Untergrund und hielten sich bei Basra im Sumpfgebiet des Schatt-al-Arab an der Mündung des gemeinsamen Auslaufs von Euphrat und Tigris verborgen. Von den Elkesaiten und Mandäern dieser Gegend übernahmen sie die Verhüllung der eigenen Überzeugung (arabisch *taqijja*; wörtlich: Vorsicht) als religiöses Gebot und fanden dafür eine Bestätigung im Koran (Vers 3,27): »Ob ihr verbergt, was in euren Herzen ist, oder ob ihr es kundtut, Allâh weiß es.« Darin sahen sie, daß die Verhüllung der eigenen Überzeugung, im Falle, daß ihr offenes Bekenntnis zu Ali und dem esoterischen Islam die Sicherheit des Gläubigen gefährden könne, Gott gefällig sei.

Wie die Essener traten auch sie für den Gottesstaat und die Streiter Gottes ein. Hier bekam der Begriff des Gottesstaats eine dynastische Variante. Wie alle Unterdrückten verständigten sie sich untereinander durch geheime Zeichen und geheime Schriften. Und abermals ging die Gnosis mit der Hermetik eine Symbiose ein. Allein aus der Zeit des sechsten Imam, Dscha'far al-Sâdiq (gest. 765), wurden diesem eine Reihe hermetischer Werke zugeschrieben. Hintergrund dieser Annahme ist die Überlieferung, daß die Imame das Große Arkanum kannten. Dabei galt dem frommen Mann mit dem Beinamen »der Wahrhaftige« die Ergründung der Geheimnisse der Schöpfung. Jene Triebfeder und nicht eine weltliche Begierde nach Gold brachte ihn in Verbindung mit der Königlichen Kunst. Die Brücken, die dazu hinführten, waren für ihn die Theologie, die Mystik, die Magie und das Okkulte. Nach seinem Tode galt Dscha'far in der ungeschriebenen Tradition als eine Art Universal-Okkultist. Er war es, der die hermetischen Traktate in die endgültige Form samt Zahlen- und Buchstabenmystik »islamisierte«.

Nach dem Tode des sechsten Imams spalteten sich dessen Anhänger in zwei Lager: während das eine sich für den älteren Sohn Ismail, der 760 gestorben war, als siebenten Imam aussprach, entschied sich das andere für den lebenden Sohn Mûsâ al-Kâzim. Die erste Gruppe behauptete nämlich, Ismâ'îl sei gar nicht gestorben, sondern »in die Verborgenheit eingegangen«. Am Ende der Zeiten werde er als Mahdi (der verheißene Erlöser) wiederkehren und das Goldene Zeitalter einleiten. Von da an wurde diese Gruppe als *Ismailiten* bekannt. Um diese Zeit formulierten sie ihre Doktrin. Organisation und Aktivitäten der Sekte, ebenso Bewahrung und Verbreitung ihrer Lehren waren in den Händen einer Hierarchie von Predigern, die dem unmittelbaren Stellvertreter des Imams, des unsichtbaren Oberen, unterstanden.

Der Imam ist der Mittelpunkt des ismailitischen Systems: der Doktrin und der Organisation, der Loyalität und der Aktion. Nach der Erschaffung der Welt durch Einwirkung des universellen Logos auf die Weltseele, so besagt die Doktrin, zerfällt die menschliche Geschichte in eine Anzahl von Zyklen, an deren Anfang jeweils ein »sprechender« (verkündender = Gesandter) Imam steht, dem eine Reihe »stummer« (mahnender = Prophet) Imame folgt. Es gibt Zyklen verborgener und manifester Imame, ensprechend den Perioden der Verborgenheit und der erfolgreichen Verbreitung des Glaubens. Die Imame, im gegenwärtigen Zyklus die Nachkommen von Ali al-Azhar über Ismail, sind göttlich inspiriert und unfehlbar, ja selbst göttlich, weil der Imam der Mikrokosmos, die Personifizierung der metaphysischen Weltseele ist. In dieser Funktion ist er der Urquell des Wissens und der Autorität, der esoterischen Wahrheiten, die den Uneingeweihten verborgen sind, und der Gebote, die bedingungslosen Gehorsam fordern.

Der Form nach waren die Ismailiten – wie die Essener vor ihnen – eine Geheimgesellschaft und eine politische Partei mit einem System von Eiden und Initiationen sowie einer nach Rang und Wissen abgestuften Hierarchie. Sie vereinigten das hermetische Wissen mit den vertrauten orientalischen Lehren aus Gnosis, Manichäismus sowie verschiedenen iranischen und jüdisch-christlichen Sekten zu einer Geheimlehre mit Glaubensinhalten wie Reinkarnation, Apotheose (Vergöttlichung, Verherrlichung; zu griechisch *apotheoun* »vergöttern«) der Imame und Libertinismus (= Freiheit von Gesetzen und Zwängen).

Die sieben Stufen zur Katharsis begannen mit dem Meistern eines Handwerks sowie der Ausbildung an der Waffe; am Ende des zweiten Grades war man ein Streiter Gottes (arabisch *fidâ'i* = der sich [Gott] aufopfert). Erst nach Abschluß der körperlichen sowie geistigen Übungen gelangte man in den dritten Grad, in den inneren Kreis der *Ikhuân al-Safâ* (= der lauteren Brüder, Brüder der Reinheit, der aufrichtigen Freunde, eigentlich der Reinen), die auf einer höheren Initiationsstufe standen als die übrigen, was den Therapeuten bei den Essenern entsprach. Hier wurde die Geheimlehre vermittelt.

Die Brüder des dritten Grades hießen *Rafîq* (= Genosse, Gefährte), die Brüder des vierten *Dâ'i* (= Prediger, Prior, Missionar, Lehrer); darüber gab es als fünfte Klasse die *al-Dâ'i al-kabîr* (= Großprediger, Großprior). Den sechsten Grad erreichten nur wenige Auserwählte, der siebte war dem *al-Qâ'im maqâm* (= der Stellvertreter [des Imam]) vorbehalten. Die Ikhuan al-Safa, wie die Therapeuten bei den Essenern, waren vom Waffendienst ausgeschlossen. Bis auf eine gemeinsame Mahlzeit und das rituelle Gebet waren sie von den übrigen Brüdern getrennt. Auch untereinander hielten sie auf Distanz, da sie Einzelzellen bewohnten. Und wie die Therapeuten trugen sie weiße Gewänder mit roter Schärpe.

Den Initiierten bot die Sekte Dramatik und Erregung durch Geheimwissen. Dieses wurde mit Hilfe der »esoterischen Auslegung« (arabisch *ta'wîl al-bâtin*) vermittelt: Neben ihrer buchstäblichen, offenkundigen Bedeutung haben die Vorschriften des Korans und der Tradition noch eine zweite – allegorische und esoterische – Bedeutung, die durch den Imam enthüllt und den Eingeweihten vermittelt wird. Deshalb wurden die Ismailiten offiziell *Bâtinî* (die [esoterischen] Ausleger) genannt. Die grundlegende religiöse Pflicht ist die Erkenntnis (Gnosis) des wahren Imams, die Suche nach der Wahrheit. Wiewohl zunächst vergeblich, steigert sie sich schließlich bis zu einem Augenblick blendender Erleuchtung (Illumination), der mystischen Vereinigung mit dem Schöpfer. Da ihr Ziel die Wiederauferstehung des Gottesstaates war, waren ismailitische Missionare und Agenten in allen islamischen Ländern aktiv.

Der Bagdad-Vertrag

766 zog eine stattliche Delegation aus Bagdad über Venedig nach dem Frankenland mit mehr als einer Million Mark in Gold. Seitdem Mohammeds Nachfolger nicht mehr von Medina aus das Islamische Reich regierten,

sondern der Statthalter von Damaskus und somit der Rechtsnachfolger der Byzantiner die Macht an sich gerissen hatte, herrschte Byzanz de facto über Persien, was ihm ein Jahrtausend lang nicht gelungen war. 750 konnten die Perser endlich diese Herrschaft abschütteln und ihrerseits die Macht im byzantinischen Teil der islamischen Welt übernehmen.

Und nun machten sie sich daran, die restliche Herrschaft der Dynastie von Damaskus in Spanien auszurotten. So schlug die Delegation aus Persien dem ehrgeizigen König der Franken, der noch immer gegen Aquitanien kämpfte, einen Pakt vor:

Wenn Pippin dem Kalifen der Abbassiden-Dynastie in Bagdad behilflich wäre, Abd-al-Rahman aus Spanien zu vertreiben, würde er zur Belohnung die nördliche Hälfte der Halbinsel erhalten. Nach Rücksprache mit seinem Verbündeten, dem Papst, schickten beide noch im selben Jahr eine gemeinsame Delegation nach Bagdad.

767 schloß der Nachfolger Petri folgenden Vertrag mit dem Nachfolger des Propheten: Zum selben Zeitpunkt, da der Islam seinen Krieg gegen das Oströmische Reich wieder beginne, wolle der Papst in einer konzertierten Aktion ebenfalls zum Krieg blasen lassen, natürlich aus rein theologischen Gründen, dennoch vom Kalifen finanziert. Jetzt erst entschieden sich Pippin und seine Reichskirche auf der Synode von Gentilly für das Glaubensbekenntnis, wie es in Spanien seit 589 lautete: *in spiritum sanctum Dominum et vivificantem, qui ex patre filioque procedit*, also mit dem Zusatz *filioque* nach patre, d. h. daß der Heilige Geist von Vater und Sohn ausgehe.

Da dieser Zusatz bei der römisch-katholischen Kirche fehlte, konnte dies nicht heißen, daß Pippin die fränkische Kirche dem Papst unterstellt hatte. Mit der islamischen Finanzhilfe rekrutierte der Papst genau 27 512 Söldner. Abd-al-Rahmans Antwort im Jahre 768 auf dieses Komplott war ein Zusammengehen mit Konstantinopel und dem Königreich der Langobarden.

In eine fast tödliche Krise wurden die Christiani durch den Streit der Nachfolger des Gegnaisios-Thimotheos gestürzt. Der leibliche Sohn Zacharias und der Adoptivsohn Joseph rissen sie in zwei Teile. Zacharias zog westwärts und fiel den Arabern in die Hände; Joseph ließ sich in Episparis nieder, wurde aber von dem kaiserlichen Befehlshaber vertrieben. Er konnte nach Antiochien in Pisidien entkommen, wo er 30 Jahre unter dem Namen Josephos-Epaphroditos wirkte. Ihm folgte gegen Ende des 8. Jahrhunderts der falsche Prophet Baanes (der Schmutzige), der die bisherige Lehre der Christiani auf den Kopf stellte und erklärte, das Gebot der Keuschheit stamme vom Demiurgen und die Übertretung sei ein Gott wohlgefälliges Werk.

Die Mission der Christiani unter den Slawen war dadurch erlahmt, und sowohl der Patriarch von Konstantinopel als auch der Bischof von Rom wetteiferten darin, die Slawen zum Christentum *ihrer* Lehrart zu bekehren. Die Kroaten wurden unter Karl dem Großen, den der Papst zu Weihnachten 800 zum römischen Kaiser gesalbt hatte, Christen. Die von König Karl selbst mitgebrachte Krone, von der eine Replik heute in den Schatzkammern der Wiener Hofburg aufbewahrt wird, trug die Inschrift »Rex Salomon«, und am Hofe zu Aachen wurde der neue Kaiser als David bezeichnet.

Die Baumeister

Im Schutze der esoterischen Bewegung der Imame gründete Maaruf Karkhi (gest. 815) im Süden des Irak um 800 eine Bruderschaft der Baumeister als »anderen« Weg zur Erlangung der esoterischen Erkenntnis. (Idries Shah, *The Sufis*, London 1964; dt. *Die Sufis – Botschaft der Derwische, Weisheit der Magier*, München 1976, S. 312) Hier sind nicht die Vereinigungen der Handwerker nach dem Vorbild der *ministeria* des spät- und oströmischen Reiches gemeint. Das *ministerium* oder *collegium* der Spätantike war eine staatliche Organisation, eine Vereinigung von Handwerkern, die von Staatsbeamten kontrolliert wurde. Byzanz hatte diese Einrichtung mit den *somata* übernommen, ebenso die Sassaniden in Persien. Nach den islamischen Eroberungen wurde das System beibehalten, und der Statthalter und seine Beauftragten gewährleisteten die Kontrolle der Märkte und die Aufsicht über die Handwerker. Die Bruderschaft hingegen war keine offizielle Organisation unter staatlicher Kontrolle, sondern eine enge Assoziation, ein regelrechter Geheimbund mit Initiationsriten, geheimen Schwüren, gewählten Häuptern, die »Meister« genannt wurden, beratenden Gremien von Oberhäuptern und einer Ideologie, die sowohl mystisch als auch sozial war. (Maurice Lombard, *L'islam dans sa première grandeur [VIII'–XI' siècle]*, Paris 1971; dt. *Blütezeit des Islam – Eine Wirtschafts- und Kulurgeschichte, 8.–11. Jahrhundert*, Frankfurt 1991, S. 161f)

Die Geheimlehre dieser Ideologie kam, wie sollte es anders sein, aus Südarabien in Form der arabischen Übersetzung der hermetischen Bücher, war stark synkretistisch und faßte das Wissen der Gnosis, der Kabbala und der Hermetik, das im Schmelztiegel der hellenistischen Welt entstanden war, zusammen, übernahm einiges vom Neuplatonismus, Manichäismus, Mazdakismus, Egalitarismus und vermengte es mit dem esoterischen Islam. Sie beschränkte sich auf die Vermittlung von höchstem okkulten Wissen an ihre Mitglieder, gab sich weltlich, unpolitisch und unreligiös und stand als interkonfessionelle Organisation jedem offen: Muslimen, Christen, Juden und Mazda-Anhängern. Sie entwickelte eine völlig neuartige Ideologie, die auf der Freiheit des Individuums basierte, die formelle Gesetzgebung des herrschenden Islam ablehnte und den relativen Charakter eines jeden Systems von menschlichen Beziehungen hervorhob.

Sozial und geistig bot diese Korporation ein neues Modell morgenländischer Bruderschaften; sie praktizierte mündliche Information und mündliche Initiation, drückte sich in Anspielungen und Symbolen aus, die den Bauleuten entnommen waren, rühmte die Erhabenheit und Würde der Baukunst und bezeichnete sie ihrerseits als *Königliche Kunst*. Die Bruderschaft bestand aus vier Graden: Lehrling, Geselle, Meister und Eingeweihter. Erst der vierte Grad führte zum Geheimwissen. Wie bei den Hermetikern galt der Bruderschaft der Königlichen Kunst der Salomonische Tempel als Vollendung allen Strebens nach Perfektion, und sie ließ die Legende von dessen Erbauung unter der Leitung des Baumeisters Hiram wieder aufleben:

Adon Hiram befand sich in der großen Halle des Tempels. Die undurchdringlichen Schatten um seine Lampe verwandelten sich in rötliche Spiralen, die die feinnervige Struktur der Gewölbe und die Wände der Halle erkennen ließen, von der drei Pforten nach draußen führten: im Norden, im Westen und im Osten. Die erste Tür, gen Norden gerichtet, war für das Volk bestimmt; die zweite für den König und seine Krieger; die dritte für die Priester. Zwei eherne Säulen, Jachin und Boas, waren vor der dritten zu erkennen. Adon Hiram schickte sich an hinauszugehen. Plötzlich löste sich von einem der Pfeiler eine menschliche Gestalt und fuhr ihn in barschem Ton an: »Gib mir das Paßwort der Meister, wenn du hinauskommen willst!«

Adon Hiram war unbewaffnet; von allen geachtet und daran gewöhnt, daß einem Wink von ihm gehorcht wurde, dachte er nicht daran, seine heilige Person zu verteidigen.

»Unglücklicher!« erwiderte er, den Steinmetz-Gesellen Methusael erkennend, »Entferne dich! Du wirst von den Meistern empfangen werden, wenn Verrat und Verbrechen bezahlt sind! Fliehe mit deinen Komplizen, bevor die Gerechtigkeit Sulaimans (arabisch für Salomo) eure Häupter erreicht!«

Methusael hörte ihn an und hob mit kräftigem Arm seinen Hammer, der krachend auf den Schädel Adon Hirams herabfiel. Der Künstler schwankte betäubt; instinktiv versuchte er, durch die zweite Pforte zu entkommen, die nach Norden. Dort stand der Syrer Phanor, der ihm sagte:

»Gib mir das Paßwort der Meister, wenn du hinaus willst!«

»Du warst nicht einmal sieben Jahre Geselle«, antwortete Adon Hiram mit ersterbender Stimme.

»Das Paßwort!«

»Niemals!«

Phanor, der Maurer, stieß ihm seinen Meißel in die Seite; aber er kam nicht dazu, zum zweiten Male zuzustoßen, denn der Baumeister des Tempels, den der Schmerz wach gemacht hatte, flog wie ein Pfeil zur östlichen Pforte, um seinen Mördern zu entgehen.

Dort erwartete ihn der Phönizier Amru, der bei den Zimmerleuten Geselle war, und schrie:

»Gib mir das Paßwort der Meister, wenn du hinauskommen willst!«

»Nicht auf diese Weise habe ich es gewonnen«, röchelte der erschöpfte Adon Hiram. »Frag den danach, der dich geschickt hat.«

Als er sich bemühte, einen Durchschlupf zu finden, stieß Amru ihm die Spitze seines Zirkels ins Herz.

In diesem Augenblick brach mit einem tosenden Donnerschlag das Gewitter los.

Die arabisierte Fassung der 42 Traktate der Hermetiker fand nun eine neue Heimat. Doch die Zeit war für solche gewagten egalitären Gedanken nicht reif, und die politische Lage im Reich der Abbassiden durch die Verfolgung der esoterischen Parteigänger Alis ungesund. Daher hielt man die Bruderschaft geheim, verständigte sich miteinander durch geheime Zeichen und Bezeichnungen. So entlehnte man der allegorischen Geschichte Hirams den Titel »Sohn der Witwe« für den Gründer. Da der Lehrer des Gründers Daud von Tai (gest. 781) geheißen hatte und Daud das arabische Wort für David ist, bezeichnete man den Gründer – den geistigen ›Sohn‹ und Schüler des ›David‹ – als ›König Salomon‹. Damit vermied man die Verfolgung wegen ›Judaisierung‹ des Islam. Das Wissen wurde in 99 Stufen aufgeteilt, analog zu den 99 Namen Gottes. Nur wer den hundertsten Namen Gottes erfuhr, galt als der Kopf, das Haupt der Weisheit, arabisch *Abu-al-fihâmat.*

Die Fatimiden

Seit 870 sicherte sich eine Gruppe Ismailiten, die Qarmaten, die Kontrolle über Ostarabien (das heutige Gebiet Kuweit und südlich davon am Persischen Golf sowie auf Bahrein) und errichtete dort einen Gottesstaat, eine Art Republik, die ihr für mehr als ein Jahrhundert als Basis für militärische und missionarische Operationen gegen das Kalifat diente. Von hier aus entsandte man eine Mission in den Jemen und weiter nach Nordafrika. Um 900 erschien ein Ubaidallah im heutigen Tunesien und verkündete, daß er der Erwartete, der Mahdi, Ismails Enkel, sei. Hier stieß er auf Nachkommen der Kharidschiten, die *Ibaditen,* die bei den Berbern seit der arabischen Eroberung erfolgreich missioniert hatten. Der qarmatische Versuch 903 bis 906, die Macht in Syrien und Mesopotamien zu usurpieren, scheiterte zwar, doch zeigte er eindeutig, daß die Ismailiten schon zu dieser Zeit auf lokale Unterstützung rechnen konnten.

Durch einen wohlorganisierten Aufstand stürzte Ubaidallah den Statthalter von Ifriqia (das heutige Tunesien) und rief 909 ein ismailitisches Gegenkalifat mit sich als Mahdi aus. Der Gottesstaat war wiederauferstanden. Der esoterische Islam hatte bei den Nordafrikanern Anklang gefunden, so daß eine Gemeinsamkeit mit der neuen Lehre der Ismailiten bereits vorhanden war. Um die Unterstützung der Berber Nordafrikas zu erlangen, die in einem matriarchalischen System lebten, beriefen sich Ubaidallahs Propagandisten auf Fatima, die Tochter des Propheten. Seitdem wurde die neue Dynastie als *Fatimiden* bekannt. Der erste Fatimiden-Kalif gründete 916 an der tunesischen Küste eine neue Hauptstadt und nannte sie nach sich selbst al-Mahdia. Ein halbes Jahrhundert lang herrschten die Fatimiden-Kalifen nur im Westen, in Nordafrika und Sizilien. Ihre Armeen bereiteten sich in Tunesien auf die Eroberung Ägyptens vor, den ersten Schritt auf dem Weg zu der Wiedergeburt des göttlichen Kaiserreichs persischer Prägung.

969 eroberten die Fatimiden das Niltal und rückten bald durch den Sinai nach Palästina und Südsyrien vor. Bei Fustat, dem alten Regierungssitz, ließen ihre Führer eine neue Stadt namens Kairo als Kapitale ihres Reiches erbauen und 972 eine neue Moschee-Hochschule als Zitadelle ihres Glaubens errichten. Ihr gaben sie den Namen des Imams, der 690 am Anfang der gesamten Bewegung gestanden hatte: al-Azhar. Hier bildeten sie Missionare aus, um ihren Glauben im In- und Ausland zu verkünden.

In dieser Hochschule entwickelten Gelehrte und Dozenten die Doktrinen des ismailitischen Glaubens zu einer Art Katechismus von 50 Traktaten, die seitdem unter der Bezeichnung *Episteln* (oder *Sendschreiben*) *der Lauteren Brüder* bekannt wurden. (So werden sie üblicherweise in der Übersetzung genannt; richtiger wäre jedoch *Traktate* [oder *Schriften*] *der Reinen*). Das gesamte Wissen wird in einzelne Klassen von philosophischen, religiösen und weltlichen Studien aufgeteilt, wobei die weltlichen und religiösen als angestammt (= arabisch), während die philosophischen als fremden Ursprungs bezeichnet werden. Zu den weltlichen und religiösen Studien gehören Jurisprudenz, scholastische Theologie, Grammatik, Kitâba (= Schreibkunst, Prosa), Geschichte, Prosodie und Poetik. Zu den philosophischen gehören Logik, Arithmetik, Geometrie, Astronomie/Astrologie, Medizin, Mechanik, Musik sowie die Wissenschaft der Träume und Vorzeichen, Magie, Amulette, Alchemie und Taschenspielerei.

Somit enthielten die *Episteln* »die Wissenschaften und Erfahrungen, deren Besitz den Menschen über das Tier erhebt«, und bereicherte die 42 Traktate des Thot/Hermes Trismegistos um weitere 8. Also sind sie die umfassendste Sammlung des esoterischen, gnostischen, kabbalistischen, hermetischen und okkulten Wissens der damaligen Zeit. Zu den wesentlichen Betätigungsfeldern der Missionare zählten Persien und Zentralasien, von wo viele Wahrheitssuchende den Weg nach Kairo fanden, und wohin sie nach angemessener Zeit als geschulte Prediger der ismailitischen Botschaft zurückkehrten. Das Wissen der Eingeweihten in den vier Graden des inneren Kreises, die 50 *Episteln*, die 983/4 bereits in der Öffentlichkeit bekannt waren, beeinflußten das muslimische Geistesleben von Persien bis Spanien tief.

In seiner Blütezeit umfaßte das Fatimidisch-ismailitische Reich Ägypten, Syrien (nördlich bis oberhalb Beirut), Nordafrika, Sizilien, die afrikanische Küste des Roten Meeres, den Jemen und Hedschas in Arabien mit den heiligen Städten Mekka und Medina. Die Bruderschaft der Baumeister, die den Schutz des Staates genoß, verbreitete sich in allen Städten und Provinzen des Fatimidenreiches, ja über seine Grenzen hinaus. Zumal im nördlichen Libanon, in den Nosairi-Bergen, an der syrischen Küste und in Aleppo ismailitische Herrschaften bestanden.

Die Bogomilen

Boris-Michaels Sohn Symeon (893–927), der in Konstantinopel griechisch und christlich erzogen worden war, faßte die Idee eines großbulgarischen Reiches. Er unterwarf Konstantinopel in zwei Anläufen, erhob den bulgarischen Erzbischof zu einem unabhängigen Patriarchen und nannte sich selbst 925 Zar (Kaiser) der Römer und Bulgaren, nachdem er aus Serbien, Makedonien, Moesien und Thrakien das großbulgarische Reich gebildet hatte. Jetzt breiteten sich die Christiani im ganzen Reich aus. Zu Beginn des 10. Jahrhunderts zeichnete sich innerhalb der *Armutsbewegung* aber neben der asketisch-mystischen eine Tendenz zum Esoterisch-Gnostischen ab. Und um 935 trat ein Bogomil in Makedonien als Bußprediger auf und wirkte im Sinne der apostolischen Armut. Bald wurde er zum Führer der Christiani in Bulgarien.

Wie die Manichäer hatten auch die Christiani in Bulgarien zwei Gruppen von Anhängern: »Die Erwählten«, die auf einer höheren Erkenntnisstufe standen, mußten alle Anweisungen streng befolgen und die Gebete siebenmal am Tag und fünfmal in der Nacht rezitieren. Die anderen waren einfache »Gläubige«, die in sich noch nicht die Versuchungen tilgen konnten, die vom Geiste Satans kamen. Auch hier blieb die Lehre den Nichteingeweihten vorenthalten, nach außen hin waren die Christiani Bulgariens dem Kult und den Vorschriften der allgemeinen christlichen Kirche unterworfen. Für die Christiani hatte der *Demiurg*, d. h. der Fürst der Finsternis, die Welt und die Lebewesen erschaffen. Sie lehnten das Alte Testament ab und betrachteten die Eucharistie als sinnlose Geste. Für sie hatte das Kreuz, das Zeichen des Leidens Christi, oder das Symbol der Sonne keine Bedeutung. Doch unterschieden sie sich von den Christiani Kleinasiens dadurch, daß sie sich nicht als Soldaten Christi verstanden und keinen Gottesstaat gründen wollten.

Zur Zeit des Auftretens Bogomils als Prediger der Christiani in Makedonien herrschte in Rom (seit 932) Alberich II. aus dem Geschlecht der Grafen von Tusculum als *Dux* des Dukats von Rom und *patricius Romanorum*, während Hugo Markgraf von Vienne/Provence in Pavia (seit 926) als König der Langobarden Oberitalien regierte. Die beiden Würden, die Karl I. der Große auf sich vereinigte, waren wieder getrennt. Die römische Kirche hatte sich im Jahre 800 ihren eigenen Kaiser geschaffen, um von dem christlichen Kaiser im Osten nicht mehr abhängig zu sein. Von da an wurde der Bischof von Rom vom westlichen Kaiser investiert. Einen römischen Kaiser gab es damals jedoch nicht.

97

Als Patrizius der Römer sorgte sich Alberich um die Festigung der Benediktinerregel in Mittelitalien, deren Mutterkloster in Monte Cassino war, gegenüber der Basiliauerregel im griechischen und der Columbanregel im nördlichen Teil Italiens. Daher lud er 936 Odo, den Abt der 909/10 im Charolais/Burgund gegründeten Benediktinerabtei von Cluny, nach Rom ein, um die Ordenshäuser der Stadt und des Dukats zu reformieren. Damit begann die systematische Abgrenzung zu den esoterischen Mönchen der Keltenmission in Oberitalien, den *boni-homines* oder *kathari*, deren Mutterkloster in Bobbio war.

Um die Mitte des 10. Jahrhunderts gab es im Abendland zwei große Herrscher in grundverschiedener Tradition: Abd-al-Rahman III., der islamische Kalif von Cordoba, und Otto, der deutsche König, nachmals Otto der Große. In einer friedlichen Koexistenz tauschten beide Botschafter und Geschenke aus. Otto zeigte sich 951 begierig, etwas von der arabischen Wissenschaft zu erfahren, und so entstand eine rege Übersetzertätigkeit im Kloster Reichenau am Bodensee. Gleichzeitig wurde in Ripoll, der Hauptstadt der von Karl dem Großen errichteten Spanischen Mark, ein gemeinsames Kloster mit Mosarabiten (arabische Christen aus Spanien) gegründet, das 977 geweiht wurde.

Der 954/55 eingesetzte erste Papst-König der Geschichte, Alberichs Sohn, als Oktavian Herzog von Spoleto, Markgraf von Camerino, Herzog von Rom, Senator, Patrizier und Fürst aller Römer, und als Johannes XII. Stellvertreter Petri auf dem Heiligen Stuhl, rief den deutschen König Otto zu Hilfe, als er sich in seiner Eroberungspolitik bedrängt wähnte, und krönte ihn am 2. Februar 962 zum Kaiser, nachdem Otto den traditionellen Eid geleistet hatte, die Heilige Kirche zu beschützen. Daraufhin schwor der Papst zusammen mit den Führern des Dukats von Rom dem Kaiser die Treue.

Hatte sich Karl der Große Imperator Augustus genannt, so legte sich Otto I. der Große den Titel *imperator Romanorum* zu. Auch im Gegensatz zu seinen Vorgängern wollte er christlicher Kaiser sein und sich aktiv um eine Kirchenreform kümmern. Doch der Papst/Fürst von Rom hatte sich den deutschen König als Schirmherrn, nicht als Herrn und Gebieter gewünscht; in dem »Ottonischen Privileg«, in dem die Schenkungen Pippins III. und Karls I. des Großen feierlich bekräftigt wurden, wollte er eine Ausdehnung des *patrimonium Petri*, des Kirchenstaates, auf zwei Drittel Italiens sehen.

Kaum hatte Otto Rom verlassen, begann der Papst/Fürst, Intrigen gegen den Kaiser zu spinnen. Otto kehrte im November 963 erbost nach Rom zurück, und Oktavian/Johannes floh nach Tivoli. Der Kaiser ließ die Römer sich vom Fürsten distanzieren und beendete damit die Herrschaft der italienischen Geschlechter über Rom; von nun an wurde das Dukat dem Kaiser unterstellt. Mit der Herrschaft über Italien in einer einzigen Hand siegte das Benediktiner-Mönchtum über die Rivalen im Norden, so daß wir von da an nichts mehr über keltische Klöster in Oberitalien hören. Die Kathari, die sozial engagiert waren und für Wirtschaftsreformen standen, wurden in diesem Engagement als politische Partei verstanden und von ihren Gegnern *Patareni* genannt.

Waren die ersten westlichen Kaiser Franken aus dem Frankenreich, so befand sich das Römische Reich jetzt in den Händen eines deutschen Geschlechts (Ottonen oder Sachsenkaiser), dessen Vertreter der wahre christliche Kaiser sein wollten. Auf einer Synode in Ravenna im April 967 ergriff Otto I. Maßnahmen zur Förderung des Zölibats der Geistlichen und zur Gewährung weiterer Vorrechte an das Kloster Cluny.

Der Mönch Gerbert von Aurillac, nachmals Papst Silvester II., machte sich 20jährig 965 nach Ripoll auf den Weg, um sich dort »außergewöhnliche Kenntnisse in Mathematik und Astronomie« zu erwerben. Bei seiner Rückkehr nach Reims (972), wo er Dialektik studierte und Leiter der Domschule des Erzbischofs Adalberto wurde, unterhielt er weiterhin briefliche Verbindung mit dem Übersetzer Lupitus aus Barcelona.

Sein Ruf als »verblüffend origineller Lehrer mit weitgefächertem Wissen« verbreitete sich rasch.

Zehn Jahre nach Gerbert reiste 975 der 25jährige Romuald von Ravenna nach Katalonien und Ripoll. Währenddessen suchte Gerbert 980 in Begleitung von Adalberto den Hof Ottos II. auf – damals residierte der Kaiser in Italien – und disputierte dort in Gegenwart des Kaisers mit Otrich, dem Leiter der Domschule zu Magdeburg. Otto war so angetan, daß er Gerbert zum Abt von Bobbio berief. Im März 981 nahm Otto mit dem Papst an einer Synode in St. Peter teil, auf der die Simonie, d. h. Kauf und Verkauf heiliger Weihen jedweden Ranges, untersagt wurde.

Trotz der Anziehungskraft der dortigen bedeutenden Bibliothek (hier verband er das esoterische Wissen der Araber mit dem der keltischen Mönche) stieß Gerbert als Ausländer auf derart zahlreiche administrative und praktische Schwierigkeiten, daß er 984 seine Lehrtätigkeit in Reims wieder aufnahm. 990 wurde sein Schüler Fulbert Kanzler des Domes von Chartres. Gerbert interessierte das Werk des muslimischen Gelehrten Jusuf Sapiens (um 984), das er sich über Ripoll beschaffte. Die Texte von Ripoll stellen das älteste uns bekannte Zeugnis islamischen Einflusses auf die Kultur der westlichen Welt dar. Hier übersetzten spanische Mönche mathematische und astrologische Werke ins Lateinische.

Romuald von Ravenna wurde 996 zum Abt von St. Apollinaris bei Ravenna ernannt. Im April 998 wurde Gerbert von Aurillac Erzbischof von Ravenna, hier schließlich begegneten sich die beiden Schüler der islamischen Kultur. Als der 54jährige Gerbert am 2. April 999 unter dem Namen Silvester II. zum Papst geweiht wurde, war er Humanist und Rhetor, Astronom und Philosoph, Naturwissenschaftler und Dichter, Gräzist und vor allem Mathematiker. Von Ripoll brachte er die arabischen (= indischen) Ziffern mit und wurde zum Wegbereiter des Rechenbretts, des Erd- und des Himmelsglobus sowie der Orgel. Gleich darauf verließ Romuald sein Kloster und wanderte durch die Toskana und Südfrankreich, wo er für das esoterische Mönchtum der Kathari warb und Einsiedeleien gründete.

Der Konkurrenzkampf zwischen der römischen und griechischen Kirche in der Missionstätigkeit der ungarischen Stämme wurde durch die Verleihung der Königskrone an Stephan von Ungarn und dessen Salbung und Krönung durch den päpstlichen Legaten zu Weihnachten 1000 zugunsten des lateinischen Ritus entschieden.

Damals bestand in Madrid eine esoterische Schule als ismailitische Zelle, die mit den Fatimiden in Ägypten in Verbindung stand. Der Mathematiker und Astronom Maslama von Madrid (gest. 1007) suchte Kairo auf, erhielt seine Instruktion, leistete den Treueid auf den fatimidischen Imam, wurde in die Mission aufgenommen und brachte so die *Episteln der Lauteren Brüder* um 1000 nach Madrid. (Juan Vernet, *La Cultura hispanoárabe en oriente y occidente*, Barcelona 1978; dt. *Die spanisch-arabische Kultur in Orient und Okzident*, Zürich-München 1984)

Die Katharer

Um die Jahrtausendwende mehrten sich die Eremitenzellen in Norditalien, in die sich die esoterisch-keltischen Mönche des einstigen Zentrums Bobbio zurückgezogen hatten, und eine Wiederbelebung des Anachoretenideals der ersten Jahrhunderte des Christentums setzte ein. In diesen Zellen oder Höhlen der Frömmigkeit lebte das unbekannte Geschlecht der geringeren Propheten, deren Eifer nur in Feld und Wald dem Bergbewohner oder Landmann fühlbar wurde.

Aus den zahlreichen Konventikeln, in denen sich (meistens hochgestellte) Privatpersonen trafen, um religiöse und mystische Fragen anhand von Bibeltexten zu diskutieren, gingen um die Jahrtausendwende verschiedene Bewegungen hervor.

Wasser auf die Mühlen solcher ethisch meist sehr hoch-
stehender Gruppierungen, die sich auch im Alltag um wahre
Brüderlichkeit bemühten und Christus nachleben wollten,
war die unvorstellbare Korruption und das Machtstreben des
Klerus. Dieses Zeitalter sah Dominicus von Sora, Bruno von
Segni, Gualbert von Vallombrosa, Guido von Pomposa und
Romuald von Ravenna.

Otto III. stimmte um das Jahr 1000 mit seinem Freund und
Ratgeber Silvester II., dem ersten Franzosen auf dem Heiligen
Stuhl, in der Idee eines erneuerten christlich-römischen Reiches mit Rom als immerwährender Hauptstadt der Welt überein, wo er selbst als *Servus Apostolorum* residieren wollte.
1001 gründete der Kaiser ein Kloster in Pereum bei Ravenna
als Missionszentrum für Slawen und Preußen und vertraute
seine Leitung Romuald sowie Bruno von Querfurt an.

Am 23. Januar 1002 starb Kaiser Otto III. in Italien an Ma-
laria. Und schon ließ sich der Markgraf Arduin von Ivrea in
Pavia zum König der Langobarden krönen, während Johannes II. Crescentius als Herzog von Rom sich zum *patricius Romanorum* aufschwang. Für die nächsten zwölf Jahre
herrschte er ohne römischen Kaiser und bestimmte von sich
aus die Päpste.

Nach dem Tode Silvesters II. im Jahr 1003 entwickelte sein
Schüler Fulbert von Chartres das platonisch-christliche Denken Silvesters II. in einer eigenen Schule (Domschule von
Chartres) weiter, wo er seit 990 Kanzler des Domes war, bevor
er 1006 Bischof wurde. Es war die erste Schule des Abendlandes, die sich mit Esoterik befaßte. Und um 1012 gründete
Romuald sein esoterisches Kloster Camaldoli (Kamaldulenser)
bei Arezzo in der Toskana, das zönobitische und eremitische
Elemente vereinigte und die keltische Kirche der *Kathari* mit
der orientalischen Kirche der *Christiani* verband.

Am 12. Mai 1012 starb Papst Sergius IV. und am 18. Mai
1012 verschied auch der Herrscher von Rom Johannes II. Crescentius. Nun übernahm das Grafengeschlecht von Tusculum
die Macht in Rom, indem Romanus Konsul, Herzog, Senator

und *patricius Romanorum* und sein Bruder Theophylakt als Benedikt VIII. Papst wurden. Die Tuskulaner einigten sich mit dem deutschen König Heinrich II. dahin, daß er ihnen sowohl in Rom als auch bei der Papstwahl freie Hand ließ, wenn der Papst ihn zum Kaiser krönte. Aber auch der Papst mußte ein Zugeständnis machen und das *filioque* in das Glaubensbekenntnis aufnehmen.

589 hatte die spanische Kirche auf der 3. Synode von Toledo in den Passus des Glaubensbekenntnisses *in spiritum sanctum Dominum et vivificantem, qui ex patre procedit* hinter »patre« den Zusatz »filioque«, d. h. den Ausgang des Heiligen Geistes von Vater *und* Sohn, aufgenommen. Diese Fassung war seit 767 auch in der fränkischen Kirche herrschend; Kaiser Karl der Große ließ sie 809 auf der Synode von Aachen anerkennen. Papst Leo III., der zwar die Lehre von der zweifachen Ausgießung nicht verwarf, verweigerte 810 ihre Einfügung in das Glaubensbekenntnis.

Nun wurde das »filioque« nach der Kaiserkrönung am 14. Februar 1014 offiziell eingefügt, was im Bekenntnis des griechischen Ritus gänzlich fehlte. Aus dieser Tatsache ist deutlich erkennbar, daß weder die Kirche in Spanien noch im Frankenreich »römisch-katholisch«, sondern rechtgläubig war. Erst durch die Übernahme des »filioque« glich sich Rom diesen Kirchen an, was später zur Behauptung führen sollte, die römische Lehrart sei im ganzen Westen »schon immer« bindend gewesen. Auch seit dieser Änderung im Glaubensbekenntnis der abendländischen Kirche begann die Abgrenzung der römischen von der griechischen Kirche, was konsequenterweise zur Kirchenspaltung von 1054 führen sollte.

Als der in Verbannung lebende Langobarde Melus aus Apulien sich der Hilfe normannischer Söldner gegen die Griechen in Bari versicherte und sich an Romanus in Rom um Unterstützung wandte, gab Papst Benedikt VIII. dazu seinen Segen, da die von Benediktinermönchen missionierten Normannen den lateinischen Ritus nach Süditalien zu tragen versprachen. Doch im Oktober 1019 erlitten Melus und seine

Normannen bei Cannae eine katastrophale Niederlage durch die griechische Armee. Romanus schickte seinen Bruder, den Papst, mit Melus nach Bamberg, um die Hilfe des Kaisers zu erbitten.

Patriarch Sergius von Konstantinopel reagierte auf die Bemühungen des Papstes gegen die griechische Kirche in Unteritalien mit der Streichung des Papstnamens aus den Diptychen zu Konstantinopel. Das war der zweite Nagel nach der Einfügung des filioque von 1014 im Sarg der »Glaubensgemeinschaft« zwischen Ost- und Westkirche. Heinrich versprach Hilfe und verlieh Melus den Titel eines Herzogs von Apulien. (Melus starb einen Monat später, im April 1020, in Bamberg.) Als der Kaiser im Sommer 1022 in Süditalien erschien, belohnte er die übriggebliebene Normannenschar mit Gütern in Kampanien und machte die Neffen des Herzogs Melus zu Grafen und Vasallen des Reichs. Freilich mußten diese Gebiete Kampaniens und Apuliens erst erobert werden.

Heinrich wurde auch zum *spiritus rector* der Kirchenreform, indem er auf der Synode von Pavia vom 1. August 1022 das Mindestalter für Weihen festlegte und Gesetze gegen Simonie und andere Amtsmißbräuche erließ. Außerdem veranlaßte er den Papst, drastische Vorschriften zu verkünden, die Klerikern jeden Ranges, also auch Subdiakonen, die Ehe oder das Konkubinat bei Strafe der Absetzung untersagten und die Kinder aus derartigen Vereinigungen in den Stand von Leibeigenen versetzten. Heinrich war der Urheber dieser Reformen, während des Papstes Hauptsorge, wie seine Ansprache auf der Synode klarmachte, dem Kirchenbesitz galt, der leicht vergeudet wurde, wenn die Geistlichkeit sich Familien erlaubte. Ferner veranlaßte der Kaiser den Papst, das *Credo* von Nicaea (325) und vom zweiten allgemeinen Konzil von Konstantinopel (381) endgültig in die römische Meßordnung aufzunehmen.

Drei Reformbewegungen neben- und unabhängig voneinander machten sich damals bemerkbar: die Reform der Benediktinerklöster durch das Reformkloster Cluny in Burgund, die Reform des Klerus und der Kirchenfürsten durch den deutschen Kaiser der Römer und die Reform der esoterischen Kirche durch neues Eremitentum der Christiani und Kathari. Und keine davon ging vom Papst aus.

Just zu dieser Zeit tauchten die ersten Kathari in der Champagne auf, lebten wie Eremiten und gewannen schnell Anhänger unter den Bauern der Gegend. Im Jahre 1018 bildete sich eine bedeutende Gruppe Kathari im Limousin. Das Gebiet gehörte zum Herzogtum Aquitanien und sprach *langue d'oc* oder okzitanisch, die Sprache des südlichen Frankenreichs. Bezeichnenderweise nannten sie sich *Christiani*, obwohl sie nicht aus dem Balkan gekommen waren, wo die Christiani unter Bogomil reorganisiert worden waren. Auch sie lehnten Kreuz, Taufe, Eheschließung und bestimmte Nahrungsmittel ab. Mit ihren Predigten gewannen sie Adelige und Priester als Anhänger und genossen den Schutz des Herzogs Wilhelm V. von Aquitanien und Poitou, der von seinen Zeitgenossen fortan als »der Fromme« bezeichnet wurde.

1022 versammelten sich in der Gegend von Toulouse solche Esoteriker, die eine ähnliche Lehre hatten und aus verschiedenen westlichen Regionen kamen. Im selben Jahr gewann ein Bauer aus dem Perigord mit seinen Predigten Adelige und Priester von Sainte-Croix d'Orléans als seine Anhänger. Sie trugen ihre Botschaft bis Rouen in der Normandie. Was sie verkündeten, entsprach genau den Theorien der Christiani in Bulgarien. Für sie war die Materie unrein. Ehe, Taufe, Beichte und Eucharistie wurden abgelehnt, ebenso die kirchliche Hierarchie, die sogenannten »frommen Werke« und manche Gebete. Die *wahren Christen*, wie sie auch sich selbst nannten, lebten nach ihrer Auffassung von himmlischer Nahrung, und die Reinigung der Gläubigen müsse durch Handauflegen erfolgen. Zum Tode durch den Scheiterhaufen in Orléans auf Befehl des Königs Robert II. 1022 verurteilt, nahmen etwa zwölf von ihnen ihr Schicksal heiter und mit dem Bewußtsein der Zuversicht an, sofort ins »Paradies des Lichts« aufge-

nommen zu werden. Damit verdiente sich der König von
Frankreich seinen zweifelhaften Beinamen »der Fromme«.

In der ersten Hälfte des 11. Jahrhunderts erschienen vereinzelt Gruppen solcher Asketen im westlichen Deutschland
und in Flandern. Die extreme Askese machte die Katharer zu
einer Kirche der Auserwählten, dennoch wurde sie im Frankenreich und Norditalien zu einer populären Religion. Dieser
Erfolg wurde durch die bekannte Teilung der Gemeinde in
zwei Körperschaften erreicht: die »Vollkommenen« und die
»Gläubigen«. Die Vollkommenen wurden von den Gläubigen
durch eine Initiationsfeier (*Consolamentum*) erhoben. Sie
weihten sich der Kontemplation, und man erwartete von ihnen die höchsten ethischen Maßstäbe. Bei den Gläubigen
wurde nicht vorausgesetzt, daß sie die Maßstäbe der Vollkommenen erreichten.

Die Lehrsätze der Katharer von der Schöpfung führten dazu,
die biblische Geschichte neu zu schreiben; sie erfanden eine
sorgfältig ausgearbeitete Mythologie, um sie zu ersetzen. Den
größten Teil des Alten Testaments betrachteten sie mit Re-
serviertheit, manche von ihnen lehnten das gesamte Alte Testament ab. Die orthodoxe Lehre von der Fleischwerdung
wurde abgelehnt. Jesus war lediglich ein Engel, sein menschliches Leiden und Sterben war eine Illusion. Sie kritisierten
entschieden die Weltlichkeit und Korrumpiertheit der Römischen Kirche.

Das Papsttum

Die Römische Kirche war mit
anderen Dingen beschäftigt, als
daß sie auf die gnostische Sekte
in ihrem Hinterhof aufmerksam
werden konnte. Als Benedikt VIII. am 9. April 1024 starb, ließ
die Partei der Tuskulaner dessen Bruder, den Laien Romanus,
der bereits die Ämter eines Konsuls, Herzogs und Senators

ausübte, zum Papst wählen, ihm an einem einzigen Tag alle Weihen erteilen und ihn am 19. April 1024 unter dem Namen Johannes XIX. inthronisieren. Somit war Romanus/Johannes weltlicher Herrscher und Papst in einer Person, wie vor ihm Oktavian/Johannes 954/955 gewesen war. Er war politisch klug genug, den Frieden zu sichern, indem er eine Aussöhnung mit anderen Adelsfamilien herbeiführte und dem Klerus in der Frage des Zölibats entgegenkam. Dem Kaiser in Bamberg wurde lediglich eine Mitteilung geschickt, die ihn nicht erreichte, da er am 13. Juli 1024 in Grona bei Göttingen starb. Jetzt konnte der Papst die Bestimmungen des (1146 heiliggesprochenen) Kaisers rückgängig machen, die den Zölibat der Geistlichen betrafen. Diese wollten darunter Ehelosigkeit verstehen und nicht Keuschheit, wie der fromme Kaiser es interpretiert hatte.

Da Streitigkeiten in Deutschland die Wahl eines deutschen Königs verzögerten, machte sich das Dukat von Rom selbständig und genoß die Zeit ohne Bevormundung durch einen Kaiser der Römer. Mit Heinrich II. war das Geschlecht der Ottonen oder Sachsenkaiser zu Ende gegangen, und der Fürst/Papst nahm sich vor, den christlichen Eifer der römischen Kaiser aus Deutschland einzudämmen und den künftigen Kaiser von vornherein von der Einmischung in Angelegenheiten der Kirche, sprich der Investitur des Papstes, auszuschließen. Dem am 8. September gewählten König Konrad II. schickte er den Bischof von Portus und den Römer Berizo von der Marmorata mit dem Banner des heiligen Petrus, es im Ungarnkriege zu tragen.

Denn der im Jahre 1000 errungene Sieg über die griechische Kirche durch Krönung Stephans von Ungarn durch den päpstlichen Legaten schien durch die aktive Tätigkeit der griechischen Kirche unter den übrigen Stämmen im Lande gefährdet zu sein. Mit der Verleihung des Petrus-Banners in Begleitung eines päpstlichen Legaten erklärte der Bischof von Rom den Kampf zum Heiligen Krieg, der im Namen Petri, dessen Vertreter er war, geführt wurde. Das eroberte Land würde dann als Papstlehen an den Sieger vergeben.

Das ist der erste Präzedenzfall eines Machtanspruchs des Papstes auf Weltherrschaft und der dritte Nagel im Sarg der Glaubensgemeinschaft, da der Kampf sich gegen die griechische Kirche und ihre Missiontätigkeit richtete. Gleichzeitig versicherten die Briefe des Papstes den deutschen König des ruhigen Besitzes der Kaiserkrone, die seiner harrte. Somit machte er seine Bedingungen hierzu deutlich. Der Patriarch Basilios II. reagierte wie gewohnt: Von diesem Zeitpunkt an wurde der Name des Papstes in den Diptychen zu Konstantinopel nicht mehr erwähnt. In der Tat gelobte Konrad II. bei der Kaiserkrönung am 26. März 1027 nicht, die römische Kirche zu beschirmen, und erneuerte auch nicht das Ottonische Privileg, das seine Vorgänger gewährt hatten.

Am 20. Oktober 1032 starb Papst Johannes XIX.; einen Tag später setzte Graf Alberich III. von Tusculum, der Bruder des Verstorbenen, seinen eigenen Sohn Theophylakt unter dem Namen Benedikt IX. als Papst ein. Der Kaiser wurde dabei nicht einmal informiert. Gleichzeitig verheiratete Alberich, in Verfolgung seiner politischen Ambitionen in Unteritalien, seine eigene Schwester Theodora mit Pandulf, dem Bruder des Herzogs von Salerno.

Nach dem Tode des spanischen Kalifen Hischam III. 1031 in Cordoba bemächtigten sich fanatische Berber der Stadt. Die angesehene jüdische Philosophengemeinde rettete sich vor der befürchteten Intoleranz nach Saragossa, wo der zum Islam übergetretene Jude Hasdai und später sein Sohn Minister waren. Dort entfaltete sich nun das jüdische Goldene Zeitalter. Eine wahre Plejade von Übersetzern trat in Erscheinung, die Werke aus dem Arabischen ins Hebräische übertrugen, unter ihnen Isaak ben Reuben aus Barcelona (gest. 1043), Tobias ben Mosche ibn Maitik, während zur gleichen Zeit Hermannus Contractus (gest. 1054), der Abt des Benediktinerklosters auf der Reichenau, gestützt auf die Übersetzungen von Ripoll, zwei Traktate über das Astrolabium verfaßte.

Nach Saragossa wandte sich auch Maslamas Schüler al-Karmani (gest. 1065), um eine ismailitische Zelle zu gründen; somit machte er die gnostischen *Episteln* dort bekannt. Um die Mitte des 11. Jahrhunderts war das Wissen um die Episteln bereits so weit verbreitet, daß wir in verschiedenen Gedichten Anspielungen auf sie finden und daß sie auch von Juden, etwa von Ibn Gabirol, herangezogen wurden.

Salomon ben Jehuda ibn Gabirol (1022 – 1070) war einer der größten Gelehrten und intellektuellen Figuren des jüdischen Goldenen Zeitalters im maurischen Spanien und ein wichtiger neuplatonischer Philosoph. Auch er stammte aus Cordoba und erhielt seine höhere Bildung in Saragossa. Zu seinem Umkreis gehörte auch der Übersetzer Ibn Chicaletta aus Saragossa (gest. 1080).

Erst um 1050 begann die Politik der römischen Kurie, sich sowohl vom Ost- als auch vom Westkaiser unabhängig zu machen, Früchte zu tragen, so daß man ab diesem Zeitpunkt vom Entstehen des Papsttums sprechen kann. Abgesandte des Herzogtums Benevent, das nach dem Tode des Herzogs sowohl von den Byzantinern in Süditalien als auch von den benachbarten langobardischen Herzogtümern bedrängt wurde, nahmen am 5. Juli 1051 den Papst als ihren Landesherrn auf. Nun nahm die römische Kurie einen von ihr selbst provozierten Anlaß wahr, sich von der Ostkirche zu trennen, was auch am 16. Juli 1054 geschah.

Und da Kaiser Heinrich III. im Oktober 1056 starb und einen fünfjährigen Sohn als Nachfolger hinterließ, und da 1057 Gottfrieds Bruder Friedrich als Stephan IX. Papst wurde, nutzte der Papst die Gelegenheit, von der Investitur durch den Kaiser endgültig unabhängig zu werden. Für die nächsten dreißig Jahre hatte der Westen keinen Kaiser, und der Bischof von Rom konnte uneingeschränkt herrschen. Von nun an hatte der Papst nur noch ein Ziel: Entmachtung des Ostkaisers, Wiedervereinigung der beiden Kirchen als römisch-katholisch, Errichtung der Schirmherrschaft über die Christenheit als einziger Stellvertreter Christi auf Erden (dazu benötigte man, wie bei der Kaiserkrönung Karls des Großen, den Schlüssel von Jerusalem) und Übernahme der Rolle des Gott-Kaisers wie in der Spätantike des Römischen Reiches.

Als Streiter und Soldaten Christi dienten ihm dabei die seit 910 von Benediktinern nach römischem Ritus missionierten Normannen. Mit dem Petrus-Banner ausgestattet, starteten sie 1059 unter Robert Guiskard den ersten Heiligen Krieg gegen die für ketzerisch erklärten Griechen in Süditalien. Gottfrieds Einfluß in Reichsfragen stieg unaufhaltsam, er wurde zum Statthalter von Italien, und er regierte – mit Anno, dem Erzbischof von Köln – das Römische Reich (1062–1066) während der Minderjährigkeit Heinrichs IV.

Reichenau hatte auch einen Geheimauftrag Adalberts, des (seit 1043) Erzbischofs von Hamburg–Bremen: Noch bevor das Abendland über Robert von Chester (1144) etwas von der arabischen Alchemie erfahren konnte, bemühte sich das Kloster von Reichenau um alchemistische Werke für den Erzbischof. Immerhin muß es genug Material und Wissen ins Lateinische übersetzt haben, daß um 1063 am Hofe Adalberts in Goslar – der gerade zum Vormund Heinrichs IV. bestimmt worden war – alchemistische Studien betrieben werden konnten. Allein eine wörtliche Übersetzung gab lediglich das sprachliche Gewand des Textes wieder, nicht jedoch die verborgene, durch Zahlen- und Buchstabenmystik verschleierte allegorische Botschaft. Seitdem entstand im Abendland die Alchemie als Suche nach der Goldformel. Somit entfernte sich diese Beschäftigung von der Esoterik und Hermetik.

Ein anderer Normanne, Wilhelm Herzog der Normandie, war ein unehelicher Sohn des englischen Königs, deshalb hatte er keinen Anspruch auf den Thron. Doch mit dem Petrus-Banner ausgestattet, startete er 1066 einen Heiligen Krieg gegen die für ketzerisch erklärte esoterisch-keltische Kirche Englands und wurde dafür vom Papst mit der Krone belohnt.

Ein weiterer Normanne, Roussel de Bailleul, begab sich mit einigen Landsleuten als Söldner in den Dienst des Ostkaisers, blieb jedoch 1071 der Schlacht von Mantzikert fern und machte sich 1073 mitten in Anatolien als Lehnsmann des Papstes selbständig. Der Normanne Robert Guiskard, Herzog von Apulien und Kalabrien, eroberte das Byzantinische Reich Stück für Stück für den Papst.

Ibn Gabirol, der die *Episteln* herangezogen hatte, starb 1070 in Valencia. In jenem Jahr eröffnete ein anderer Gelehrter des Judentums am Hofe Theobalds III., des Grafen von Blois und von der Champagne, in Troyes seine Schule für theologische und esoterische Studien: Rabbi Schlomo Jitzchaki (1040–1105), besser bekannt unter dem Akronym Raschi.

Hier in der Nähe von Troyes war ein junger Mann aus vornehmer Familie namens Robert (*um 1027) in das Benediktinerkloster Moutier-la-Celle eingetreten, wo er bald Prior wurde. Später wurde er Abt von Saint-Michel-de-Tonnerre in der Nähe von Langres, wo er mit wenig Erfolg versuchte, strenge Askese und Meditation nach dem Vorbild der Eremiten einzuführen.

Die erstarkenden Reformklöster Cluny und Gorze wetteiferten um Einfluß in den verschiedenen Benediktinerklöstern und sahen die Bemühungen Roberts mit gemischten Gefühlen. Daher begrüßte er es sehr, als einige Eremiten ihn baten, sie zu einer Laura unter seiner Leitung zu organisieren. So kam es, daß sie sich 1075 bei Molesme niederließen, wo Robert von Molesme ein heiliges Leben in Abgeschiedenheit und Askese nach irisch-keltischem Vorbild verbringen konnte.

Nach der Eroberung Toledos durch das christliche Kastilien im Jahre 1085 flohen die gelehrten Juden aus Angst vor Verfolgung oder Zwangstaufe an die Schule des gelehrten Raschi nach Troyes. Mit ihnen kam ein gewaltiger Schatz von arabischen und hebräischen Manuskripten dorthin, darunter die *Episteln der Lauteren Brüder.* So kamen alle Fäden in Troyes zusammen: Die Kabbala und die jüdische Apokalyptik sowie essenische Mystik und Gnostik kamen über die jüdischen

Gelehrten der Esoterik in die Champagne; die 42 Bände des ägyptischen Gottes Thot gelangten über die hermetische Übersetzung ins Griechische, dann über die sufische Übersetzung ins Arabische und in der islamisierten Fassung über Toledo nach Troyes; die Königliche Kunst in der arabischen Übersetzung der 28bändigen Enzyklopädie des Zosimos war nun nach Madrid und Ripoll beim gelehrten Raschi angekommen.

Die gnostische Lehre der Christiani erreichte über Kleinasien, Balkan und Oberitalien die Zentren der Katharer im Frankenreich, während die irisch-keltischen Culdei sie über England nach Frankreich gebracht haben. Was in Ägypten seinen Anfang genommen hatte, kam nun in Frankreich wieder zusammen.

Die Vorbereitung

Zu den Schülern des Raschi in Troyes zählten vier für unsere Geschichte sehr wichtige Personen: Stephan Harding (*1059), Hugo von der Champagne (*1077, seit 1093 Graf der Champagne), Hugo von Payns (*1079), Vetter des Grafen der Champagne, und Andreas von Montbard, der von den Herzögen von Burgund abstammte.

Harding war in Merriott bei Sherborne im Südwesten der britischen Insel geboren und in der 633 vom heiligen Cartagh gegründeten keltischen (druidisch-christlichen) Abtei von Lismore (irisch Lios Mor Mochuda) in Irland erzogen worden, war mit seinem adligen Vater vor der normannischen Eroberung nach Schottland geflohen und hatte als Soldat gegen England gekämpft, bevor er nach Paris gegangen war, um dort am theologischen Seminar zu studieren. Im Anschluß an eine Pilgerfahrt nach Rom war er in das Kloster von Molesme eingetreten, hatte den Namen Stephan angenommen und um die Erlaubnis gebeten, beim gelehrten Raschi Hebräisch zu studieren, um die Bibel in der Originalsprache lesen zu können.

Hier stieß er sowohl auf die hebräische Apokalyptik und Kabbala als auch auf die Lehrsätze der Katharer (durch einen Priester dieser Sekte, der, so wie Stephan selbst, bei dem großen Meister Raschi Hebräisch und Esoterik lernen wollte) und lernte vor allem die *Episteln* kennen. Zusammen mit seinem früheren druidisch-esoterischen Wissen erlangte er so die Kenntnis allen Geheimwissens seiner Zeit und wurde mit der allegorischen Bedeutung des Siegels sowie des Tempels Salomonis vertraut.

Der angehende Graf Hugo (nach Theobald III., der Graf von Blois und der Champagne war, wurden die Grafschaften 1093 zwischen den Söhnen Stephan und Hugo aufgeteilt) teilte dieses Wissen mit ihm, da er von Anfang an Schüler des berühmten Rabbis war.

Mehr noch: Nicht alle Manuskripte aus Spanien waren in hebräisch abgefaßt, zahlreiche davon waren in arabisch geschrieben. So lernten die vier – Stephan, Graf Hugo und Hugo von Payns sowie Andreas – mitten in Frankreich Arabisch.

Papst Urban II., der ehemalige Prior von Cluny, rief 1095 zur »Heiligen Reise« (erst nachdem Jerusalem den Franken in die Hände gefallen war, nannten die Chronisten den Zug gen Osten »die Reise nach Jerusalem«, was ursprünglich nicht vorgesehen war) auf. Als feststand, daß sich Stephan von Blois mit seinen Rittern Gottfried von Bouillon anschließen wollte, beauftragten Stephan Harding und Hugo Graf der Champagne Hugo von Payns damit, den Zug als Beobachter zu begleiten und Bericht über die Lage des Salomonischen Tempels zu erstatten.

Daß Stephan Harding der Drahtzieher bei der Entsendung Hugos von Payns war, zeigt seine weitreichende Planung. Aus der Umgebung des ehrwürdigen Raschi wußte er, daß das esoterische Wissen, das Große Arkanum, verschlüsselt in den kabbalistischen und hermetischen Texten versteckt war. Ohne Unterweisung, ohne den Schlüssel zur Entzifferung dieser verborgenen Botschaft, waren die schriftlichen Traktate und Episteln nahezu wertlos. Das esoterische Wissen der Culdei, der irisch-keltischen Mönche, war ihm vertraut. Doch den Schlüssel zu den Episteln hatte nur der Orden der Ismailiten, und dieser bildete Gottesstreiter *seiner* Religion aus. Ein Außenseiter, dazu ein Christ, hatte unmöglich Zugang zu diesem Orden.

Hier in Troyes hatte er vage von der Existenz der Bruderschaft der Baumeister im Nahen Osten erfahren, die jedem offenstand, ohne Rücksicht auf seine Religion, Volkszugehörigkeit oder politischen Hintergrund. Er mußte lediglich ein Suchender nach der Weisheit Gottes sein und Arabisch beherrschen.

Als Prior war Stephan Harding nicht abkömmlich, aber Hugo von Payns war es. Und Arabisch sprach er auch. Deshalb war Hugos Geheimauftrag, den Kontakt zu einer Loge dieser Bruderschaft der Baumeister herzustellen, die im ganzen Bereich des Fatimidenreiches verbreitet war.

Und eigens zur Pflege dieses esoterischen Geheimwissens vereinbarten Prior Stephan und Abt Robert von Molesme die Gründung eines neuen Klosters: Citeaux (lateinisch Cistercium) bei Dijon in Burgund. Das Land wurde von Andreas von Montbard gestiftet. Mit 20 Mönchen aus Molesme gründete Robert 1098 das neue, als ›Reformabtei‹ getarnte Kloster, doch im nächsten Jahr wurde der 72jährige Abt nach Molesme zurückgerufen und überließ die Leitung des neuen Ordens Alberich von Citeaux.

Mit der Eroberung Antiocheias am 3. Juni 1098 schien der Zweck der Heiligen Reise erreicht worden zu sein. Erst Ende Februar 1099 setzte Gottfried von Bouillon seine Reise fort, Jerusalem zu erobern. Am 19. Mai gelangte er beim Hundefluß nördlich von Beirut an die fatimidische Grenze. Von Anfang an verzichtete er auf Eroberung oder Belagerung irgendwelcher

Städte auf seinem Weg, um nicht von seinem Ziel abgelenkt zu werden.

Die Belagerung Jerusalems begann am 7. Juni 1099. Im Süden der Stadt erhebt sich der Berg Zion, auf dessen Gipfel sich damals die Ruine einer alten byzantinischen Basilika befand. Hier fand nun während der Belagerung eine geheime Beratung statt, deren Teilnehmer nicht überliefert wurden, wenngleich Wilhelm von Tyrus 75 Jahre später schrieb, der bedeutendste unter ihnen sei »ein Bischof aus Kalabrien« gewesen.

Bei diesem Treffen wurde die Basilika in die Abtei Notre-Dame du Mont de Sion umbenannt. Und hier gründete Gottfried den Ritterorden ›Chevaliers de l'Ordre de Notre-Dame de Sion‹ (Le R.P. Vincent, *Histoire de l'ancienne image miraculeuse de N. Dame de Sion, révérée depuis plusieurs siècles en l'eglise des religieux dü tiers ordre de Saint François en la comté de Vaudement en Lorraine.* Nancy 1698, S. 92ff). Zu diesen Rittern gehörten auch Hugo von Payns und Gottfried von Saint-Omer.

Die Erstürmung der Stadt am 15. Juli 1099 führte zu einem unvergleichlichen Blutbad unter der Bevölkerung der Heiligen Stadt, dem Muslime, Juden und orientalische Christen gleichermaßen zum Opfer fielen. Es versteht sich von selbst, daß unter diesen Umständen ein Kontakt Hugos zu einer Loge der Bruderschaft der Baumeister, sollte sie das Gemetzel überstanden haben, nicht möglich war.

Nach dem Einzug in Jerusalem, bei dem der Salomonische Tempel samt Bundeslade befreit wurde, wurde Gottfried am 17. Juli die Krone angeboten. Schließlich war er aufgebrochen, nachdem er alles verkaufte, was er besaß. Zwar lehnte er den Königstitel ab, dennoch regierte er wie ein König unter dem Titel *Advocatus Sancti Sepulchri* (Verteidiger des Heiligen Grabes).

Noch im August 1099 setzten Gottfried und der neugewählte römisch-katholische Patriarch von Jerusalem, Arnulf von Rohes, 20 *weltliche* Kanoniker unter dem Namen »Kanoniker der Kirche des glorreichen Grabes des Herrn« (später hießen sie bei den Chronisten »Kanoniker der Kirche der Auferstehung des Herrn«, um die offensichtliche Beziehung zum von Gottfried angenommenen Titel zu verschleiern, da er ihnen vorgestanden hatte) ein und statteten sie mit reichen Pfründen aus.

Daß die von mir im Vorwort aufgeworfene Frage, gegen welche Ungläubigen die Soldaten Christi kämpfen sollten – die orthodoxen Christen oder die Muslime –, nicht rhetorisch, sondern wörtlich gemeint war, erkennt man am Verhalten der Kreuzfahrer nach der Eroberung der Heiligen Stadt: Vor Ankunft der Katholiken enthielt die Heilige Grabeskirche wie auch heute Altäre sämtlicher Sekten der östlichen Christenheit, nicht nur der rechtgläubigen. Die Benediktiner wußten zu berichten, daß gewisse orthodoxe Priester die heiligste Reliquie der Kirche von Jerusalem, nämlich das Hauptstück des echten Kreuzes, in Verwahrung hatten. Diese waren nicht gewillt, sie jetzt dem katholischen Patriarchen, der keine päpstliche Autorität besaß, auszuhändigen. Erst als Arnulf zur Folter griff, konnte er die Hüter der Reliquie zwingen, ihr Versteck preiszugeben.

Während seiner ersten Amtszeit als Patriarch von Jerusalem im Jahre 1099 wies Arnulf die östlichen Sekten aus der Heiligen Grabeskirche aus und plünderte sie aus. Der päpstliche Legat Dagobert von Pisa, der das Patriarchenamt Ende 1099 übernahm, war ein weit ärgerer Feind gewesen. Er verbannte alle einheimischen Christen nicht nur aus der Kirche selbst, sondern auch aus ihren Klöstern und sonstigen Niederlassungen in Jerusalem, gleichviel, ob sie Rechtgläubige (orthodox) wie Griechen und Georgianer oder Irrgläubige wie Armenier, Jakobiten und Nestorianer waren. Außerdem verstieß er gegen heimischen Anstand und Schicklichkeit, indem er Frauen zu Dienstleistungen an den Geheiligten Stätten heranzog. Infolge dieser Ungeheuerlichkeiten verlöschten am Abend vor Ostern 1101 in der Heiligen Grabeskirche alle Lampen, und das Heilige Feuer weigerte sich, vom Himmel herabzukommen und sie neu zu entzünden, bis schließlich alle fünf enteigneten Gemeinden zusammen beteten, daß den Franken Vergebung gewährt werden möge.

Gottfried starb am 18. Juli 1100, und sein Bruder Balduin wurde unbestritten zu seinem Nachfolger bestimmt und am Weihnachtstag des Jahres 1100 in der Geburtskirche zu Bethlehem vom Patriarchen und päpstlichen Legaten Dagobert zum König gekrönt. Unter ihm änderte sich die Haltung der Kreuzfahrer zu den einheimischen Christen, denn Balduin war bereits seit dem 10. März 1098 Graf von Edessa am Euphrat und mit einer orthodoxen Christin verheiratet. Er hatte auch die fränkischen Ritter in seinen Diensten, um sie fest in Edessa anzusiedeln, ermuntert, armenische Erbinnen zu heiraten. Die Regierungsgewalt blieb zwar in den Händen des fränkischen Königs und seiner fränkischen Lehnsleute; aber Morgenländer, sowohl Christen als auch Muslime, wurden aufgefordert, am staatlichen Leben teilzunehmen.

Am 17. Mai 1101 gelang Balduin der Einzug in Cäsarea, bei dem der heilige Gral erbeutet wurde. Der Orden von Zion wurde seitdem zum Hüter des Heiligen Grals. Doch die einstmalige Hauptstadt der römischen Provinz Palästina wurde von den Europäern im Sturm genommen. Deshalb wurde es den siegreichen Truppen erlaubt, die Stadt nach Gefallen zu plündern; und die Greuel der Brandschatzung empörten sogar die eigenen Führer. Auch hier war also ein Kontakt zur Bruderschaft der Baumeister nicht möglich.

Nur bei der Eroberung von Akkon 1104 verhielt sich König Balduin mit seinen Mannen weitsichtiger, da er die gut befestigte Stadt mit dem bei jedem Wetter sicheren Hafen zum Hauptseehafen des Königreichs machen wollte. Nach 20tägiger Belagerung bot der fatimidische Befehlshaber die Übergabe der Stadt gegen freien Abzug an. Alle Bürger, die es wünschten, durften die Stadt am 26. Mai mit ihrer beweglichen Habe verlassen; die übrigen wurden Untertanen des fränkischen Königs. Balduin gestattete sogar, daß seinen muslimischen Untertanen eine Moschee vorbehalten blieb. Akkon war überdies der Haupthafen für die Verschiffung von Waren aus Damaskus nach dem Westen; und seine Eroberung durch die Franken unterbrach diesen Verkehr nicht, der von den in Akkon wohnhaft gebliebenen Muslimen eifrig gefördert wurde. Die Stadt wurde in *Saint Jean d'Acre* nach dem heiligen Johannes von Jerusalem (gest. 417) umbenannt. Hier schließlich erfüllte sich Hugos Mission, und er kehrte mit der Erfolgsmeldung in die Champagne zurück. Dort traf er sich mit Prior Stephan Harding und dem Grafen Hugo von der Champagne sowie mit Andreas von Montbard.

Bald darauf kam der Graf von der Champagne mit einigen Mitgliedern des Hochadels zusammen, unter denen sich Hugo von Payns befand (Henri d'Arbois de Jubainville, *Histoire des ducs et des comtes de Champagne, depuis le* 6' siècle jusqu'à la fin du 16', 8 Bde, Paris 1859–1869, Bd 2, S. 87ff). Außerdem war Andreas von Montbard mit von der Runde. Hier regelte der Graf seine Vertretung während der geplanten langen Abwesenheit, traf Vorkehrungen zum Schutze der jüdischen Gelehrten an der esoterischen Schule des Raschi am Hofe von Troyes, da die antijüdische Stimmung seit Beginn des Kreuzzuges anhielt, indem er mit Stephan Harding vereinbarte, die Schule in den Schutz des neuen Klosters von Citeaux zu stellen, sobald der betagte Raschi nicht mehr lebte, und machte sich in Begleitung Hugos von Payns auf den Weg ins Heilige Land.

Das Schicksal wollte es, daß der gelehrte Raschi 1105 verstarb, und so zog die esoterische Schule ins Kloster um. Ab diesem Zeitpunkt betrieb der Prior Stephan bis ins Detail genaue Studien der hebräischen Heiligen Texte mit Hilfe der textkundigen Rabbiner aus Toledo. Hier schließlich wurde das esoterische Geheimwissen, die *Episteln* der Ismailiten, durch

Stephan »latinisiert«. Als die Eingeweihten der Bruderschaft der Baumeister, die beiden Hugos, 1108 in die Champagne zurückkehrten, begann in mühseliger Zusammenarbeit zwischen Prior Stephan und Hugo von Payns die Überarbeitung der latinisierten Episteln nach der mündlich vermittelten hermetischen Lehre der arabischen Bruderschaft der Baumeister.

1109 wurde der 50jährige Stephan Harding zum dritten Abt von Citeaux (bis zu seinem Tode am 28. März 1134). Die mündliche Einführung in den esoterischen Sinn hinter dem schriftlich fixierten Text ermöglichte die Unterweisung von Auserwählten in das Große Arkanum und führte zur Entstehung eines innersten Kreises der Eingeweihten in diesem Orden, der die hermetischen Künste pflegte und geheim hielt: die okkulten Weisheiten Gottes aus Religion, Astrologie, Magie, Zaubertrank und Mystik – das Wesen aller Mysterien. Eine Symbolik besonderer Art als Erkennungszeichen der Eingeweihten begleitete die Berufung in den Kreis des absoluten Geheimwissens. Die *Episteln* der Ismailiten wurden nun »christianisiert«.

Mit seiner *Charta caritatis* war Stephan Harding der eigentliche Begründer des Zisterzienserordens. Papst Paschalis II. approbierte 1110 die Neugründung, ohne von dem esoterischen Inhalt des neuen Ordens zu wissen, denn das Kloster gab sich nach außen hin als Reformkloster nach der Benediktinerregel aus. Das weiße Gewand mit dem roten Kreuz, das der neue Orden sich als Tracht ausgesucht hatte, sollte auf die irischen Mönche hindeuten, die strenge Askese, Esoterik und Pflege der Wissenschaften vereinigt hatten. Gleichzeitig zeigte dieses Gewand eine Parallele zum weißen Gewand mit der roten Schärpe der *Lauteren Brüder* im ismailitischen Geheimorden sowie der *Therapeuten* des Essenerordens vor ihnen.

Auch 1110 wandelte der Vorsteher des 1070 von Benediktinern aus Amalfi gegründeten Pilgerhospizes, Bruder Gerhard von Martigues, jene Bruderschaft in einen geistlichen

Orden um, die »Bruderschaft des Hospitals des heiligen Johannes von Jerusalem« (die Hospitaliter). Bei dieser Gelegenheit wurde erstmals die Bezeichnung *militia Christi* verwendet.

1112 beendete Abt Stephan seine Bibelübersetzung aus dem hebräischen Text (das Manuskript ist in Dijon aufbewahrt). Auch die Rituale der Bruderschaft der Baumeister waren bis dahin vollständig ›christianisiert‹. Jetzt konnte endlich der neue Orden aus dem inneren Kreis entstehen. Planmäßig wurden 1112 dreißig Ritter in den Orden aufgenommen, darunter Bernhard, der Neffe des Andreas von Montbard und spätere Abt von Clairvaux.

Bernhard war im Schloß Fontaines nahe Dijon 1090 geboren. Seine Mutter war Alice von Montbard, die von den Herzögen von Burgund abstammte und die Schwester von Andreas war. Bernhard wurde in der Klosterkirche Saint-Vorles in Châtillon-sur-Seine unterrichtet. Und nun trat er mit einundzwanzig Jahren als ausgebildeter Ritter ins Kloster Citeaux ein, um zum inneren Kreis der Eingeweihten zu stoßen. 1113 wurde Kloster La Ferté und 1114 Pontigny von Citeaux aus gegründet.

1114 reformierte Arnulf Patriarch von Jerusalem die Kanoniker der Kirche der Auferstehung des Herrn unter der Augustinerregel als »Regularkanoniker der Kirche des glorreichen Grabes des Herrn« (die Sepulkriner). Da beschloß Hugo Graf der Champagne 1114, ins Heilige Land zu fahren und sich von der Möglichkeit zur Gründung einer eigenen Ritterschaft zu überzeugen. Gemeinsam mit Hugo von Payns und Andreas von Montbard erlangte er eine Audienz bei König Balduin, der gestattete, daß sieben Ritter des Orden von Zion (darunter Hugo von Payns und Gottfried von Saint-Omer) ein Quartier innerhalb der Tempelmauern bezogen.

Nach seiner Rückkehr nahm der Graf sofort wieder Kontakt mit dem Abt Stephan von Citeaux auf. Als Ergebnis eingehender Beratung beschlossen sie, daß die Auserwählten und

Eingeweihten der gnostischen Geheimlehre einen Geheimorden auf eigenem Grund und Boden gründen sollten. Im Wald
von Bar-sur-Aube übereignete Hugo 1115 dem Zisterzienserorden ein Gebiet, das heute unter dem Namen »Tal des Absinth« bekannt ist, damit dort die Abtei Clairvaux entstehe.
Abt Stephan betraute seinen besten Schüler mit dem Vorhaben: Bruder Bernhard von Fontaine. Vier seiner leiblichen
Brüder, ein Onkel, zwei Vettern, ein Architekt und zwei betagte Mönche mühten sich neun Jahre lang ab, bis Clairvaux
1124 sich selbst versorgen konnte. In den folgenden 30 Jahren bis zu Bernhards Tod 1153 konnte der Orden innerhalb
des Zisterzienserordens (Clairvaux) 68 Tochterklöster gründen.

Der Orden

Wie bereits einleitend ausgeführt, soll der Templerorden
der Legende nach seinen An-
fang genommen haben, als neun »gottesfürchtige« Ritter unter der Führung von Hugo von Payns anläßlich der Krönung
Balduins von Le Bourg zum König von Jerusalem (am 14. April
1118) vor diesen traten und sich erboten, die Feinde des Glaubens zu bekämpfen und die Pilgerrouten zu schützen. Der König soll dies angenommen und ihnen als Quartier einen Raum
seines Palastes, der auf den Ruinen des Tempels Salomonis
stand, gegeben haben. So soll die »Arme Ritterschaft Christi
vom Salomonischen Tempel« (die Templer) entstanden sein.
   Steven Runciman schreibt in seiner *Geschichte der Kreuzzüge*, Cambridge 1950–54, Hugo von Payns habe von König
Balduin I. die Erlaubnis erwirkt, sich mit einigen Genossen in
einem Flügel des Königspalastes, der vormaligen el-Aksa-
Moschee im Tempelviertel, niederzulassen (S. 464). Da Balduin I. aber Anfang März 1118 von Hebron quer durch die
Halbinsel Sinai gegen Ägypten marschiert und dort in

el-Arisch am 2. April 1118 an Fieber gestorben war, müßte der Orden noch in den ersten zwei Monaten des Jahres gegründet worden sein.

Doch von einem Kampf gegen die Feinde des Glaubens oder von einem Schutz der Pilgerrouten konnte keine Rede sein; denn bis 1125, als der Graf der Champagne sich ihnen anschloß, ja bis 1127 blieb die Zahl der Ritter unverändert und konnte beim besten Willen der angeblich selbst auferlegten Aufgabe nicht genügen. Wir hören nicht einmal von ihrer Existenz etwas, da die Quellen aus dem Heiligen Lande sich in Schweigen hüllen. Wie bereits anfangs ausgeführt, wurde im besagten Jahr (1118) der Hospitaliterorden in einen geistlichen Ritterorden umgewandelt. Und sollte man den Quellen Glauben schenken, daß das Konzil von Troyes, wo Hugo von Payns die Gründung des Ordens ankündigte, im neunten Jahr seines Bestehens stattgefunden habe, dann wäre die sagenhafte Gründung im Jahre 1120 erfolgt, nicht 1118.

Die nächste Erwähnung der Templer bei Runciman (S. 485) lautet: »Sobald Balduin von Toghtekins Tod erfuhr, schickte er Hugo von Payns, den Großmeister des Templer-Ordens, nach Europa, um dort Truppen anzuwerben, mit der ausdrücklichen Maßgabe, daß Damaskus sein Ziel sei.«
Toghtekin aber, der Atabeg von Damaskus, war am 12. Februar 1128 gestorben. Selbst wenn Balduin unverzüglich von dessen Tod Kenntnis erlangt haben könnte, wäre Hugo nicht vor Sommer 1128 in Europa gewesen. Alle übrigen Quellen sprechen davon, daß Hugo bereits im Herbst 1127 in Europa gewesen war.

Doch das Konzil von Troyes, bei dem Hugo den Wunsch geäußert haben soll, einen Mönchs-Soldaten-Orden zu gründen, soll am 13. Januar 1128 stattgefunden haben. Wohlgemerkt, 1988 machte der deutsche Historiker R. Hiestand in einem Aufstatz als erster überhaupt darauf aufmerksam, daß das Datum 13. Januar 1128, wie ich einleitend dargelegt habe, eigentlich den 13. Januar 1129 bedeute, da zur damaligen Zeit das Jahr am 25. März begonnen habe. Was stimmt nun?

122

Pflegten die neun Tempelritter die Unterweisung in das okkulte Wissen und die Geheimlehre, so könnte dies überall stattgefunden haben. An den Salomonischen Tempel waren sie räumlich nicht gebunden. In der Tat befanden sich Hugo von Payns und seine Gefährten während dieser verborgenen Jahre ganz und gar nicht in Jerusalem, sondern im Fürstentum Seborga an der Riviera zwischen San Remo und Monaco an der Grenze des heutigen Italien zu Frankreich und der damaligen Grenze zwischen den Königreichen Italien und Burgund des Heiligen Römischen Reichs; denn Seborga war seit 1118 – als die Abtei Clairvaux noch im Werden begriffen war – zisterziensischer Staat. Und hier – nach den Chroniken der Stadt Seborga – weihte der 37jährige Abt Bernhard von Clairvaux selbst im Herbst 1127 die neun Tempelritter, daraufhin übergab Hugo von Amboise der neuen Ritterschaft ihren ersten Landbesitz überhaupt: ein Gebiet in der Grafschaft Anjou.

Erst auf dem Konzil zu Troyes erklärte Hugo von Payns am 13. Januar 1129 den Wunsch, einen Mönchs-Soldaten-Orden zu gründen. Das Konzil beauftragte den abwesenden Bernhard damit, die Regel für den geplanten Orden zu verfassen. Unmittelbar danach schenkte Königin Maria von Portugal dem Orden Schloß und Titel eines ›Soure auf dem Mondego‹. Erst jetzt wird der Templerorden historisch faßbar. Troyes, Bernhard und die Neugründung deuten einwandfrei auf Ursprung und Quelle dieses weltlichen Armes des Zisterzienserordens Clairvaux hin.

Sofort nach dem Konzil begann die ›Rekrutierung‹, noch bevor der Orden den päpstlichen Segen erhalten hatte. Die einzelnen Ritter begaben sich nach Italien, Flandern, in die Normandie, Champagne, nach Burgund, Spanien und Sizilien. Hugo von Payns ging in Begleitung von zwei Soldaten und zwei Geistlichen des Zisterzienserordens von Clairvaux im Frühjahr 1129 nach England und Schottland und rekrutierte für Jerusalem. Überall wurde er mit Begeisterung und starkem Zulauf begrüßt. König Heinrich I. von England übertrug ihm Lehensgüter in der Normandie. König David I. von Schottland begrüßte die neuen Orden (Zisterzienser und Templer) in seinem Lande und bedachte sie mit großen Schenkungen. Noch 1129 wurde mit dem Bau der Komturei (Ordenshaus) der Templer in Kilwinning begonnen. Als Baumeister fungierte Lord James Steward, Bruder des Truchseß'.

1130 entstand an der Stelle der alten Steinkirche des heiligen Ninian (*Candida Casa*) eine Zisterzienserabtei mit Klosterkirche. Ninian (gest. 432) war der erste Bischof von Galloway und Missionar der südlichen Picten in Schottland, wo er um 397 eine weißgetünchte Steinkirche (Huitaern, lateinisch Candida Casa) erbaute; mit den Zisterziensern kehrte die esoterische Mission an den Ursprungsort zurück; auch das Leben des heiligen Ninian wurde in jenem Jahrhundert vom Zisterzienserabt Aelred von Rievaulx verfaßt. 1140 baute Hugo von Moville, Connetable von Schottland, eine Abteikirche in Kilwinning, bei deren Bauhütte erstmals das Wort *logia* belegt ist.

Die Ordensregel, von Bernhard von Clairvaux paraphiert, umfaßte 72 Artikel und wurde in nordfranzösisch, in der *Langue d'oil* aufgesetzt. Sie war mönchisch und in ihrer Substanz zisterziensisch. Selbst das weiße Gewand der neuen Ritter war jenes der Zisterzienser-Mönche. Der braunschwarze Mantel der dienenden Brüder und Knappen war der der Laienbrüder bei den Zisterziensern. Dennoch ähnelte die Regel eher den ›Auflagen‹ für die Laienbrüder als den Regeln für Mönche, die das Ordensgelübde abgelegt hatten. Die Templer – wie auch die Laienbrüder – schworen nur Keuschheit, Armut und Gehorsam, die Mönche der Zisterzienser legten zusätzlich das Gelübde der Beständigkeit ab. Die Mönche waren völlig geschoren; Templer wie Laienbrüder mußten zwar kahl sein, durften aber einen Bart tragen und waren nicht denselben religiösen Übungen unterworfen wie die Zisterzienser. Der Aufbau des Templervolkes entspricht dem Klosteraufbau bei den Zisterziensern: die Klosterbrüder auf der einen Seite (Knappen, Ritter und Kaplane), die Arbeitsbrüder auf der anderen (Hausleute, Landarbeiter, Knechte und Handwerker). Templer wie Laienbrüder mußten eine Probezeit absolvieren, bevor sie ihr Gelübde ablegten.

Als man die lateinische Ordensregel endgültig (in den 1260er Jahren) ausarbeitete, umfaßte sie nahezu 700 Artikel. An der Spitze des Ordens stand der Meister vom Tempel in Jerusalem, mit dem Titel Großmeister. Der Titel Meister tauchte zum erstenmal in der abendländischen Christenheit auf und wurde von den anderen geistlichen Ritterorden und später auch von den Bettelorden übernommen. Er stammte, wie nicht anders zu erwarten, aus der Bruderschaft der Baumeister im Orient.

In der Ordensregel taucht die angeblich offizielle Aufgabe des Templerordens nicht auf: die Bewachung der Pilgerwege. Vielmehr wurden ihm weltliche Aufgaben übertragen, die bis dahin bei den Klöstern lagen. Zum gleichen Zeitpunkt, als der heilige Bernhard die Templer durch ihre Ordensregel bevollmächtigte, Länder, Häuser und Leute, die sie bewirtschaften sollten, zu erwerben, verbot er seinem eigenen Orden, Länder, Häuser und Leute anzunehmen.

Der Templerorden bestand aus vier Klassen: Den Rittern (*fratres milites*, kämpfende Brüder), die anfangs adliger Herkunft sein mußten und weiße Mäntel trugen; den Kaplanen (*fratres capellani*, betende Brüder), die geistliche und geistige Elite, die auch das Geheimwissen hütete; den Knappen und Herolden (*fratres servientes*, dienende Brüder), die schwarze Mäntel trugen, sowie den Hausleuten, Landarbeitern, Knechten und Handwerkern (*fratres famuli et officii*, arbeitende Brüder). Zur Unterscheidung trugen diese braune oder blaue Ordensgewänder. Die Handwerker waren noch einmal gegliedert in Gesellen der Freiheit (Baumeister und Steinmetzen), Gesellen der Pflicht (Schreiner und Schlosser) und Meister der Axt (Zimmerleute).

Kaplane und Krieger (Ritter und Knappen) bildeten die *societas* des Ordens; sie waren die *fratres* des Tempels, die die drei Gelübde Armut, Keuschheit und Gehorsam abgelegt hatten. Sie waren Mönche. Zahlreich waren sie im Kampfgebiet,

im Heiligen Land und in Spanien. Neben den Brüdern fand
man dort Ritter, die sich dem Templerorden durch eine Art
zeitlich begrenzten Vertrag affiliert hatten: die *milites ad terminum*. Sie traten in den Orden ein, um Krieg zu führen; daher
blieben sie nicht lange im Ordenshaus, sondern begaben sich
rasch zu den Kriegsschauplätzen. Sie teilten das Leben der
Brüder und unterwarfen sich den religiösen Pflichten und der
Disziplin des Ordens. Am Ende des Vertrages trat der »Ritter
auf Zeit« die Hälfte des Wertes seines Pferdes ab.

In den Komtureien (Ordenshäuser) des Abendlands waren
die Ritter und Knappen, Kaplane und *milites ad terminum*
weniger zahlreich. Jede Komturei mußte vier Brüder haben. In
den bedeutendsten Ordenshäuser waren sie zahlreicher, in den
meisten eher eine geringere Anzahl. Es sollte einen Kaplan pro
Komturei geben, wenn auch manchmal ein Kaplan mehrere
Ordenshäuser betreute. Letzten Endes überwogen im Abendland diejenigen, die sich auf die eine oder andere Weise mit
dem Orden verbunden hatten, ohne auf ihren Stand zu verzichten und Gelübde abzulegen, die *confratres* und *traditio*.

Jedes Ordenshaus, insbesondere in Aragón, hatte eine ihm
angeschlossene Bruderschaft, confratres (Mitbrüder) genannt.
Diese funktionierte zunächst wie eine Gemeinschaft zur ge-
genseitigen Unterstützung der Mitglieder – wie jede Bruderschaft – und war dem Templerorden nur durch Schenkung von
Gütern (Waffen, Pferden u. ä.) verpflichtet, entweder bei Eintritt in die Bruderschaft oder *ad mortem* (im Todesfall), oder
aber durch regelmäßige Spenden von Almosen und Gütern auf
Lebenszeit. Erhaltene Listen von Mitbrüdern des Templerordens zeigen, daß auch Frauen dazu gehörten und daß das soziale Niveau mitunter sehr hoch war. Man findet unter ihnen
hochgestellte Persönlichkeiten, sogar König Sancho VI. Das
Ziel der Brüder war weder der Eintritt in den Templerorden
noch das Tragen seines Habits, sie wollten sich des geistlichen
Prestiges des Ordens erfreuen.

Manche hatten um ihres Seelenheils willen Leib und Seele
der Miliz vermacht; in den meisten Fällen verbanden sie die

Gabe ihrer Person mit einer materiellen Schenkung. Bisweilen behielten sie sich die Möglichkeit vor, zu einem selbstgewählten Zeitpunkt Gelübde abzulegen. Diese Männer, die sich selbst gaben und die man deshalb *donates* nannte, kann man in drei Gruppen einteilen:

Nach der einfachen *traditio* gab ein Mann seine Person dem Templerorden im Austausch gegen geistliche Wohltaten.

Die *traditio* »gegen Bezahlung« fügte materielle Vergünstigungen zu den geistlichen Vorteilen; der *Donat* erhielt eine Leibrente.

Die *traditio per hominem* schließlich betraf vor allem einfache Bauern, die sich, gleich ob ursprünglich frei oder unfrei, dem Templerorden als Leibeigene schenkten.

Hiervon muß man die Leibeigenen unterscheiden, die dem Templerorden als materielle Spende geschenkt wurden: mächtige Herren stifteten bisweilen ihr Land und die Menschen, die auf ihm arbeiteten. Der Schutz von Gütern und Personen war jedenfalls erlangt, sobald man sich – schriftlich oder mündlich – an den Templerorden band.

Die Ordensregel (Art. 69) sah vor, daß Ehepaare dem Templerorden assoziiert (*confratres*) werden konnten, wenn sie ein ehrenhaftes Leben führten, nicht im Konvent wohnten, nicht den weißen Mantel verlangten und ihren Besitz im Todesfall an den Orden abtraten. Ansonsten gab es für Frauen keinen Platz im Orden. Die zweite Ausnahme war die *traditio per hominem*, die beide Geschlechter betreffen konnte. »Die Edelfrauen sollen niemals als Schwestern ins Haus des Tempels aufgenommen werden.«

Aus dem Vorgetragenen geht hervor, daß die Templer nur gestandene Männer im waffenfähigen Alter akzeptierten. Doch auch hier gab es Ausnahmen. Manche schenkten sich dem Templerorden und übergaben ihre Söhne im Wunsche, sie vor Feindschaft zu schützen. Die Templerkonvente mußten wohl Söhne von Rittern und Edelleuten aufnehmen, die hier ihre ritterliche Erziehung vollenden wollten. Wir fühlen uns an die Essener stark erinnert, die gottgeweihte Knaben auf-

nahmen. Bei ihnen hieß es, der Knabe solle »Gott und den
Heiligen dargebracht« werden. Nicht anders war es bei dem
ritterlich-mönchischen Orden der Templer.

Das Bild der Templerfamilie muß noch vervollständigt
werden durch diejenigen, deren »Arbeitgeber« der Templerorden war: Landarbeiter, Hausleute, Knechte, Handwerker,
Fuhrleute, Schreiber oder Notare. Die Templer bildeten bisweilen selbst Männer aus, die in der Lage waren, Urkunden zu
redigieren. Die Handwerker, die die zahlreichen Festungen
und Burgen vom Kreuzfahrertyp errichtet hatten, wurden
zweifelsohne von ihren Auftraggebern instruiert und in dem
Bauplan nach deren Bedürfnissen unterwiesen, wie die Zisterzienser ihre eigenen Baumeister der Gotik ausgebildet
hatten.

Für die Aufnahme in den Orden gab es eine einzige Bedingung:
Man mußte ein freier Mann sein. Doch die Mehrzahl derjenigen, die in den Orden eintraten, entstammten dem niederen
und mittleren Adel. Der erste Grad des Ordens war der dienende Bruder, der Knappe, am schwarzen Mantel enkennbar.
Doch zunächst mußte der Aufnahmewillige eine Probezeit
absolvieren, bevor er seine Gelübde ablegte. Während der Probezeit unterzog er sich physischer und moralischer Prüfungen.
Am Tag der Apostel Peter und Paul wurde er aufgenommen.
Dies geschah morgens nach der Messe im Ordenshaus. Der
Meister leitete die Zeremonie in Anwesenheit mehrerer Or-
densbrüder. Das Aufnahmeritual lief folgendermaßen ab:
Der Postulant (Bewerber, Mitglied eines katholischen Ordens
während der Probezeit, aus lateinisch *postulans*, Part. Präs. zu
postulare »fordern«) wird in eine kleine Kammer neben der
Kapelle geführt. Zwei Brüder treten auf ihn zu und fragen
(Art. 657):
»Begehrt ihr die Gemeinschaft des Templerordens und wollt
ihr an seinen geistlichen und weltlichen Werken teilhaben
(Art. 658)?«
Er bejaht dies. Der Ordensbruder ergreift wieder das Wort:

»Ihr begehrt, was groß ist, und ihr kennt die harten Vorschriften nicht, die in diesem Orden befolgt werden. Ihr seht uns mit schönen Gewändern, schönen Pferden, großer Ausrüstung, aber das strenge Leben des Ordens könnt ihr nicht kennen. Denn wenn ihr auf dieser Seite des Meeres sein wollt, so werdet ihr auf die andere Seite des Meeres geschickt, und umgekehrt. Wollt ihr schlafen, so müßt ihr wachen, und hungrig müßt ihr fortgehen, wenn ihr essen wollt (Art. 661). Ertragt ihr all dies zur Ehre, zur Rettung und um das Heil eurer Seele willen (Art. 659)?«

»Ja«, antwortet er.

»Wir möchten von euch wissen, ob ihr katholischen Glaubens seid, euch in Übereinstimmung mit der römischen Kirche befindet, ob ihr in einem Orden verpflichtet oder aber durch Ehebande gebunden seid. Seid ihr Ritter und Sproß einer legitimen Ehe? Seid ihr aus eigener Schuld oder sonstwie exkommuniziert? Habt ihr etwas versprochen oder einem Ordensbruder eine Schenkung gemacht, um aufgenommen zu werden? Habt ihr auch kein verborgenes körperliches Gebrechen, das euren Dienst im Ordenshaus und die Teilnahme am Kampf unmöglich macht? Seid ihr auch nicht verschuldet (Art. 658 und 669–673)?«

Der Postulant antwortet, er sei katholischen Glaubens, frei, adlig und aus legitimer Ehe entsprungen und leide an keinem der besagten Gebrechen.

Die beiden Brüder ziehen sich zurück und lassen den Postulanten in der Kapelle beten. Sie kehren zurück und fragen den Postulanten, ob er auf seinem Begehren beharre. Sie ziehen sich ein zweites Mal zurück und informieren den Meister, der Mann habe seinen Willen klar bezeugt. Dann führen sie diesen barhäuptig vor den Meister. Der Postulant kniet nieder mit zusammengelegten Händen (Art. 667) und spricht folgende Bitte aus:

»Herr, ich bin vor euch und vor die Brüder getreten, die mit euch sind, um Aufnahme in die Gemeinschaft des Ordens zu erbitten (Art. 660).«

Der Meister verlangt von ihm, die zuvor gegebenen Antworten zu bestätigen. Der Bewerber schwört auf »ein gewisses Buch«. Dann sagt der Meister zu ihm:

»Ihr müßt bei Gott und der Jungfrau Maria schwören und versprechen, daß ihr dem Großmeister des Tempels stets gehorchen werdet, daß ihr die Keuschheit, die guten Sitten und Gebräuche des Ordens einhalten werdet, daß ihr besitzlos leben werdet, daß ihr nur das behaltet, was euch euer Oberer gegeben hat, daß ihr alles, was in eurer Kraft steht, tun werdet, um das zu bewahren, was im Königreich Jerusalem erworben worden ist, daß ihr niemals von euch aus dorthin geht, wo man Christen unrechtmäßig tötet, ausraubt und um ihr Erbe bringt. Und wenn euch Gut des Tempels anvertraut ist, schwört ihr, darüber gut zu wachen. Und auf Gedeih und Verderb werdet ihr den Orden niemals verlassen ohne die Einwilligung eurer Oberen (Art. 674–676).«

Der Bewerber schwört es. Daraufhin ergreift der Meister erneut das Wort:

»Wir nehmen euch auf vom Anfang bis zum Ende eurer Tage (Art. 677).«

Mit diesen Worten legt er dem Bewerber den schwarzen Mantel des Knappen um und segnet ihn, und der Kaplan singt dazu den Psalm *Ecce quam bonum* und spricht das Heiliggeistgebet. Der Meister richtet den Bewerber mit eigener Hand auf und küßt ihn auf den Mund, und nach ihm auch der Kaplan und die anwesenden Ritter (Art. 678).

Alle setzen sich. Der Meister legt nun dem neuen Bruder die Ordensdisziplin im einzelnen dar, sagt, welche Vergehen die Verstoßung aus dem Orden oder den Verlust des Habits nach sich ziehen (Art. 679). Dann stellt er die wichtigsten Regeln des Alltagslebens der Templer vor: religiöse Pflichten (Art. 682–684), Verhalten bei Tisch (Art. 681), Versorgung der Pferde und Pflege der Waffen usw. Er erinnert daran, daß der neue Bruder um die Taille einige kleine Schnüre tragen soll als Zeichen, daß er in Keuschheit leben soll, daß ihm der Umgang mit Frauen untersagt ist. Und er schließt mit den Worten:

130

»Gehet hin, Gott wird euch besser machen (Art. 686).«

Diese Zeremonie hat nichts mit einem Initiationsritual zu tun. Ein künftiger Bruder legte beim Eintritt in den Orden Gelübde ab, das war alles. Sie war vielmehr am Ritual des feudalen Lehnseides orientiert: die Willenserklärung, die zusammengelegten Hände, das Niederknien, der Meister, der wie der Lehnsherr den Bruder erhebt, der Kuß auf den Mund, Symbol des Friedens, die Übergabe des Mantels, all das findet sich bereits in der Zeremonie beim Eintritt in ein Lehnsverhältnis.

Die Knappen des ersten Grades konnten zu Pferde als leichte Reiter kämpfen. Sie unterstanden dann der Befehlsgewalt des Turkopolen (Art. 171). Aber in der Schlachtordnung standen sie nicht in der ersten Reihe. Sie waren leicht bewaffnet, weniger gut gerüstet, weniger geübt.

Mitte des 13. Jahrhunderts mußte der Bewerber, wenn er sich nach der Probezeit vorstellte und um seine Aufnahme in den Tempel bat, angeben, ob er als Ritter (2. Grad) oder dienender Bruder (1. Grad) eintreten wollte. Zwei Bedingungen waren gefordert, um Ritterbruder zu werden: Man mußte nach Ablauf der Probezeit die Schwertlilie (den ›Ritterschlag‹) empfangen haben, und man mußte Sohn eines Ritters oder zumindest Nachkomme eines Ritters in männlicher Linie sein. Die Aufnahme als Tempelritter wurde ein Privileg. Die Waffen, die man ihm übergab, waren mit kabbalistischen Zeichen geschmückt, einer Symbolik, in die man ihn während der Probezeit eingeführt hatte und die von den Wappenherolden gehütet wurde. Nach Beendigung der ersten Etappe war der neue Ritter würdig, die ›Kabale‹ zu reiten, das heißt, sich in den Geheimzeichen der Kabbala auszukennen. Die Ritterschaft, die sich hieraus entwickelte, war nach kabbalistischen Angaben aufgebaut. Diese Angaben bezogen sich auf die einzelnen Stände und hatten ihren Ursprung in der millenarischen Gnosis. Damit das Geheimnis der kabbalistischen Angaben bewahrt blieb, verständigten sich die Ritter untereinander in bildhaften Symbolen, durch phonetische

131

Wortspielereien und musikalische Harmonien. Erst im zweiten Grad, dem des Ritters, eignete er sich die Techniken und Mittel des Kampfes zu Pferd an. Die Aufnahme in den inneren Kreis der Geheimlehre – wie die Therapeuten bei den Essenern – war keine Fortsetzung des 2. Grades und stand nicht jedem Ritter frei, vielmehr wurde der geeignete Ritter dazu »gerufen«. Von nun an gehörte er zu den Kaplanen und war vom Waffendienst ausgenommen.

Die Waldenser

Seit 1140 hatten die Katharer eine Periode des rapiden Wachstums erlebt, waren eine organisierte Kirche mit einer Hierarchie, Liturgie und einem System von Doktrinen geworden. Um 1149 etablierte sich der erste Bischof in Nordfrankreich; einige Jahre später installierte er Kollegen in Albi und in der Lombardei. Der Status dieser Bischöfe wurde bestätigt und das Prestige der Katharer-Kirche erhöht durch den Besuch des Bogomilen-Bischofs Niketas im Jahre 1167. In den darauffolgenden Jahren wurden weitere Bischöfe eingesetzt, bis es gegen Ende des Jahrhunderts insgesamt elf Bistümer gab: eines in Nordfrankreich, vier im Süden und sechs in Italien.

Inzwischen war eine andere Bewegung in Südfrankreich entstanden, die Armen von Lyon, deren Anhänger danach trachteten, Jesu in Armut und Einfachheit nachzueifern. Man kannte sie unter der Bezeichnung Waldenser nach deren Stifter Petrus Waldus, einem reichen Kaufmann in Lyon, der sein Vermögen an die Armen verteilte. Als Laie predigte er in Lyon von 1170 bis 1176, doch die kirchlichen Behörden nahmen Anstoß an dem Mangel an theologischer Ausbildung und dem Gebrauch einer nichtlateinischen Fassung der Bibel. Waldus nahm 1179 am Dritten Laterankonzil in Rom teil und wurde durch Papst Alexander III. in seinem Armutsgelübde bestätigt, erhielt jedoch nicht die kirchliche Anerkennung, die er als Prediger suchte. Der Papst brachte bei dieser Gelegenheit seine Besorgnis über die Ausbreitung der Häresie der Katharer (er nannte sie ›Albigenser‹ nach dem Bistum Albi der ehemaligen Grafschaft Albi innerhalb der Grafschaft Toulouse) im Süden Frankreichs zum Ausdruck.

Unbeirrt setzten Petrus Waldus und seine Anhänger ihre Predigertätigkeit fort; der Erzbischof von Lyon verdammte ihn, und Papst Luzius III. setzte im Ketzeredikt 1184 auch die Waldenser unter Bann. Danach trennten sich die Waldenser von der Lehre der Römischen Kirche und verwarfen deren Lehrautorität, Hierarchie, Tradition, Sakramente und die Vorstellung vom Fegefeuer, die Totenmesse, die Anbetung des Kruzifixes und die Heiligkeit der Kirche. Außerdem lehnten sie es ab, weltliche Gerichte anzuerkennen, da diese Eide verlangten. Ihre Lehre basierte auf einem vereinfachten Biblizismus, moralischer Strenge und Tadelung der Mißbräuche der zeitgenössischen Kirche. Ihre Bewegung breitete sich rasch in Spanien, Nordfrankreich, Flandern, Deutschland, Böhmen, Ungarn, Polen, der Lombardei und Süditalien aus. Rom reagierte tatkräftig. Aus der Exkommunizierung wurde Verfolgung und Vernichtung.

Inzwischen gab es gravierende Veränderungen in den Verhältnissen der fränkischen Kreuzfahrerstaaten im Orient. 1173 hatte Sultan Saladin der Fatimidenherrschaft ein Ende bereitet. Der exoterische Islam übernahm nun die Führung in den ehemals vom esoterischen Islam regierten Ländern. Die Bruderschaft der Baumeister verlor den Schutz der Regierung und mußte als Geheimgesellschaft in den Untergrund gehen. 1185 einigten sich der in Jerusalem seit 1160 exilierte äthiopische Prinz Lalibela und der Großmeister des Ordens von Zion darauf, die beiden wichtigsten Reliquien unter sich aufzuteilen: der Heilige Gral und die Bundeslade. Lalibela berief sich darauf, der Nachkomme Salomos über dessen Sohn mit

133

der Königin von Saba zu sein, beanspruchte daher die Bundeslade und den Titel Löwe von Juda für sich. Der Orden von Zion wurde von den Nachkommen Jesu gegründet und hütete den Heiligen Gral Jesu. 1187 eroberte Saladin Jerusalem, so daß die heilige Stadt den Abendländern für immer verlorenging. Die Zentralregierung des Templerordens hatte ihren Sitz in Jerusalem: Die Ordensregel und die pontifikalen Bullen untersagten, ihn zu verlegen. Aber jetzt, da Jerusalem in die Hände der Muslime gefallen war, mußte man sich der neuen Lage anpassen: Das »Haupthaus« wurde in Akkon errichtet. Auch der Berg Zion ging verloren, so zog sich der Orden dieses Namens nach Frankreich zurück und trennte sich 1188 endgültig vom Templerorden.

Das Papstum erreichte sein seit 1054 angestrebtes Ziel, den Ostkaiser zu entmachten, als es mit Hilfe von Venedig im Jahre 1204 Konstantinopel eroberte, einen lateinischen Kaiser installierte und die römisch-katholische Lehrart zur offiziellen Religion erklärte. Im Bewußtsein dieser Macht, da der Westkaiser ohnehin mit dem Kirchenbann belegt war, fand die römische Kurie die Zeit für gekommen, eine andere Häresie auszurotten – die Katharer in Südfrankreich.

Nach seiner Wahl 1198 versuchte Papst Innozenz III., eine Koalition der weltlichen und geistlichen Macht gegen die Katharer/Albigenser zu mobilisieren. Doch seine Bemühungen endeten in einer Katastrophe: Der päpstliche Legat wurde im Januar 1208 ermordet, und der Graf von Toulouse wurde der Komplizenschaft an diesem Mord bezichtigt. 1209 rief der Papst zum Kreuzzug gegen die Katharer auf; eine Armee, angeführt von nordfranzösischen Baronen, fiel in Toulouse und die Provence ein und massakrierte deren Einwohner, Katharer und Katholiken gleichermaßen.

In unserem Buch geht es nicht darum, die Geschichte der Kreuzzüge neu zu schreiben. Vielmehr betrachten wir die Ereignisse in der Levante im Zusammenhang mit der Entwicklung der Tempelritter. Wie wir gesehen haben, hatten die

Gründer des Templerordens Kontakt zu der Bruderschaft der Baumeister in Akkon gehabt, Stephan Harding, der geistige Vater des Ordens, konnte nur mit Hilfe der mündlichen Unterweisung dieser Bruderschaft die esoterischen Traktate der Ismailiten christianisieren. Die Tradition der Essener/Therapeuten begegnet uns in der Ordensregel immer wieder. Das druidisch-keltische Element floß durch Stephan Harding in den Orden. Somit bereicherte er die gnostisch-esoterische Tradition des Morgenlandes durch Hinzufügung der keltisch-abendländischen.

In dem Prozeß wurde den Templern unter anderem vorgeworfen, mit anderen Heiden gemeinsame Sache gemacht zu haben – den Assassinen.

Die Assassinen

Die Hauptbeschuldigung der Inquisition gegen die Templer bei den Verhören und dem anschließenden Prozeß war, daß sie die Geheimlehre der heidnischen (muslimischen) Assassinen übernommen haben sollen. Seitdem ereiferte sich eine Vielzahl von Schriftstellern nachzuweisen, wie islamisch die Geheimlehre der Templer gewesen war. Die Assassinen wurden zum Renner, zum beherrschenden Thema, wobei ihre Herkunft und ihre Lehre völlig vernebelt wurden.

Bevor man die Frage angeht, ob diese Behauptung berechtigt gewesen war oder nicht, muß man sich fragen, wer und was die Assassinen eigentlich waren, was ihre Geheimlehre enthalten hatte und ob die Templer mit ihnen dermaßen in Berührung hatten kommen konnen, daß sie ihre Geheimlehre erfahren und übernehmen konnten.

Der erste westliche Autor, der der Beziehungen der Assassinen von Syrien nach Persien gewahr wurde, war der spanische Jude

Benjamin von Tudela, der auf seiner Reise in den Orient 1167 Syrien passierte. Mit Bezug auf den »Distrikt von Mulhet« (arabisch für ungläubig) in Persien notiert er, daß die Menschen dort Ketzer seien, die »auf Berggipfeln leben« und »dem Alten im Land der Assassinen« (= Syrien) »verbunden sind«.

Der frühesten Beschreibung der Assassinen begegnet man im Bericht eines Gesandten (Gerhard, des stellvertretenden Bischofs von Straßburg), den Kaiser Friedrich I. Barbarossa 1175 nach Ägypten und Syrien schickte. Dort (zitiert in Arnold von Lübecks *Chronicon Slavorum* VII, 8) heißt es:

»Beachte, daß in den Bergen um Damaskus, Antiocheia und Aleppo ein gewisses Geschlecht von Sarazenen wohnt, die in ihrer eigenen Sprache ›Heyssessini‹, im Romanischen aber ›segnors de montana‹ genannt werden. Diese Menschenbrut lebt ohne Gesetz, verzehrt Schweinefleisch wider das Gebot der Sarazenen und verkehrt unterschiedslos mit allen Weibern, die eigenen Mütter und Schwestern eingeschlossen. Sie leben in den Bergen und sind nahezu unbezwinglich, denn sie können sich in wohlbefestigte Burgen zurückziehen. Ihr Land ist nicht sehr fruchtbar; daher leben sie von ihrem Vieh. Sie gehorchen einem Meister, der alle sarazenischen Fürsten nah und fern in größte Furcht versetzt, ebenso die benachbarten christlichen Landesherren. Denn er pflegt sie auf ungewöhnliche Art und Weise zu töten. Seine Methode ist die folgende: Dieser Herrscher besitzt in den Bergen zahlreiche prächtige Paläste, umgeben von sehr hohen Mauern, die man lediglich durch eine kleine, sehr gut bewachte Tür betreten kann. In diesen Palästen läßt er viele Söhne seiner Bauern von früher Kindheit an aufziehen. Er läßt sie mehrere Sprachen lernen – Latein, Griechisch, Romanisch, Sarazenisch und andere mehr. Diesen jungen Menschen wird durch ihre Lehrer von der frühesten Jugend bis zum reifen Mannesalter eingeschärft, daß sie dem Herrn ihres Landes in allem, was er sagt und befiehlt, gehorchen müssen; täten sie dies, so schenke er, der über alle lebenden Götter gebietet, ihnen die Freuden des Paradieses. Sie werden ebenso belehrt, daß sie der Erlösung verlustig gehen, wenn sie sich seinem Willen im geringsten widersetzen. Beachte, daß sie von dem Zeitpunkt an, da sie eingeschlossen werden, nur ihre Lehrer und Erzieher sehen und nur deren Instruktionen erhalten, bis sie vor den Herrscher gerufen werden, um jemanden zu töten. Erscheinen sie vor dem Herrscher, so fragt dieser sie, ob sie willens seien, seine Befehle zu befolgen, um so des Paradieses teilhaftig zu werden. Daraufhin werfen sie sich, wie man sie instruiert hat, ihm bedenkenlos zu Füßen und wiederholen mit Inbrunst, daß sie ihm in allem gehorchen wollten, was er befehle. Auf dieses Gelöbnis hin überreicht der Herrscher jedem von ihnen einen goldenen Dolch und sendet sie aus, den Fürsten zu töten, den er für jeden von ihnen ausersehen hat.«

Einige Jahre später erscheint ein Bericht über die Assassinen im Werk des Erzbischofs Wilhelm von Tyrus über die Geschichte der Kreuzfahrerstaaten. Dieser war um 1130 als Sohn einer fränkischen Familie in Syrien geboren, wurde in Frankreich und Italien erzogen und beherrschte Latein, Griechisch und Arabisch. 1160 kehrte er ins Heilige Land zurück und wurde 1167 zum Erzdiakon von Tyrus ernannt. Im selben Jahr wurde er mit diplomatischen Missionen betraut und nach Konstantinopel und Rom entsandt. Drei Jahre später wurde er zum Erzieher des künftigen Balduin IV. von Jerusalem bestellt. Als dieser 1174 den Thron bestieg, machte er Wilhelm zum Kanzler des Reiches und Erzdiakon von Nazareth. Im Juni 1175 wurde er zum Erzbischof von Tyrus befördert und reiste 1179 erneut nach Rom, um am Dritten Laterankonzil teilzunehmen. Als seine Bemühung, 1180 zum Patriarchen von Jerusalem gewählt zu werden, fehlschlug, zog er sich 1183 nach Rom zurück und nahm das Manuskript zweier Werke, die er zwischenzeitlich verfaßt hatte, mit sich. Das erste, *Gesta orientalium principum*, eine Geschichte des arabischen Osten, ging verloren; das zweite Werk, *Historia rerum in partibus transmarinis gestarum*, das er hauptsächlich zwischen 1169 und 1173 geschrieben hatte, und in dem er die Geschichte des lateinischen Osten von 614 bis 1184 aufzeichnete, überlebte. In diesem (XX, 31) heißt es nun:

»Es gibt in der Provinz Tyros, auch Phönikien genannt, und in der Diözese Tortosa ein Volk, das zehn starke Burgen samt den zugehörigen Dörfern sein eigen nennt; es umfaßt, nach den uns vorliegenden Mitteilungen, mindestens 60 000 Menschen. Dieses Volk pflegt seinen Führer selbst einzusetzen; es wählt ihn, aber nicht aufgrund vererbter Rechte, sondern allein kraft Verdienstes. Er wird, da man alle sonstigen Titel verabscheut, ›der Alte‹ genannt. Das Band der Ergebenheit und des Gehorsams, das dieses Volk mit seinem An führer verbindet, ist so stark, daß es keine Aufgabe gibt – und sei sie noch so mühselig, schwierig oder gefährlich –, die nicht jeder von ihnen mit größtem Eifer übernehmen würde, sobald der Anführer es befohlen hat. Gibt es zum Beispiel einen Fürsten, der Haß oder Mißtrauen dieses Volkes auf sich gezogen hat, so überreicht der Anführer einem oder mehreren seiner Gefolgsleute einen Dolch. Wer immer den Befehl erhält, begibt sich sofort auf den Weg, um seine Mission auszuführen. Er bedenkt weder die Folgen der Tat noch die Möglichkeit des Entkommens. Begierig, seine Aufgabe zu erfüllen, setzt er so lange wie nötig alle seine Kräfte ein, bis das Schicksal ihm die Gelegenheit gibt, den Befehl seines Anführers zu vollstrecken. Wir, wie auch die Sarazenen, nennen dieses Volk ›Assassinen‹; aber die Herkunft dieses Namen kennen wir nicht.«

In dem um 1200 ins Französische übersetzten Buch Wilhelms von Tyrus berichtet er (XXIV, 27) von einem mißglückten Annäherungsversuch des »Alten vom Berge« an den König von Jerusalem, dem er eine Allianz vorschlug.

Am Dienstag, dem 28. April 1192 fanden die Dolche der Assassinen, nachdem sie schon eine Reihe muslimischer Beamte und Fürsten niedergestreckt hatten, in Tyrus ihr erstes Opfer unter den Kreuzfahrern: Konrad von Montferrat, den soeben gewählten König des Lateinischen Königreichs Jerusalem. Die Partei des französischen Königs im Heiligen Land hatte sofort Richard Löwenherz in Verdacht, für den Mord verantwortlich zu sein. Als König Philipp II. August von Frankreich die Nachricht von der Ermordung seines Landsmannes und Schützlings vernahm, ließ er überall verbreiten: Richard Löwenherz, König von England (der noch bis zum 9. Oktober im Heiligen Land geblieben war), stehe im Verdacht, den »Alten vom Berge« veranlaßt zu haben, einige seiner gefürchteten Assassinen nach Frankreich zu schicken, um Philipp August zu ermorden!

Der deutsche Chronist des Dritten Kreuzzuges (1189–1192), Arnold von Lübeck, zitiert den Bericht Wilhelms von Tyrus im Band VII seines Buches *Chronicon Slavorum*, nachdem er im Band IV (IV, 16) berichtet hat:

»Ich werde jetzt Dinge über diesen Alten berichten, die absurd erscheinen, aber durch Aussagen zuverlässiger Zeugen verbrieft sind.
Der Alte hat die Menschen in seinem Land durch Hexerei derart ver-
wirrt, daß sie weder beten noch an irgendeinen Gott außer ihn selbst
glauben. Überdies verlockt er sie auf seltsame Weise mit Hoffnungen
und Versprechungen ewiger Freuden, so daß sie lieber sterben als leben wollen. Viele von ihnen würden, stünden sie auf einer hohen
Mauer, auf sein Kopfnicken oder seinen Befehl hinunterspringen und
mit zerschmettertem Schädel einen elenden Tod sterben. Der höchsten Seligkeit, versichert er, werden jene teilhaftig, die Menschenblut
vergießen und als Vergeltung für solche Taten selbst den Tod erleiden.
Haben sich einige für einen solchen Tod entschieden – also dafür, jemanden umzubringen und im Gegenzug selbst selig zu sterben –, so
überreicht er selbst ihnen Dolche, die sozusagen dieser Tat geweiht
sind. Dann reicht er ihnen einen Gifttrank, der sie in Ekstase und
Vergessen stürzt, versetzt sie durch Magie in phantastische Träume
voller Freuden und Wonnen (oder eigentlich voller Nichtigkeiten)
und verspricht ihnen den ewigen Besitz all dessen als Belohnung für
ihre Taten.«

Schon recht früh gab es Stimmen, die die Hand des »Alten« bei
politischen Morden oder Mordversuchen am Werk sehen
wollten. Nachträglich wurde behauptet, als Friedrich I. Barbarossa 1158 Mailand belagerte, wurde ein angeblicher »Assassine« in seinem Lager ergriffen; als zu Anfang des Jahres 1195
Richard Löwenherz in Chinon/Frankreich weilte, wurden
nicht weniger als 15 »Assassinen« gefaßt, die zugaben, vom
französischen König ausgesandt worden zu sein, ihn zu töten.
    Wilhelms Nachfolger erzählt eine etwas zweifelhafte Ge-
schichte von Graf Heinrich von Champagne, der 1198, auf
dem Rückweg von Armenien, von dem »Alten« in dessen
Schloß gastlich bewirtet worden sei; dabei habe dieser, zur Erbauung seines Gastes, einigen seiner Anhänger befohlen, von
der Festungsmauer zu springen, und freundlich angeboten,
ihm weitere zur Verfügung zu stellen, falls dies erforderlich
sei: »Wenn irgendwer ihn gekränkt habe, so solle er ihn, den
Alten, dies wissen lassen, und er werde befehlen, den Übel-
täter zu töten.« Die Kreuzfahrer kannten die Assassinen nur
als eine Sekte in Syrien und nahmen kaum oder gar nicht zur

Kenntnis, welchen Stellenwert sie im Islam einnahmen bzw. welche Verbindungen sie mit anderen Gruppen in muslimischen Ländern hatten.

Es war zunächst mehr die Treue als die Grausamkeit der Assassinen, die die Phantasie der Christen anzog. An der Wende zum 13. Jahrhundert vergleichen provençalische Dichter die eigene Hingabe an ihre Damen mit der der Assassinen an den »Alten vom Berge«. Sie waren von den Gerüchten und Geschichten so stark beeindruckt, daß sie den »Alten« und seine Gefolgsleute in ihren Minneliedern als Synonyme für unentwegten Liebesdienst und treue Liebe bis zum Tode verwendeten.

In wenigstens fünf Minneliedern taucht das Wort Assassin (oder assessi, ancessi usw.) in altprovençalischer Dichtkunst auf. So kommt es in zwei Liedern des Aimeric de Peguilhan, außerdem in einem Lied von Giraut de Bornelh und Bernart de Bondeilhs sowie in einem anonymen Liebesbrief in Versen vor. In einem Gedicht sagt Aimeric der Dame seines Herzens: »Ihr habt mich vollkommener in Eurer Gewalt als der Alte seine Assassinen, die seine Todfeinde töten, und sogar dann, wenn diese sich in einem Land aufhalten sollten, das von ihm noch weiter entfernt ist als Frankreich.« Bernart de Bondeilhs singt: »Wie die Assassinen ihrem Meister standhaft dienen, so habe ich Amor gedient in unverbrüchlicher Treue.« Und Giraut de Bornelh sagt: »Die Liebe zu meiner Dame gleicht einem Assassinen, der mich tötet.« Der unbekannte Verfasser des Liebesbriefes versichert seiner Angebeteten: »Ich bin Euer Assassine, der das Paradies erhofft, indem er Euren Befehlen nachkommt.«

Zu Beginn des 13. Jahrhunderts notiert Jakob von Vitry, Bischof von Akkon, im Zusammenhang mit den syrischen Assassinen, daß die Gegend, in der die Sekte entstanden sei, weiter im Osten liege – »in partibus (...) orientalibus valde remotis versus civitatem Baldacensem et partes Persidis provinciae«. Mehr als dies aber scheint er nicht gewußt zu haben.

Binnen kurzem gab es zahlreiche Anschuldigungen dieser Art, und viele Herrscher und Heerführer wurden der Komplizenschaft mit dem »Alten« bezichtigt, die Dienste seiner Emissäre in Anspruch zu nehmen, um unbequeme Gegner zu beseitigen. 1231 wurde Herzog Ludwig von Bayern auf der Brücke zu Kelheim ermordet. Vierzehn Jahre später, auf dem Konzil von Lyon 1245, wird der Name des Mannes genannt, der für den Mord verantwortlich gewesen sein soll. Friedrich II. wird vom Papst Innozenz IV. beschuldigt, Assassinen des »Alten vom Berge« für diesen Mord gekauft zu haben.

Matheus Parisiensis, ein englischer Geschichtsschreiber, berichtet von der Ankunft einer Gesandtschaft, die muslimische Herrscher, besonders der »Alte vom Berge«, 1238 nach Europa geschickt hätten; ihr Anliegen sei es gewesen, um Hilfe gegen die neue, drohende Gefahr aus dem Osten, die Mongolen, nachzusuchen.

Als Ludwig der Heilige um 1250 einen Kreuzzug ins Heilige Land führte, konnte er Geschenke und Botschaften mit dem Führer der Assassinen austauschen. Ein arabischsprechender Mönch, Yves le Breton, begleitete die Boten des Königs zu diesen und erörterte religiöse Fragen mit ihrem Anführer. In seiner Darstellung lassen sich, durch Schleier von Vorurteil und Ignoranz hindurch, umrißhaft einige der bekannten Doktrinen der islamischen Sekte wahrnehmen, der die Assassinen zuzurechnen sind.

Der erste Informant über die Stammsekte in Persien ist Wilhelm von Rubruck, ein flämischer Priester, den der König von Frankreich 1253–1255 mit einer Mission zum Großchan der Mongolen im Karakorum betraute. Wilhelms Reise führte durch Persien, wo, wie er notiert, die Berge der Assassinen an die kaspischen Berge südlich des Kaspisees angrenzen. Im Karakorum war Wilhelm beeindruckt von den ausgeklügelten Sicherheitsvorkehrungen; der Großchan hatte nämlich gehört, daß nicht weniger als 40 Assassinen in unterschiedlichen Verkleidungen ausgesandt worden seien, ihn zu ermorden. Als Gegenmaßnahme schickte er einen seiner Brüder mit einem

141

Heer ins Land der Assassinen und befahl ihm, sie alle zu töten. Das Wort, das sowohl Wilhelm wie Benjamin von Tudela für die Assassinen in Persien gebrauchen, ist ›Mulhet‹ bzw. ›Mulihet‹.

Von dem Verdacht, Konrads Ermordung 1192 veranlaßt zu haben, konnte sich Richard nie befreien. Etwa hundert Jahre später hing ihm der üble Ruf, mit den Assassinen in Verbindung gestanden zu haben, noch in einem Gedicht an, das von Guillaume Guiart stammt. Er beruft sich auf die angeblichen Erfahrungen, die Richard während seines Aufenthaltes im Heiligen Land gemacht hat, und erzählt in seinen Versen, der König habe die Methode des »Alten vom Berge« übernommen, nur seien seine Freischärler eben junge Engländer gewesen. Und der junge Dante schreibt in einem Sonett, noch ergebener als die Assassinen ihrem Meister und der Priester seinem Herrn sei der Liebende seiner Geliebten.

Und um 1300 erscheint Marco Polos Bericht *Il milione* und wird auf Anhieb zur beliebten Lektüre. Mit 17 Jahren hatte er 1271 seinen Vater auf eine kaufmännische Reise in den Fernen Osten begleitet und hatte Persien 1273 durchquert. 1296 war er in genuesische Gefangenschaft geraten und lernte im Kerker den bekannten Schriftsteller von Ritterromanen Rustichello (oder Rusticiano) aus Pisa kennen, der bereits zehn Jahre im Gefängnis geschmachtet hatte. Er diktierte dem Literaten seine Erlebnisse in fernen Ländern, der sie in Franko-italienisch niederschreibt. Darin schreibt er:

»In der dortigen Sprache heißt der Alte vom Berge Alaodin. Zwischen zwei Bergen hatte er in einem Tal den größten und schönsten Garten der Welt anlegen lassen. Die besten Früchte wuchsen darin, während die Paläste mit goldenen Vogel- und Raubtiermotiven ausgemalt waren. In den Brunnen floß Wasser, Honig und Wein. Die schönsten Jungfrauen und Edelknaben sangen, musizierten und tanzten dort. Der Alte vom Berge ließ sie glauben, dies sei das Paradies. Mohammed hatte das Paradies ja so beschrieben, daß man darin Bäche von Honig, Milch und Wein fände und sich mit den schönsten Frauen vergnügen könnte. Deshalb versuchte er, das Paradies nachzubilden. Die Bewohner dieser Gegend glaubten wahrhaftig, daß dies das Paradies sei. Nur mit Erlaubnis des Besitzers gelangte man hinein, jedoch nur diejenigen, die er zu Mördern (*aschischin*) machen wollte. Den Zugang zum Garten versperrte ein festes, uneinnehmbares Schloß. An seinem Hof zog der Alte alle Jünglinge von zwölf Jahren zusammen, die kräftige Männer zu werden versprachen. Wenn er die Absicht hatte, ihnen den Garten zu zeigen, ließ er sie zu viert, zehnt oder zwanzigst durch Opium einschläfern, was drei Tage vorhielt. Dann ließ er sie in den Garten bringen und zu bestimmter Zeit wecken. Wenn die Jünglinge wach wurden, fanden sie sich zwischen all jenen Dingen wieder, von denen ihnen erzählt worden war, und glaubten, im Paradies zu sein. Die Umgebung mit den für sie spielenden und singenden Mädchen und allem Überfluß war so angenehm für sie, daß wohl keiner freiwillig den Ort verlassen hätte. Der Alte mit seinem aufwendigen und mächtigen Hof läßt die Bewohner glauben, daß sich alles so abspielt, wie es beschrieben worden ist, und bedient sich dazu auch folgenden Mittels. Wenn der Alte einen der Jünglinge mit einem bestimmten Auftrag versehen will, läßt er ihn unter dem Einfluß eines Schlafmittels in seinen Palast bringen. Wenn die so Behandelten dort erwachen, wundern sie sich sehr und stellen traurig fest, daß sie nicht mehr im Paradies sind. Dann wenden sie sich sogleich in dem Glauben an den Alten, daß dieser ein großer Prophet sei, und knien nieder. Er fragt dann: ›Woher kommt ihr?‹ – ›Aus dem Paradies‹, antworten sie und erzählen ihm alles, was sie erlebt haben, und wünschen, dorthin zurückzukehren. So kann er, wenn er einen Menschen ermorden lassen will, den stärksten Jüngling aus dem Garten holen lassen, der willig seinen Befehl ausführt, um wieder in den Garten zurückkehren zu dürfen. Wenn sie den Befehl erfolgreich ausgeführt haben, kehren sie zu ihrem Herrn zurück; wenn sie gefaßt werden, wollen sie sterben, weil sie so in das Paradies zu kommen glauben. Wenn der Alte ihnen ihren Mordauftrag gibt, nimmt er sie beiseite und sagt: ›Geh hin und tu es, damit du ins Paradies zurückkehren kannst.‹ Und die Mörder gehen hin und führen alles bereitwillig aus. Deshalb bleibt in der Umgebung des Alten vom Berge niemand am Leben, wenn er es nicht will. Ja, ich sage euch, auch viele Könige sind ihm aus Angst vor seinen Meuchelmördern tributpflichtig.«

Der Bericht Marco Polos, in dem sich Dichtung und Wahrheit mischen, schließt mit der Vernichtung der Assassinen durch die Mongolen. In Persien hatte man Marco Polo die Geschichte von den Assassinen erzählt. Ihm sei versichert worden, so betont er, sie sei wahr. Indem er die Sekte von Persien Assassinen (›*aschischin*‹) und ihren Anführer den ›Alten‹

nennt, benutzt Marco Polo – bzw. der Schreiber seines Berichts – die in Europa bereits wohlbekannten Ausdrücke. Arabische und persische Quellen zeigen ganz klar, daß ›Assassinen‹ eine lokale Bezeichnung lediglich für die Sekte von Syrien war, nicht aber für die von Persien oder irgendeinem anderen Land. Der Terminus ›Alter vom Berge‹ war ebenfalls syrisch, ja sogar nur von den Kreuzfahrern verwendet, da er in keinem arabischen Text dieser Zeit auftaucht. In der Art, wie dieser von den Kreuzfahrern gebraucht wurde, könnte er die Übertragung einer populären arabischen Redensart sein, wie sie in den syrischen Städten vorkam. Benjamin von Tudela spricht vom Assassinenführer als dem ›*scheich al-haschîschîn*‹ und fügt hinzu: »Er ist ihr Ältester.«

Das war der Wissensstand des Abendlandes, als die Verfolgung der Tempelritter in Frankreich begann. All diese Vorstellungen von Verderbtheit und Ruchlosigkeit, von heidnischen Bräuchen und Mordlust, die man den Assassinen zuschrieb, sowie die sich im Umlauf befindlichen Berichte, allesamt vom Hörensagen, wurden den christlichen Rittern angelastet, da sie mit den Assassinen im Heiligen Land zusammengearbeitet und ihre Geheimlehre übernommen haben sollen. Wobei die Assassinen von Persien 1256 und die von Syrien 1277 endgültig zerschlagen worden waren. Und niemand wußte, was das Wort Assassin bedeutete oder woher es gekommen war. Man bezeichnete sie als Volk, als Sekte und als Mörderbande, doch niemals als Ritterorden oder Geheimbund mit Geheimlehre. Dennoch vertrat man hartnäckig die Mär, daß die christlichen Tempelritter ihre Geheimlehre ihnen zu verdanken haben.

Seit Beginn des 14. Jahrhunderts war es dahin gekommen, daß das Wort ›Assassine‹ nur noch ›Mörder‹ bedeutete – ohne mitgemeinten spezifischen Bezug zu der Sekte, deren Name es ursprünglich einmal war. In einer beiläufigen Anspielung spricht Dante 1307 (*Inferno* XIX. Gesang) von »lo perfido assassin«; sein im 14. Jahrhundert lebender Kommentator Francesco da Buti, im Bemühen, einen für zeitgenössische Leser noch fremden und unverständlichen Ausdruck zu erklären, bemerkt dazu: »Ein Assassine ist jemand, der andere für Geld tötet.«

Im Jahre 1332, als König Philipp VI. von Frankreich auf einen neuen Kreuzzug sann, um die verlorenen heiligen Stätten der Christenheit zurückzugewinnen, verfaßte ein deutscher Kleriker namens Brocardus einen Traktat, in dem er dem König Rat und Hilfe für die Durchführung seines Unternehmens anbot. Brocardus, der einige Zeit in Armenien verbracht hatte, widmete einen bedeutenden Teil seines Traktats den spezifischen Gefahren einer solchen Orient-Expedition und den Vorsichtsmaßregeln, um sich gegen sie zu schützen. Dazu schreibt er:

»Unter diesen Gefahren erwähne ich besonders die Assassinen, die verflucht und gemieden seien. Sie verkaufen sich, dürsten nach Menschenblut, töten Unschuldige gegen Bezahlung, scheren sich weder um das Leben noch um die Erlösung. Wie der Teufel verwandeln sie sich in Engel des Lichts, indem sie Gebärde, Kleidung, Sprache, Sitte und Benehmen vieler Nationen und Völker nachahmen; als solche Wölfe im Schafspelz nehmen sie den Tod auf sich, sobald sie erkannt werden. Da ich sie nicht persönlich gesehen habe, sondern das Obige nur aus mündlichen Berichten oder speziellen Schriften kenne, kann ich nicht mehr darlegen und auch keine vollständigen Informationen liefern. Ich kann nicht sagen, wie man sie an ihren Bräuchen oder anderen Zeichen erkennt, weil diese mir ebenso unbekannt sind wie anderen; auch kann ich nicht dartun, wie man sie anhand ihres Namens dingfest macht, ist doch ihr Gewerbe so widerwärtig und von aller Welt verabscheut, daß sie ihre Eigennamen so gut verbergen, wie sie nur können. Ich weiß daher nur ein einziges Heilmittel für den Schutz und die Sicherung des Königs: Am Hofe sollte, selbst für kleine, kurzzeitige oder untergeordnete Dienstleistungen, niemand zugelassen werden, dessen Heimatland, Wohnsitz, Familie, Stand und Person nicht zuverlässig, vollständig und eindeutig bekannt sind.«

Für Brocardus sind die Assassinen gedungene, geheime Mörder einer besonders geschickten und gefährlichen Art. Obwohl er sie den Wagnissen des Orients zurechnet, bringt er sie nicht in

Beziehung mit einer bestimmten Religion, einer Sekte oder einem Volk; ebensowenig schreibt er ihnen religiöse Überzeugungen oder politische Absichten zu. Sie sind sichtlich erbarmungslose und befähigte Killer, vor denen man sich hüten muß.

Marco Polos Beschreibung, der rund ein halbes Jahrhundert später ein ähnlicher Bericht des Odoric von Pordenone folgte, vertiefte den starken Eindruck, den die syrischen Assassinen hinterlassen hatten. Der Florentiner Chronist Giovanni Villani (gest. 1348) berichtet, wie der Herrscher von Lucca »i suoi assassini« nach Pisa sandte, um dort einen lästigen Widersacher zu töten. Geschichten wie die vom Paradiesgarten, vom Todessprung der fanatisch Ergebenen, von der unübertrefflichen Geschicklichkeit der Assassinen beim Verkleiden und Morden fanden, ebenso wie die geheimnisumwitterte Gestalt des »Alten vom Berge«, vielerlei Nachhall in der europäischen Literatur – nicht nur in Geschichtsschreibung und Reisebericht, sondern auch in Gedichten, Romanen und Mythen.

Gleichwohl erregte die Sekte weiterhin Interesse. Der erste westliche Versuch einer wissenschaftlichen Erforschung ihrer Geschichte scheint der von Denis Lebey de Batilly (Lyon 1603) gewesen zu sein. Das Datum ist bedeutsam. Die heidnische Ethik der Renaissance hatte den Mord als Mittel der Politik wieder gesellschaftsfähig gemacht; die Religionskriege hatten ihn zu einer heiligen Pflicht erhoben. Die Entwicklung der neuen Monarchien, in denen ein einzelner Religion und Politik des Staates bestimmen konnte, ließ den Meuchelmord, das ›Assassinat‹, zu einer ebenso effektiven wie akzeptablen Waffe werden.

Lebey de Batillys Absicht war bescheiden: Er wollte die wahre historische Bedeutung eines Begriffs erklären, der in Frankreich neu in Umlauf gekommen war. Seine Studie basiert ausschließlich auf christlichen Quellen und geht deshalb kaum über das hinaus, was schon im 13. Jahrhundert in Europa bekannt war.

Wie sehr die Assassinen die Phantasie der Menschen im Abendland im Laufe der Zeit immer wieder beschäftigt haben, geht auch aus dem *Geheimen Gesetz oder Glaubensbekenntnis der Assassinen* hervor, einer kleinen Schrift, die 1611 angeblich in Hanau »in einer gewissen Sammlung« herausgekommen war. Professor Johann Philipp Lorenz Withof nahm sie 1765 in sein Buch auf. Darin vermerkt er:

»Der Titel des Büchleins sagt ganz etwas anderes als der Inhalt. Es heißt begründlicher und beglaubter Discours vom Ursprung der Assassiner oder Meuchelmörder. Man findet aber nur zu Anfange von unseren Assassinen etwas weniges. Das ganze Werkchen geht auf ganz was anders.«

Ein Verfasser sei nicht genannt. Withof hat das »Geheime Gesetz« nur »etwas mehr verteutscht« und wie folgt veröffentlicht:

1. Mahomet ist ein Prophet Gottes, ein Erlöser des menschlichen Geschlechtes und ein Vergelter des Guten und des Bösen.
2. Sein Statthalter, der Sheyk, ist über alle Völker der Erde gesetzt und ist der einzige Ausleger der Gesetze Mahomets.
3. Es ist recht und billig, daß man die Könige und Fürsten, die seinen Befehlen nicht gehorchen, nach Beschaffenheit der Umstände mit Gewalt oder mit List umbringe.
4. Diesem Sheyk ist von Mahomet die Macht gegeben, daß er die Freuden des Paradieses nach seinem Wohlgefallen austheilen, auch schon dem Menschen hier auf Erden einigen Vorgeschmack davon genießen lassen könne.
5. Die Assassinen können sich gegen keinen Menschen, außer ihrem Sheyk verpflichten. Gesetzt auch, daß sie gar eidlich jemandem Treue und Gehorsam geschworen hätten, so ist doch dieser Eid und diese Zusage nicht verbindlich.
6. Die Seele ist unsterblich und hat, ihren Verdiensten gemäß, Strafe oder Belohnung nach diesem Leben zu erwarten.
7. Das Paradies ist ein Lustgarten, worin Milch und Honig fließt und alle Wollust und allerley Freude Platz hat. Die seligen Geister empfangen daselbst für ihre Tapferkeit und für ihre Tugend den Lohn, der allen Sinnen zur Anmuth gereicht.
8. Die vornehmste und Gott gefälligste Tugend ist der Gehorsam, der darin besteht, daß man nicht allein den vorgesetzten Sheyk ehre und

hochhalte, sondern auch zur Ausführung seiner Befehle allemal willig und äußerst beflissen sey.

9. Die Seele desjenigen, der aus Eifer für Mahomets Gesetz im Kriege umkommt, oder bey Ermordung eines Feindes gefangen und hingerichtet wird, fährt mit dem letzten Atemzuge schnell und gerade Weges ins Paradies. Die aber daheim träg und stille sitzen und auf ihrem Bette sterben, müssen viele Jahre lang mit unaussprechlicher Pein und äußerster Qual, ehe sie zum Paradies gelangen können, gereinigt werden. Da sie dann endlich gleichwohl eben derjenigen vollkommenen Freude theilhaftig werden, deren die anderen tapferen Kämpfer genießen.

10. Wer einen vornehmen Feind und Widersacher des Gesetzes umbringt, dem wird im Paradies der nächste Sitz bey Mahomet und den heiligen Propheten eingeräumt werden.

Dieses Gesetz sei aber nicht nur einem kleinen Kreise bekannt gewesen, fährt Withof erläuternd fort, sondern allen Assassinen. Der Vater habe es seinen Söhnen weitergegeben, wenn diese mündig geworden seien oder wenn er sein Ende habe nahen fühlen. Frauen und Kindern aber habe es nie mitgeteilt werden dürfen. »Diese ließen es dabei bewenden, daß sie sich lediglich mit dem ihnen unbekannten Glauben ihrer Männer und Väter beruhigten.« Wenn es jedoch geschehen sei, daß ein »leichtfertiger und unbesonnener Sohn seiner Mutter das mindeste davon wissen ließ, so mußten Mutter und Sohn von derselben Hand des Mannes und Vaters sterben.«

Wie gesagt, wurde dieses Büchlein erst 1765 durch das Buch *Das meuchelmörderische Reich der Assassinen* von Withof, »der Arzney Doctor und Professor zu Hamm, von der königl. Großbritann. Academie der Wissenschaften wie auch einiger gel. teutschen Gesellschaften Mitglied«, das im Jahr zuvor in Duisburg begonnen wurde und in Kleve erschienen war, bekannt. Es war das erste umfassende Werk über die Assassinen in deutscher Sprache.

Doch zuvor wurde der erste wirklich bedeutsame Schritt zur Lösung des Geheimnisses um Ursprung und Identität der Assassinen zu Beginn der Aufklärung getan: mit der Publikation von d'Herbelots großer *Bibliothèque orientale* (1697), einem bedeutenden Werk, das das meiste enthielt, was orientalistische Gelehrsamkeit in Europa damals zur Geschichte, Religion und Literatur des Islams zu bieten hatte. Hier machte erstmals ein wissensdurstiger, undogmatischer Gelehrter Gebrauch von muslimischen Quellen (den wenigen, die seinerzeit in Europa bekannt waren) und versuchte, den Stellenwert der persischen wie der syrischen Assassinen im breiteren Kontext der islamischen Religionsgeschichte zu bestimmen. Er zeigte, daß beide zu den Ismailiten gehörten, einer wichtigen Dissidentengruppe, die selbst ein Ableger der Schia war, deren Streit mit den Sunniten das zentrale religiöse Schisma im Islam bildet. Die Häupter der Ismailitensekte, fand d'Herbelot weiter, beanspruchten, Imame zu sein, Abkömmlinge von Isma'il ibn Dscha'far und durch diesen Abkömmlinge des Propheten Muhammad über seine Tochter Fatima und seinen Schwiegersohn Ali.

Während des 18. Jahrhunderts nahmen andere Orientalisten und Historiker das Thema auf und fügten neue Einzelheiten zur Geschichte, zum Glauben und zu den Beziehungen zwischen Assassinen und Ismailiten hinzu. Einige Autoren suchten auch den Ursprung des Namens ›Assassine‹ zu klären; sie nahmen generell eine arabische Herkunft an, obwohl das Wort bis dahin in keinem bekannten arabischen Text nachgewiesen worden war. Mehrere Etymologien wurden vorgeschlagen, aber keine war sehr überzeugend.

Das beginnende 19. Jahrhundert erlebte ein neu aufbrechendes Interesse an den Assassinen. Die Französische Revolution und ihre Nachwehen hatten das öffentliche Interesse an Konspiration und Meuchelmord angefacht; Bonapartes Expedition nach Ägypten und Syrien 1798–1801 führte zu neuen und engeren Kontakten mit dem islamischen Orient und zu neuen Anlässen für islamische Studien. Nach einigen schwächeren Versuchen, das öffentliche Interesse zu befriedigen, wandte Silvestre de Sacy, der größte Arabist der Zeit, sich dem Thema zu und legte dem Institut de France am 19. Mai 1809 eine Denkschrift über die Dynastie der Assassinen und die Etymologie ihres Namens vor.

Nach Prüfung und Widerlegung früherer Theorien zeigt er schlüssig, daß das Wort Assassine, auch die verschiedenen Bezeichnungen, welche die Chronisten der Kreuzzüge für die Mitglieder der ihnen unheimlichen Sekte gebrauchten, wie zum Beispiel »accini«, »arsacidae«, »assanitae«, »assassi«, »assissini«, »assassini« oder »heyssissini«, vom arabischen *haschîsch* herkommen, und nimmt an, daß die abweichenden Formen in den Kreuzzugsquellen auf den alternativen arabischen Formen *haschîschî* und *haschschâsch* beruhen. Zur Bestätigung dieser Annahme kann er mehrere arabische Texte vorlegen, in denen die Sektierer *haschîschî* (Mehrzahl *haschîschiyyîn*) genannt werden, was »Haschischleute« bedeute, aus dem lateinisch *assissini* geworden sei.

Angeregt durch Silvestre de Sacy, veröffentlichte Joseph Rousseau, der französische Generalkonsul in Aleppo, eine Beschreibung der zeitgenössischen Ismailiten, mit Angaben zu Geographie, Geschichte und Religion. Schon im 18. Jahrhundert hatten Reisende bemerkt, daß es noch immer Ismailiten in einigen Dörfern Mittelsyriens gab. Rousseau nennt seine Quellen nicht; es dürften lokale und mündliche Berichte sein. Er war der erste Europäer, der auf solche lokalen Informanten zurückgriff und so erstmalig ein paar Auskünfte von den Ismailiten selbst nach Europa brachte.

1811 unternahm Rousseau von Aleppo aus eine Reise nach Persien, um den Ismailiten nachzuspüren; er war überrascht zu erfahren, daß es deren noch viele im Lande gab, und zwar als Untertanen eines Imams vom Stamm Isma'ils. Dessen Name war Schah Khalilullah; er residierte in einem Dorf namens Kehk in der Nähe von Qumm, auf halbem Wege zwischen Teheran und Isfahan. »Ich möchte hinzufügen«, sagt Rousseau, »daß Schah Khalilullah von seinen Anhängern fast wie ein Gott verehrt wird; sie schreiben ihm wundertätige Gaben zu, mehren seinen Reichtum fortwährend, indem sie

150

ihn zum Erben einsetzen, und schmücken ihn oft mit dem pompösen Titel eines Kalifen. Es gibt Ismailiten bis nach Indien, und man kann sie regelmäßig von den Gestaden des Ganges und des Indus nach Kehk kommen sehen, um den Segen des Imams zu empfangen – als Entgelt für die frommen und prächtigen Opfergaben, die sie ihm darbringen.«

1812 publizierte Rousseau Auszüge aus einem ismailitischen Buch aus Masyaf, einem der Hauptzentren der Ismailiten in Syrien. Obwohl es wenig an historischer Information enthält, wirft es einiges Licht auf die religiösen Doktrinen der Sekte. Noch andere Texte aus Syrien fanden ihren Weg nach Paris; einige wurden später veröffentlicht. 1813 veröffentlichte der Altmeister der deutschen Orientalistik, der hochgelobte und vielgeschmähte Wiener Professor Joseph von Hammer-Purgstall, eine Geschichte ähnlichen Inhalts wie die von Marco Polo, die allerdings in Tripolis spielt. Dann schrieb er seine 1818 in Stuttgart und Tübingen erschienene *Geschichte der Assassinen aus morgendländischen Quellen.* Dieses vielgelesene Buch, wiewohl auf orientalischen Quellen basierend, versteht sich sehr betont als Traktat für Zeitgenossen, als warnend-kritische Beschreibung »des verderblichen Einflusses geheimer Gesellschaften (...) und des abscheulichen Mißbrauches der Religion zu den Greueln gewissenlosen Ehrgeizes«. Für Hammer waren die Assassinen ein

»Verein von Betrügern und Betrogenen, der unter dem Scheine strenger Sitten- und Glaubenslehre alle Moral und Religion untergrub, [ein] Orden von Meuchelmördern, unter deren Dolchen die Häupter der Völker fielen. Allmächtig, weil allgefürchtet durch zwei Jahrhunderte lang, bis die Mördergrube zugleich mit dem Sturze des Chalifats, dem sie als dem Mittelpunkt aller geistlichen und weltlichen Macht zuvörderst den Untergang geschworen, einsank, und durch dessen Trümmer verschüttet ward.«

Damit keinem seiner Leser der wesentliche Punkt seiner Kritik entgehe, vergleicht Hammer die Assassinen mit den Templern, den Jesuiten, den Illuminaten, den Freimaurern und den Königsmördern im französischen Nationalkonvent.

»Wie sich im Westen aus dem Schooße der Freimaurer revolutionaire Gesellschaften erhoben, so im Osten aus dem Schooße der Ismailiten die Assassinen (. . .) der politische Wahnsinn der Aufklärer, welche die Völker mündig, dem Schirmbunde der Fürsten und dem Gängelbande positiver Religion entwachsen glaubten, hat sich wie unter der Regierung des Großmeisters Hassan des II. in Asien so in Europa durch die Wirkungen der französischen Revolution auf das verderblichste kund gegeben.«

Hammers Buch übte bedeutenden Einfluß aus und war anderthalb Jahrhunderte lang die Hauptgrundlage für das populäre Bild von den Assassinen im Westen. Unterdessen ging freilich die wissenschaftliche Forschung weiter, besonders in Frankreich, wo viel Arbeit auf die Entdeckung, Erschließung, Übersetzung und Auswertung arabischer und persischer Texte verwandt wurde, die die Geschichte der Ismailiten in Syrien und Persien behandeln. Mit die wichtigsten dieser Texte sind die Werke von Dschuweini und Raschid al-Din, zwei persischen Historikern der Mongolenzeit; beide hatten Zugang zu ismailitischen Schriften aus Alamut und konnten mit deren Hilfe den ersten zusammenhängenden Bericht über das ismailitische Fürstentum in Nordpersien vorlegen.

Solches Material hatte eine neue Qualität. Schon der Rückgriff auf muslimische Quellen überhaupt hatte das aus mittelalterlichen europäischen Schriften bezogene Wissen stark bereichert. Aber diese Quellen waren vorwiegend sunnitischer Herkunft und übertrafen als solche, wiewohl sie wesentlich besser informiert waren als westliche Chronisten und Reisende, diese noch an Feindseligkeit gegen die Lehren und Intentionen der Ismailiten.

Unklar blieb die Bedeutung des Wortes ›assassin‹ bzw. ›haschischin‹. Die Wissenschaft hat sich in den letzten Jahrzehnten auch eingehend mit den Forschungsergebnissen de Sacys befaßt. Seine Theorie über den Ursprung des Wortes konnte er mit Hinweisen auf zahlreiche arabische Texte belegen, in denen die Sekte »Haschischleute« (haschischiyyin) genannt wird. Einen Text, in dem die Ismailiten *haschschâschîn* ge-

152

nannt werden, gibt es aber nach heutigem Kenntnisstand immer noch nicht. Das wäre die Bezeichnung für Haschischgenießer. In der Tat handelt es sich nicht um Haschischnehmer, sondern vielmehr um ein Schimpfwort aus Damaskus in der Bedeutung von »spinnert, leicht verrückt«, mit der das Volk sunnitischen Glaubens die esoterischen Ismailiten belegt hatte, um damit seinen Abscheu vor deren ekstatischer Entrücktheit auszudrücken.

Und obwohl die Encyclopaedia of Islam dies ausführlich erläutert, bleibt 1965 John Charpentier in seinem Buch über die Templer *L'Ordre des Templiers* dabei, daß Assassin von *assass*, Wächter oder Haschisch-Genießer komme. Und Bruno Meck verbreitet sich 1981 in seinem Buch *Die Assassinen – Die Mördersekte der Haschischesser* ausführlich über die Wirkung von Haschisch und Drogen bei dieser Sekte. Die Diffamierungskampagne geht seit sieben Jahrhunderten und findet kein Ende!

Bei der Sekte der Assassinen handelt es sich letztendlich um Ismailiten; daher müßte der Vorwurf gegen die Templer lauten, sie hätten sich die Geheimlehre der Ismailiten angeeignet. Allein der Vorwurf zeigt, daß die Inquisition zu Beginn des 14. Jahrhunderts besser informiert war als die weltlichen Wissenschaftler bis in unsere Tage, da sie von der Geheimlehre der Ismailiten – Anhänger des esoterischen Islam – und nicht von einer Mörderbande ausging. Womit wir bei der islamischen Esoterik angelangt sind.

Wer waren die Assassinen?

Wie bereits im Kapitel *Die Sufis* ausgeführt, steht der esoterische Islam in der Tradition der Gnostiker und der Essener vor ihnen. Darin verbinden sich eklektisch-babylonische Astrologie, iranische

Spekulation, zoroastrische Magie, ägyptische Geheimlehren, jüdische Apokalyptik, griechischer Rationalismus, neuplatonische Gnostik, christliche Exegese und pythagoreische Zahlenmystik zu einer Heilslehre als Auslegung des Sinns hinter dem Sinn in den heiligen Schriften aller Völker und Zeiten. Somit steht diese Lehre (besser: das initiatische Wissen) synkretistisch über allen Kirchen und Religionen und ist als ewige Wahrheit und wahrer Glaube allen Esoterikern vertraut. Von den Essenern übernahm sie die messianische Heilserwartung mit dem Postulat, den Gottesstaat durch die Streiter Gottes zu gründen. Daher gehörte die Waffenausbildung zu ihrer Lehre. Für die islamischen Esoteriker sind die Imame die Emanationen der Gottheit; sie sind Hypostase des Ersten Willens oder Wortes, Logos, und des koranischen »Unseins«.

Von der Geschichtsschreibung wurde für den exoterischen Islam der Begriff *Sunniten* und für den esoterischen *Schiiten* geprägt, was der Sache nicht gerecht wird, weil es sie vereinfacht und verallgemeinert. Denn innerhalb des Ordens bildeten die in die esoterische Geheimlehre Eingeweihten – wie die Therapeuten bei den Essenern – die obere Stufe der *Bâtinî* ([esoterische] Ausleger), was die vier Grade vom dritten bis zum sechsten ausmachte, und ihre esoterische Unterweisung hieß Batiniya. Nach dem Tode des sechsten Imam 765 kam es unter den Anhängern des esoterischen Islam zu einer Spaltung. Während ein Teil sich für den lebenden Sohn des Imam, Musa, entschied, sprach sich ein anderer Teil für den älteren Sohn Isma'il aus, der fünf Jahre vor seinem Vater gestorben war. Für sie war Isma'il nicht gestorben, sondern »in die Verborgenheit eingegangen«. Am Ende der Zeiten werde er als Mahdi (der verheißene Erlöser) wiederkehren und das Goldene Zeitalter einleiten. Von da an wurde diese Gruppe als *Ismailiten* oder *Siebener-Schiiten* bekannt. Erst nach dieser Spaltung formulierte sie ihre Doktrinen. Die andere Gruppe betrachtet den zwölften Imam, Mohammed al-Mahdi, der 873 als kleiner Junge starb, als »entrückt«, »in die Verborgenheit eingegangen«; sie werden daher als *Zwölfer-Schiiten* oder *Imamiten* bezeichnet. Seit 1501 ist ihre Lehre in Iran Staatsreligion.

Der Form nach waren die Batini – wie die Therapeuten vor ihnen – eine Geheimgesellschaft und eine politische Partei mit einem System von Eiden und Initiationen sowie einer nach Rang und Wissen abgestuften Hierarchie. Ihr initiatisches Wissen enthielt Glaubensinhalte wie Reinkarnation, Apotheose und Libertinismus. Die sieben Stufen zur Katharsis begannen mit den Laienbrüdern des ersten Grades, den eigentlichen Untertanen des Ordens, die ein Handwerk meistern sollten. Dann folgte die Ausbildung an der Waffe im zweiten Grad, an dessen Ende man ein Streiter Gottes (*fidâ'i* = der sich [Gott] aufopfert) wurde. Erst nach Abschluß der körperlichen sowie geistigen Übungen gelangte man in den dritten Grad, in den inneren Kreis der *Ikhuân al-Safâ* (= der Lauteren Brüder, der Reinen). Hier wurde das initiatische Wissen vermittelt. Die Brüder des dritten Grades hießen Gesellen, die des vierten Prediger; darüber gab es als fünften Grad den Großprior. Der sechste Grad war der Großmeister, was nur wenige Auserwählte erreichten, die später eigene Missionszentren (Komtureien) gründen und leiten durften. Der siebte Grad war dem Stellvertreter [des Imam] vorbehalten. Die Batini – wie die Therapeuten bei den Essenern – waren vom Waffendienst ausgeschlossen. Bis auf eine gemeinsame Mahlzeit und das rituelle Gebet waren sie von den übrigen Brüdern getrennt. Und wie die Therapeuten trugen sie ein weißes Gewand und rote Schärpe.

Gegen Ende des 9. Jahrhunderts sicherte sich eine Gruppe der Batini, genannt Qarmaten, die Kontrolle über Ostarabien und errichtete dort einen Gottesstaat, der ihr bis 1075 als Basis für militärische und missionarische Operationen gegen das Kalifat in Bagdad diente. Um 900 erschien der Batini Ubaidallah im heutigen Tunesien und verkündete, er sei der Erwartete, der Mahdi, Ismails Enkel; 909 rief er ein Gegenkalifat als wahren Gottesstaat aus mit sich als Mahdi. Um die Unterstützung der

Berber Nordafrikas zu erlangen, die in einem matriarchalischen System lebten, beriefen sich Ubaidallahs Prediger auf Fatima, die Tochter des Propheten. Seitdem wurde die neue Dynastie als *Fatimiden* bekannt.

969 eroberten die Fatimiden das Niltal und rückten bald durch den Sinai nach Palästina und Südsyrien vor. Bei Fustat, dem alten Regierungssitz, ließen ihre Führer eine neue Stadt namens Kairo (*al-Qâhira* nach dem Beinamen ihres Kalifen, al-Qâhir = der Bezwinger) als Hauptstadt ihres Reiches erbauen sowie die Hochschule al-Azhar als Zitadelle ihres Glaubens errichten. In der zweiten Hälfte des 10. Jahrhunderts umfaßte ihr »Gottesstaat« – als Fatimidenreich bekannt – Sizilien, Tunesien, Libyen, Ägypten, Südsyrien bis oberhalb Beiruts, die afrikanische Küste des Roten Meeres, Jemen und Hedschas in Arabien einschließlich der heiligen Stätten Mekka und Medina.

Nachdem der sechste Fatimiden-Kalif, al-Hakim (*al-Hâkim bi amrillâh* = der auf Befehl Gottes Regierende), im Februar 1021 unter rätselhaften Umständen verschwunden war, war eine Gruppe Gläubiger der Überzeugung, er sei »in die Verborgenheit eingegangen«. Sie weigerte sich, seine Nachfolger auf dem Fatimidenthron anzuerkennen, und spaltete sich vom Gros der Sekte ab. Sie fand eine gewisse Unterstützung bei syrischen Ismailiten und ließ sich auf einem Berg an der Grenze des Fatimidengebietes (Südlibanon) zum Emirat von Damaskus nieder. In den heutigen Staaten Syrien, Libanon, Jordanien und Israel gibt es noch jetzt Anhänger dieser Glaubensrichtung. Man nennt sie nach einem ihrer ersten Vorkämpfer, einem Prediger innerasiatischer Herkunft namens Muhammad ibn Isma'il al-Darasi: *Drusen.*

Seit dem Tod al-Hakims hatte das Militär im Fatimidenreich seine Macht auf Kosten der Zivilisten, sogar des Kalifen selbst, stetig ausgedehnt. Die Rückschläge, Mißgeschicke und Umwälzungen in der Mitte des 11. Jahrhunderts beschleunigten diesen Prozeß; er spitzte sich 1073 zu, als der zum Islam bekehrte Armenier Badr al-Dschamali, der Militär-

156

gouverneur von Akkon, auf Einladung des Kalifen mit seiner Privatarmee in Ägypten einmarschierte, um die Dinge in die Hand zu nehmen. Bald war er Herr des Landes und trug drei Titel, die der Kalif ihm verliehen hatte: Kommandeur der Armee, Großprior (fünfter Grad des Ordens) und Wesir, womit er die militärischen, zivilen und religiösen Belange kontrollierte.

Auch der Kalif in Bagdad stand unter dem Einfluß seines Wesirs und Kommandeurs der Armee; seit 1055 hatte türkisches Militär die Macht im Abbassidenreich übernommen, und der Kalif verlieh seinem Beschützer den Titel Amir al-Muslimin. Allein die Türken waren frisch zum Islam bekehrt und deshalb eifrige Sunniten; mit dem Eifer der Neubekehrten, die von der Ausschließlichkeit ihres Glaubens überzeugt sind, begannen sie, den esoterischen Islam als *Mulhid* (= Ketzer) zu bekämpfen. Die ersten Türkenscharen drangen 1064 nach Syrien ein. In den 70er Jahren des 11. Jahrhunderts erlebte Syrien eine Invasion türkischer Freibeuter, denen später reguläre seldschukische Armeen folgten. 1075 gelang es dem Großwesir in Bagdad, den Gottesstaat der Qarmaten am Persischen Golf zu zerschlagen. Dann fielen die Türken in Syrien und Kleinasien ein. 1079 war ganz Syrien, außer einem von den Fatimiden kontrollierten Küstenstreifen, unter seldschukischer Herrschaft bzw. Oberhoheit. Oberlehnsherr war Tutusch, der Bruder des Großwesirs Malik-Schah. Sein Unterführer Ortoq wurde Statthalter von Jerusalem.

Zu den wesentlichen Betätigungsfeldern der Missionare zählten Persien und Zentralasien, von wo viele Wahrheitssuchende den Weg nach Kairo fanden und wohin sie nach angemessener Zeit als geschulte Prediger zurückkehrten. Besonders hervorzuheben ist hier der Philosoph und Dichter Nasir-i Chusrau. Bereits in Persien bekehrt, ging er 1046 nach Ägypten und kam dann als Großmeister in die östlichen Regionen zurück, wo er einen mächtigen Einfluß ausübte; zu den jungen Männern, die er bekehren konnte, gehörte der Zwölfer-Schiit Hasan-i Sabbah, der sich auf Befehl seines Meisters 1078 nach Kairo begab, um zum Großmeister aufzusteigen. Bis 1081 blieb er in der Missionszentrale zu Kairo und erreichte den sechsten Grad. Über Aleppo und Bagdad kehrte er im Juni 1081 nach Isfahan zurück und bereiste in den folgenden neun Jahren weite Teile Persiens im Dienste der Sache.

Nach der Ausdehnung der seldschukischen Herrschaft bekam die Mission eine neue Aufgabe, einen militärischen Auftrag; die sunnitischen Türken wurden zum Erzfeind erklärt, da sie die Errichtung des Gottesstaates vereiteln wollten. Die Logen des Ordens wurden Trutzburgen, die Sicherheit und Abgeschiedenheit garantierten, fern von den Augen etwaiger Spitzel. Die Burgen dienten als Kloster und Missionszentrum zugleich, und jede von ihnen wurde autonom geführt. 1090 gründete Hasan-i Sabah in Alamut eine dieser Logen als Burg.

Als der Großwesir Malik-Schah 1092 in Bagdad starb, folgte ein Bürgerkrieg zwischen seinen jungen Söhnen. Während der nächsten zehn Jahre, bis sie sich auf eine Teilung ihres Erbes einigen konnten, galt die Hauptaufmerksamkeit der Türken diesem Kampf im Innern. Inzwischen standen arabische und kurdische Häuptlinge im Irak auf.

Als der achte Fatimidenkalif al-Mustansir im Januar 1094 starb, beseitigte der Wesir dessen ältesten Sohn Nizar und setzte den jüngeren Sohn, seinen Schwiegersohn al-Musta'li, auf den Thron. Entrüstete Ismailiten, darunter auch Hasan-i Sabbah, erklärten daraufhin, Nizar sei »in die Verborgenheit eingegangen« und verweigerten dem neuen Kalifen die Anerkennung. Diese Gruppe wurde seitdem *Nizari* genannt. Die Graue Eminenz in Kairo hatte nicht nur Nizar in Alexandria, sondern auch dessen Söhne umbringen lassen, um eine etwaige Konkurrenz zu seinem Kalifen im Keime zu ersticken. Eine schwangere Frau Nizars wurde jedoch gerettet und nach Alamut verbracht, wo sie den neuen Imam gebar. Jetzt konnte sich Hasan-i Sabbah den siebten Grad des Stellvertreters des verborgenen Imam zulegen und sich verselbständigen. Galt die ismailitische Bewegung zur Errichtung des Gottesstaates als Alte Verkündigung, so begann er die Neue Verkündigung

von Persien aus. Er übernahm die Bekämpfung der sunnitischen Türken, die einem sterbenden Kalifat den Rücken
stärkten, und die Errichtung des wahren Gottesstaates, da er
den Fatimiden Ägyptens dieses Attribut nicht mehr zubilligte.

1095 wurde Tutusch in einer Schlacht in Persien getötet,
die sich aus dem Bruderkampf um das Großsultanat ergeben
hatte. Wieder war Syrien in Kleinstaaten zerstückelt, die jetzt
von seldschukischen Fürsten und Offizieren regiert wurden.
Die bedeutendsten unter ihnen waren Tutuschs Söhne Ridwan von Aleppo und Duqaq von Damaskus. In Homs regierte
Dschanah al-Daula; Jerusalem ging auf die Söhne Ortoqs über.
In Tripolis (Nordlibanon) begründete ein Schiitenstamm – die
Banu Ammar – ein Fürstentum.

Als die fränkischen Ritter des Ersten Kreuzzuges 1098 ins
Heilige Land kamen, bestand die gesamte Küste samt Hinter-
land aus schiitischen Staaten. Selbst Aleppo, das von einem
sunnitischen Türken regiert wurde, beherbergte schiitische
Bevölkerung. Nur die Emirate im Binnenland – Homs und
Damaskus – waren sunnitisch. Am Hundefluß nördlich von
Beirut betraten die Kreuzfahrer fatimidisches Gebiet. Noch
gab es jedoch keine Burgen der Neuen Verkündigung aus Alamut in Syrien, und selbst wenn, dann wären sie an der Grenz-
linie zu den schiitischen Staaten und nicht innerhalb derselben. Eine Begegnung mit den christlichen Rittern war also
nicht möglich.

Der türkische Großsultan Berkjaruq in Bagdad machte zunächst keinen ernsthaften Versuch, die Zentren der Ismailiten
in Westpersien und dem Irak anzugreifen. Stattdessen suchte
er die Enttäuschung im Offizierskorps und in der Bevölkerung
zu mildern, indem er Massaker an ismailitischen Sym-
pathisanten in Isfahan zuließ oder sogar förderte. Soldaten und
Zivilisten vereinten sich in der Jagd auf Verdächtige, die zu-
sammengetrieben, auf einen großen Platz geführt und nieder-
gemacht wurden. Eine simple Beschuldigung genügte. Außer
in Isfahan kam es auch im Irak zu Ismailitenverfolgungen, wo
die Opfer im Feldlager von Bagdad getötet und ismailitische

Bücher verbrannt wurden. Ein prominenter Ismailit, Abu Ibrahim al-Asabadadi, wurde verhaftet und 1101 in Bagdad hingerichtet.

Und die Ismailiten schlugen zurück. Es galt, jene zivilen und religiösen Würdenträger zu bestrafen, die es gewagt hatten, sich den Ismailiten entgegenzustellen. Zwischen 1101 und 1103 wurden zahlreiche Würdenträger von *fida'is* ermordet. Noch eine Ähnlichkeit der Ismailiten mit den Essenern: Die Streiter Gottes wurden zu Sikari, zu Dolchmännern, zu Meuchelmördern! Während dieser Jahre tat der Herr von Alamut einen weiteren bedeutsamen Schritt: Er entsandte Missionare der Neuen Verkündigung nach Syrien.

Leiter dieser Mission war ein Mann, der unter dem Namen al-Hakîm al-Munadschim (›der Arzt-Astrologe‹) bekannt war. Er und seine Begleiter kamen nach Aleppo, wo ihnen Ridwan erlaubte, ihre Mission zu predigen und die Stadt als Ausgangsbasis für weitere Aktivitäten zu benutzen. Aleppo hatte eine bedeutende zwölfer-schiitische Gemeinde und lag in angenehmer Nähe zu den Zentren der extremistischen Schia im Dschebel al-Summâq östlich und im Dschebel Bahra westlich des Orontes. Ridwan sah in diesen Missionaren mögliche neue Bundesgenossen, die seine militärische Schwäche gegenüber seinen syrischen Rivalen vielleicht ausgleichen konnten.

Und in der Tat entsprach die erste spektakuläre Aktion dieser Missionare Ridwans Interesse, als sie am 1. Mai 1103 Dschanah al-Daula, den Beherrscher von Homs, in der großen Moschee der Stadt während des Freitagsgebetes ermordeten. Die Angreifer waren als Sufis verkleidete Perser, die auf ein Zeichen des sie begleitenden Scheichs über ihr Opfer herfielen. In dem anschließenden Handgemenge wurden mehrere von Dschanah al-Daulas Offizieren getötet, ebenso die Mörder. Die meisten Türken flohen aber von Homs nach Damaskus.

Der ›Arzt-Astrologe‹ überlebte Dschanah al-Daula nur um zwei bis drei Wochen. Sein Nachfolger als Missionsführer war wieder ein Perser: Abu Tâhir al-Sâ'igh (›der Goldschmied‹). Er

160

konnte sich Ridwans Gunst erhalten und Aleppo weiterhin als Stützpunkt benutzen. Von hier aus unternahm er eine Reihe von Versuchen, strategisch wichtige Punkte im Süden der Stadt zu besetzen. Dabei scheint er von lokalen Kräften unterstützt worden zu sein und sogar einige Orte, wenn auch nur kurzzeitig, in seine Gewalt gebracht zu haben.

Der erste dokumentarisch belegte Angriff galt 1106 Afamija (Apamea der Kreuzfahrer). Der Emir der Stadt, Khalaf ibn Mula'ib, war Ismailit der Alten Verkündigung, also Kairo ergeben. 1096 hatte er Afamija Ridwan weggenommen und seine Eignung als Basis für ausgedehnte und erfolgreiche Raubzüge demonstriert. Die Missionare entschieden nun, daß Afamija ihren Bedürfnissen am ehesten entspreche, und Abu Tahir entwickelte einen Plan zur Tötung Khalafs und zur Einnahme der Zitadelle. Einige Ismailiten der Stadt waren durch ihren Anführer Abu'l Fath, einen Richter aus der Nachbarstadt Sarmin, in das Komplott eingeweiht. Eine Gruppe von sechs fida'is kam Ende Januar 1106 aus Aleppo, um den Angriff auszuführen. Von einem Franken (= Kreuzritter) hatte sie sich Pferd, Maultier, Harnisch und Schild besorgt und stellte sich Khalaf vor, um in seine Dienste zu treten. Die Beute von dem angeblich getöteten fränkischen Ritter überreichte sie als Zeichen ihrer Loyalität. Khalaf hieß sie ehrenvoll willkommen und wies ihr ein Haus auf der Zitadelle von Afamija, nahe der Stadtmauer zu. Am 3. Februar bohrten die fida'is ein Loch durch die Mauer und verabredeten sich mit den Einwohnern der Stadt, die durch das Loch zu ihnen hereinkamen. Dann töteten sie Khalaf und ergriffen Besitz von der Zitadelle. Bald darauf kam Abu Tahir selbst aus Aleppo und übernahm das Kommando.

Tankred, der Kreuzfahrer Fürst von Antiochia, war über die Situation gut informiert; denn er hatte selbst Interesse an Afamija, und führte den Bruder Abu'l Faths als Gefangenen mit sich. Zunächst begnügte er sich damit, Tribut von den Missionaren zu erheben und sie dafür im Besitz der Stadt zu belassen. Im September 1106 jedoch kehrte er zurück, belagerte die Stadt und zwang sie zur Kapitulation. Abu'l Fath wurde gefangengesetzt, gefoltert und hingerichtet. Abu Tahir und seine Gefährten wurden ebenfalls gefangen, konnten sich aber freikaufen und nach Aleppo zurückkehren.

Doch ließen ihre Aktivitäten in Aleppo sie bei den Bewohnern der Stadt höchst unpopulär werden: ein erfolgloser Anschlag auf das Leben eines wohlhabenden und erklärt anti-ismailitischen Persers im Jahre 1111 führte zu Massenausschreitungen gegen sie. Als Maudud, der seldschukische Emir von Mosul und Kommandeur eines Expeditionsheeres, das offensichtlich nach Syrien geschickt worden war, um den syrischen Muslimen in ihrem ersten Kampf gegen die Kreuzfahrer beizustehen, 1111 Aleppo erreichte, ließ Ridwan die Stadttore vor ihm schließen, und die Missionare beeilten sich, ihm zu Hilfe zu kommen.

1113 gelang ihnen in Damaskus der bis dahin ehrgeizigste Coup: Sie erstachen Maudud mit Unterstützung des Regenten von Damaskus. Als ihr Gönner Ridwan am 10. Dezember 1113 starb, verfolgte dessen Sohn Alp Arslan zunächst die Politik seines Vaters weiter und überließ ihnen sogar eine Burg an der Straße nach Bagdad. Aber der Umschwung kam bald. Ein Brief des seldschukischen Großsultans Mohammed warnte Alp Arslan vor der Bedrohung durch die Ismailiten und drängte ihn, sie zu zerschlagen. In der Stadt selbst übernahm Ibn Badi, Präfekt und Chef der Miliz, die Initiative und überzeugte den Regenten von der Notwendigkeit harter Maßnahmen. Noch vor Ende des Jahres verhaftete er Abu Tahir, den Goldschmied, und tötete ihn, und er töte den Prediger Isma'il, den Bruder des Arzt-Astrologen, und mit ihm die Führer dieser Sekte der Neuen Verkündigung in Aleppo. Er verhaftete etwa 200 Sektenmitglieder, warf sie ins Gefängnis und zog ihr Vermögen ein.

Trotz dieses Rückschlags und trotz des Mißerfolgs bei der Bemühung, sich auf Dauer eine befestigte Burg zu sichern, war die Ismailitenmission der Neuen Verkündigung unter Führung Abu Tahirs nicht völlig fehlgeschlagen. Sie hatte mit lokalen Sympathisanten Kontakte geknüpft, Ismailiten anderer Richtungen und extremistische Schiiten in diversen syrischen Sekten für die Sache gewonnen. Sie konnte auf gewichtige lokale Unterstützung im Dschebel al-Summaq, im Dschasr und im Banu Ulaim zählen, d. h. in dem strategisch bedeutsamen Gebiet zwischen Schaisar und Sarmin. Sie hatte Stützpunkte in anderen Teilen Syriens und besonders entlang den Kommunikationswegen nach Alamut errichtet. Die Gegend zwischen Aleppo und Euphrat war damals wie später als Zentrum des extremen Schiismus bekannt.

Im Frühjahr 1114 konnte eine Truppe von annähernd 100 Ordensmitgliedern aus Afamija, Sarmin und anderen Orten die muslimische Festung von Schaisar in einem Überraschungsangriff nehmen, als sich der Kommandeur mit seinen Waffenknechten entfernt hatte, um die Osterfeiern der Christen zu beobachten. Die Angreifer wurden jedoch unmittelbar danach in einer Gegenattacke geschlagen und vernichtet.

Nach der Hinrichtung Abu Tahirs verlagerte dessen Nachfolger Bahram die wesentlichen Aktivitäten der Sekte nach Süden und spielte bald eine aktive Rolle in den politischen Angelegenheiten von Damaskus. Er tauchte unverkleidet in Damaskus auf, wies ein Empfehlungsschreiben El-Ghasis, des Emirs von Aleppo, vor und wurde gut aufgenommen. Mit offizieller Protektion verschaffte er sich eine einflußreiche Stellung und verlangte, im Einklang mit der herrschenden Sektenstrategie, eine Burg. Der Wesir al-Masdagani unterstützte ihn. Zwar war er kein Ismailit, aber ein bereitwilliger Förderer ihrer Pläne. Tughtigin, der Emir von Damaskus, überließ Bahram die Festung Banjas, an der Grenze zum lateinischen Königreich Jerusalem gelegen. Aber auch in Damaskus selbst erhielten die Missionare ein Gebäude als Missionshaus. In dieser zweiten Phase operierten die Missionare bis 1130 von Damaskus aus und versuchten, in den angrenzenden Gebieten Fuß zu fassen. 1126 verstärkten Ismailitenscharen aus Homs und anderswo die Truppen Tughtigins bei einem erfolglosen Angriff auf Kreuzfahrer.

163

Bahram baute die Festung Banjas um und verstärkte sie. Von ihr aus unternahm er dann eine Reihe militärischer und propagandistischer Aktionen in der näheren Umgebung. In dem Wadi al-Taim, in der Region von Hasbajja, wohnte nämlich eine aus Drusen, Nosairi und anderen Sekten zusammengesetzte Bevölkerung, die für die ismailitische Expansion ein fruchtbarer Nährboden schien. Baraq ibn Dschandal, einer ihrer Anführer, wurde in einen Hinterhalt gelockt und getötet. Unmittelbar darauf bliesen Bahram und seine Truppen zum Angriff auf das Wadi. Aber sie trafen auf heftigen Widerstand, den Dahhak ibn Dschandal, der Bruder des Getöteten, organisierte. In dem hitzigen Gefecht wurden sie geschlagen und Bahram selbst getötet.

Sein Nachfolger war Isma'il, ein weiterer Perser, der seine Politik und seine Unternehmungen fortsetzte. Auch er wurde vom Wesir al-Masdagani unterstützt. Aber bald kam das Ende: Mit Tughtigins Tod im Jahre 1128 setzte eine antiismailitische Reaktion ein, die der in Aleppo nach dem Tode Ridwans vergleichbar war. Auch hier kam die Initiative vom Präfekten der Stadt, Mufarridsch ibn al-Hasan ibn al-Sufi, einem fanatischen Ismailitengegner und Feind des Wesirs. Von diesem und vom Militärgouverneur Jusuf ibn Firuz aufgestachelt, ließ Buri, der Sohn und Erbe Tughtigins, den Wesir beim Morgenempfang im September 1129 ermorden und seinen Kopf öffentlich zeigen. Auf diese Nachricht hin gingen Miliz und Mob tötend und plündernd gegen die Sektierer vor. »Am nächsten Morgen waren die Plätze und Straßen der Stadt von den Batini befreit, und die Hunde jaulten und balgten sich um ihre Gliedmaßen und Leichen« (so der Damaszener Chronist Ibn al-Qalanisi, *Geschichte von Damaskus*, hrsg. v. H.F. Amedroz, Beirut 1908, S 223).

In Banjas erkannte Isma'il, daß seine Position unhaltbar geworden war. Er übergab die Festung den Franken und floh auf fränkisches Territorium, wo er Anfang 1130 starb. Buri und seine Helfershelfer ließen äußerste Vorsicht walten, um der zu erwartenden Rache der Sekte zu entgehen. Doch es war verge-

164

bens. Da die syrische Mission zeitweilig desorganisiert schien, wurde der Vergeltungsschlag von Alamut aus vorbereitet. Am 7. Mai 1131 wurde Buri von zwei als türkische Soldaten verkleideten Persern, die in seine Dienste getreten waren, niedergestreckt. Sie wurden von den Leibwächtern sofort in Stücke gehackt, aber Buri starb im nächsten Jahr an seinen Wunden.

Aus dieser chronologischen Darstellung der ersten Aktivitäten der Neuen Verkündigung in Syrien wird ersichtlich, daß sie ganz in der Tradition der ismailitschen Bewegung standen und für einen Gottesstaat den Boden vorbereiteten. Bei aller Absplitterung der Ismailiten war sowohl die Lehre als auch das Ziel gleich; nur der verborgene Imam war je nach Gruppe ein anderer. Nicht jeder von ihnen ›Bekehrte‹ mußte Mitglied des Ordens werden; nicht jeder Laienbruder des ersten Grades sollte zu den Waffen greifen. Der zweite Grad, die fida'is, waren die Streiter Gottes, die eigentlichen Kämpfer für den Gottesstaat. Und erst danach begann die Unterweisung in der esoterischen Geheimlehre.

Die Verkündigung erfolgte über die Meister des vierten Grades, die da'is. An ihrer Kleidung erkannte man sie, wegen ihres asketischen Aussehens brachte man ihnen Respekt entgegen, wußte man doch, daß sie Gottes Männer waren und für sein Reich warben. Bei allen arabischen Chronisten und Historikern hießen sie Batini (= [esoterische] Ausleger). Man kann sie vergleichen mit den Chassidim des Judentums: Unter den Juden sind sie als fromme Juden erkennbar, jedoch nicht sonderbar. In Antwerpen oder New York unter Nicht-Juden wirken sie wegen ihres Aussehens merkwürdig oder ungewöhnlich. Die Batini waren unter Schiiten und Ismailiten keine ungewöhnliche Erscheinung. Doch in Damaskus, wo die Bevölkerung ausschließlich aus Sunniten bestand, wirkten die Asketen wie Fremdkörper von einer anderen Welt. Im dortigen Volksmund nannte man sie *Haschschâschîn*, was dem bayerisch-österreichischen Adjektiv ›spinnert‹ entspricht: (leicht) verrückt, spinnig. Das ist der Ursprung der lateinisierten Form *Assassinen* und hat mit der Droge Haschisch nichts zu tun.

165

Die erste Begegnung der fränkischen Ritter des Templerordens mit den »Assassinen« wäre durch Ismail in Banjas an der Nordgrenze des Königreichs Jerusalem möglich, also ab September 1129. Doch um diese Zeit war der Auftrag an Bernhard von Clairvaux, die Ordensregel festzulegen, bereits erteilt. Eine nachträgliche Übernahme der Lehren dieser Sekte gibt keinen Sinn, wenn der Orden bereits bestanden hatte und vom Papst anerkannt worden war.

Wer waren die Tempelritter wirklich?

Kehren wir zu unserer einleitenden Frage zurück. Wer waren nun die Tempelritter wirklich? Die ersten geistlichen Ritter waren sie ohnehin nicht. Daß sie mit dem Feind gegen die eigenen Abendländer kollaboriert haben, ist eine spätere Verunglimpfung durch die Chronisten des Kaisers Friedrich II. des Staufers und seines Deutschen Ritterordens. Daß sie unermeßlich reich geworden waren und sich deshalb den Neid des Königs von Frankreich zugezogen haben, trifft auf die Hospitaliter/Johanniter in gleicher Weise zu. Das einzig Sichere ist, daß sie existiert haben. Aber wozu?

Fassen wir doch zusammen, was wir bislang dargestellt haben:

– Vor etwa fünftausend Jahren soll der ägyptische Gott Thot 42 Bände geschrieben haben, die alle Weisheit der Welt enthalten sollen.

– Bereits im sechsten vorchristlichen Jahrhundert wurde ein Eingeweihter der Thot-Mysterien, Pythagoras, in Kroton/ Süditalien zum Gründer eines eigenen ionisch-griechischen Geheimordens mit hierarchischem Aufbau und innerem Kern aus Initiierten oder Mysten, die in den großen Mysterien unterwiesen wurden.

– Ende des dritten vorchristlichen Jahrhunderts entstand südlich von Alexandreia/Ägypten die hebräisch-aramäische Bruderschaft der Essener (der Reinen), die einen hierarchischen
Aufbau in Graden kannte und einen inneren Kern aus Therapeuten hatte, die eine Geheimlehre aus 42 Stufen pflegten. Sie
haben die 42 Bände des Gottes Thot, den sie mit dem bibli-
schen Henoch gleichsetzten, *judaisiert* und *aramäisiert*. Ihr
Ziel war die Gründung des Gottesstaats unter dem Gesalbten
Gottes (Messias). Die Therapeuten trugen weiße Gewänder
mit roter Schärpe.

– Die Suchenden nach der Weisheit Gottes unter den griechischen Ptolemäern mußten die Sprache Ägyptens erlernen, um
die esoterischen Bände der Thot-Mysterien lesen und den verborgenen Sinn erfahren zu können. Erst im Laufe von Jahrhunderten gelang es ihnen, die 42 Bände ins Griechische so zu
übertragen, daß der allegorische Sinn sowie das Zahlen- und
Buchstabenspiel gewahrt blieben. Das Geheimwissen wurde
gräzisiert. Dabei wurde Thot zum Hermes Trismegistos und
die Eingeweihten zu Hermetikern. Inzwischen waren weitere
Bände der chinesischen Esoterik (*kim-ya*) hinzugekommen.

– Noch im ersten nachchristlichen Jahrhundert entstand nach
dem Vorbild der Essener/Therapeuten die paulinische gnostisch-christliche Gemeinde der Christiani in Kleinasien, die
in Jesus dem Nazoräer den verheißenen Erlöser sah und für
den Gottesstaat streiten wollte.

– Um 100 nach der Zeitrechnung entstand im südlichen Mesopotamien die esoterische Gemeinde der Elkesaiten, die in
Johannes dem Täufer den verheißenen Erlöser sahen und in der
Tradition der Essener ohne den inneren Kern der Therapeuten
oder den zweiten Grad der Streiter Gottes standen. Sie trugen
weiße Gewänder und rote Schärpen.

– Im zweiten nachchristlichen Jahrhundert entstand im südlichen Mesopotamien die hebräisch-aramäische Gemeinde der
Mandäer in der Tradition der Essener.

– Im dritten Jahrhundert verkündete Mani bei Babylon ein
gnostisch-esoterisches Christentum mit einem hierarchisch

aufgebauten inneren Kreis der Eingeweihten (Vollkommenen), das sich bis nach Gallien und Spanien ausbreitete.

– In Armenien übernahmen die Christiani die Initiationsgrade der Erleuchtung der Manichäer mit dem hierarchischen Aufbau von Perfecti, Electi und Auditores. Diese Lehre breitete sich samt Laura-Form des Asketentums bis nach Irland aus. Hier stieß sie auf artverwandte esoterische Denkungsart bei den Kelten, welche die esoterischen Grade der Barden, Ovaten, Eubagen und Druiden im inneren Kreis hatten und weiße Gewänder trugen. Diese verehrten die Mutter Erde in Gestalt einer Schwarzen Madonna als Sinnbild der Fruchtbarkeit, die »Jungfrau vor der Niederkunft«. Daraus entstand das druidisch-esoterische Christentum der Culdei.

– Gegen Ende des vierten christlichen Jahrhunderts retteten sich die Hermetiker vor der Verfolgung durch die christliche Staatskirche nach Jemen zu den Sabäern, die ähnliches Wissen hüteten. In jahrhundertelanger Kleinarbeit wurden hier die 42 esoterischen Traktate des Thot aus dem Griechischen ins Arabische übertragen. Das Geheimwissen wurde *arabisiert*. Die Esoteriker nannten sich arabisch Sufi (aus griechisch *sophia* »Weisheit«), Sucher nach der Weisheit Gottes.

– Im sechsten Jahrhundert begann die Keltenmission der Culdei von Irland aus in Schottland und den nördlichen Reichen Englands, wechselte 585 nach Gallien und gründete 614 das Missionskloster Bobbio in Norditalien. Somit breitete sich das esoterische Christentum von Irland aus bis vor die Haustür des Papstes. Hier übersetzte man den keltischen Namen (Culdei) ins Griechische: Katharer (die Reinen).

– Zu Beginn des siebten Jahrhunderts entstand eine neue Lehre am Westrand der Arabischen Halbinsel mit exoterischer (Islam) und esoterischer (Iman) Botschaft in der Tradition ihrer Vorgänger.

– Die Sufis integrierten auch die esoterische Lehre des Islam und teilten ihr Geheimwissen in 99 Stufen analog der 99 Beinamen Gottes im Koran (arabisch qur'ân »Verkündigung«).

Dazu kam die Alchemie (kim-ya), die 658 ins Arabische übersetzt wurde.

– Seit 678 verfolgten die Benediktiner – über England – mit der exoterischen Lehrart des Christentums die keltischen Missionare im heutigen deutschen Raum. Als sichtbares Zeichen zur Unterscheidung führte der Papst 692 die Darstellung Jesu Christi am Kreuz ein, während die Culdei weiterhin das Kelten- oder Steinkreuz (Rosenkreuz) beibehielten.

– Kaiser Konstantin V. beauftragte zwischen 746 und 756 die Christiani mit der Mission unter den Bulgaren. Damit zog das esoterische Christentum Kleinasiens gen Westen, während das irische von Rom in die Schranken gewiesen wurde.

– Nach dem Tode des sechsten Imam der esoterischen Muslime im Jahre 765 spalteten sich die Anhänger in zwei Lager. Die für seinen vor ihm versorbenen Sohn Ismail als siebten Imam eintraten, wurden Ismailiten oder Siebener-Schiiten genannt. Diese hielten sich im südlichen Irak verborgen und organisierten sich nach dem Vorbild der Essener/Therapeuten in einem Orden mit hierarchischem Aufbau und Initiationsriten, wobei der zweite Grad die Streiter Gottes (arabisch fidâ'i) zur Errichtung des Gottesstaates darstellte. Erst danach begann die Einweihung in den inneren Kern der Geheimlehre. Die Eingeweihten (arabisch bâtinî) trugen das weiße Gewand und die rote Schärpe der Therapeuten.

– Um 800 gründete Maaruf Karkhi im südlichen Irak den Geheimorden der Baumeister als »anderen« Weg zur Erlangung der esoterischen Erkenntnis nach der arabischen Fassung der 42 Traktate des ägyptischen Gottes Thot. Die Bruderschaft war eine enge Assoziation, ein Geheimbund mit Initiationsriten, geheimen Schwüren, gewählten Häuptern, beratenden Gremien von Oberhäuptern und einer Ideologie, die sowohl mystisch als auch sozial war. Sie beschränkte sich auf die Vermittlung von höchstem okkulten Wissen an ihre Mitglieder, gab sich weltlich, unpolitisch und unreligiös und stand als interkonfessionelle Organisation jedem offen: Muslimen, Christen, Juden und Mazda-Anhängern. Ihre Ideologie war für die damalige Zeit völlig neuartig, basierte auf der Freiheit des Individuums und hob den relativen Charakter eines jeden Systems von menschlichen Beziehungen hervor. Das Wissen wurde – wie bei den Sufis – in 99 Stufen aufgeteilt, analog den 99 Namen Gottes. Nur wer den hundertsten Namen Gottes erfährt, galt als der Kopf, das Haupt der Weisheit (arabisch abu-al-fihâmat).

– Seit 870 gründeten die ismailitischen Qarmaten den Gottesstaat am Persisch-Arabischen Golf (Kuwait bis Bahrain). Zu Beginn des 10. Jahrhunderts gelang es den ismailitischen Fatimiden, den Gottesstaat in Nordafrika zu errichten.

– 932 wurde ein Bußprediger in Makedonien, Bogomil, zum Führer der Christiani in Bulgarien, so daß das esoterische Christentum aus Kleinasien seinen Weg gen Westen fortsetzte.

– 972 begann man in Kairo, die Geheimlehre der Ismailiten in 50 Traktaten niederzuschreiben, welche die arabisierten 42 Bücher der Hermetiker enthielten und ergänzten: ›Die Episteln der Lauteren Brüder‹. Somit wurde das Geheimwissen *islamisiert*. Um 1000 brachte der Esoteriker Maslama von Madrid die ›Episteln‹ nach Spanien. Im Schutze der ismailitischen Fatimiden konnte sich die Bruderschaft der Baumeister in ganz Syrien ausbreiten. Der Anblick der Batini in ihrem weißen Gewand und der roten Schärpe war allenthalben vertraut, und man begegnete ihnen als Gottes Männer mit Respekt.

– 975 reiste Romuald von Ravenna nach Katalonien und studierte im Kloster von Ripoll, das gemeinsam von Otto dem Großen und dem Kalifen von Cordoba gegründet worden war, um arabische Schriften ins Lateinische zu übersetzen. 996 wurde er Abt von St. Apollinaris bei Ravenna, danach verließ er das Kloster und wanderte durch die Toskana und Südfrankreich, wo er für das esoterische Mönchtum der Culdei/Kathari warb und Einsiedeleien gründete. 1012 gründete er sein esoterisches Kloster Camaldoli bei Arezzo in der Toskana, das zönobitische und eremitische Elemente vereinigte und die keltische Kirche der Kathari mit der orientalischen Kirche der Christiani verband.

– 1018 tauchten die ersten Kathari in der Champagne auf, lebten wie Eremiten und gewannen schnell Anhänger. Im Limousin, das zum Herzogtum Aquitanien gehörte, bildete sich eine bedeutende Gruppe Kathari und nannte sich Christiani. 1022 versammelten sich solche Esoteriker in der Gegend von Toulouse. Eine andere Gruppe in Orléans trug ihre Botschaft bis Rouen in der Normandie und nannte sich die wahren Christen. In der ersten Hälfte des 11. Jahrhunderts erschienen vereinzelt Gruppen solcher Asketen im westlichen Deutschland und in Flandern. Die extreme Askese machte die Katharer zu einer Kirche der Auserwählten.

– Nach dem Tode des letzten spanischen Kalifen 1031 in Cordoba bemächtigten sich fanatische Berber der Stadt. Die angesehene jüdische Philosophengemeinde rettete sich vor der befürchteten Intoleranz nach Saragossa im Norden, wo der zum Islam übergetretene Jude Hasdai und später sein Sohn Minister waren. Hier entfaltete sich nun das jüdische Goldene Zeitalter mit Übersetzungen der arabischen Esoterik und Studien in der Kabbala. Dorthin wandte sich auch Maslamas Schüler al-Karmani, um eine ismailitische Zelle zu gründen; somit machte er die gnostischen ›Episteln‹ dort bekannt.

– 1070 eröffnete ein Gelehrter des Judentums am Hofe Theobalds III., des Grafen von Blois und von der Champagne, in Troyes seine Schule für theologische und esoterische Studien: Rabbi Schlomo Jitzchaki, besser bekannt unter dem Akronym Raschi.

– 1075 gründete Robert mit einigen Eremiten eine Laura bei Molesme, wo er ein heiliges Leben in Abgeschiedenheit und Askese nach irisch-keltischem Vorbild verbringen konnte.

– Stephan Harding aus Südwestengland wurde im keltischen Kloster der Culdei Lismore in Irland erzogen, unternahm eine Pilgerfahrt nach Rom, besuchte das Kloster Camaldoli in der Toskana, das auf der Lehre der Culdei aufgebaut war, und trat anschließend um 1081 in die Laura von Molesme ein. Nachdem

171

er von der esoterischen Schule des Raschi erfahren hatte, bat er seinen Abt, bei diesem Hebräisch studieren zu dürfen, um die Bibel in der Originalsprache lesen zu können. Hier stieß er auf die hebräische Apokalyptik, Apokryphen und Kabbala.

– Nach der Eroberung von Toledo durch das christliche Kastilien 1085 flohen die gelehrten Juden aus Angst vor Verfolgung oder Zwangstaufe an die Schule des gelehrten Raschi nach Troyes. Mit ihnen kam ein gewaltiger Schatz von arabischen und hebräischen Manuskripten dorthin, darunter die ›Episteln der Lauteren Brüder‹. So kamen alle Fäden in Troyes zusammen. Was in Ägypten seinen Anfang genommen hatte, kam nun in Frankreich wieder zusammen. Das Geheimwissen aller Strömungen stand Stephan Harding offen. Neben Hebräisch lernte er sogleich Arabisch, und das mitten in der Champagne.

Essener/Therapeuten, Ismailiten/Batini, Streiter Gottes, Gottesstaat, Initiationsriten und Unterweisung in die Geheimlehre der Weisheit Gottes, Druiden, Gnostiker, Sufi, Katharer, das alles ließ in Stephan Harding den Plan entstehen, das Geheimwissen zu latinisieren und zu christianisieren. Doch die Traktate des Geheimwissens waren vor jeder Profanierung geschützt und gehütet, indem der Schlüssel zum Verständnis ihrer verborgenen Botschaft initiatisch und mündlich vermittelt wurde. Es genügte also nicht, ein esoterisches Traktat zu lesen, um die verborgene Botschaft zu erfahren. Vielmehr mußte man den Schlüssel zur Enträtselung haben. Das war auch der Sinn der Unterweisung durch mehrere Grade hindurch. Um ein Druide zu werden, benötigte der Neophyt zwanzig Jahre. Um die Geheimlehre der Batini zu erfahren, mußte man Arabisch beherrschen und Mitglied des Ordens wenigstens bis zum sechsten Grad werden. Doch erst würde man im zweiten Grad fida'i, Gottes Streiter, sein. Der Orden stand jedoch nur Ismailiten offen. Stephan Harding war ein überzeugter Christ und nicht bereit, seinen Glauben zu opfern, nur um das Geheimwissen zu latinisieren. Sollte also der Plan ein Traum bleiben?

Da erfuhr er von der Existenz der Bruderschaft der Baumeister in den von den Fatimiden beherrschten Ländern. Und diese war unreligiös und stand jedem offen. Sie pflegte das Geheimwissen in seiner ursprünglichen Form der 42 Traktate des Thot/Hermes Trismegistos. Man mußte mit ihr in Verbindung treten, ihr beitreten und sich unterweisen lassen. Unmöglich war dieser Weg nicht. Die einzige Voraussetzung war die Beherrschung der arabischen Sprache.

Von nun an galt Stephans ganze Energie der Verwirklichung jenes Planes, und sein Abt Robert von Molesme war dafür Feuer und Flamme. Das Studium des Arabischen wurde gezielt intensiviert, daran nahmen junge Männer teil, die von Stephans Plan begeistert und nicht durch das Mönchsgelübde gehindert waren, sich für längere Zeit in der Fremde aufzuhalten: Andreas von Montbard, Hugo von der Champagne, Sohn des Grafen, und Hugo von Payns.

Als feststand, daß sich Stephan von Blois, der Bruder Hugos von der Champagne, mit seinen Rittern Gottfried von Bouillon beim Zug gen Osten anschließen wollte, beauftragte Stephan Harding 1096 Hugo von Payns damit, den Zug als Beobachter zu begleiten und den Kontakt zu einer Loge der Bruderschaft der Baumeister herzustellen. Dies sollte jedoch erst 1104 in Akkon gelingen. In Erwartung des sicheren Erfolgs gründete Stephan gemeinsam mit Robert von Molesme im März 1098 ein neues Kloster, eigens um das esoterische Geheimwissen zu pflegen, getarnt als ›Reformabtei‹: Citeaux bei Dijon in Burgund.

Hugo von Payns kehrte in die Champagne zurück und traf sich dort mit Prior Stephan Harding und dem Grafen Hugo von der Champagne sowie mit Andreas von Montbard. Bald darauf zogen die beiden Hugos und Andreas ins Heilige Land. Vier Jahre verbrachten sie nun in geduldiger Unterweisung, bis sie Erleuchtete wurden. Während dieser Zeit *latinisierte* Stephan Harding die Episteln der Ismailiten. Als die Eingeweihten der Bruderschaft der Baumeister 1108 in die Champagne zurückkehrten, begann in mühseliger Zusammenarbeit zwischen

Prior Stephan und Hugo von Payns die Überarbeitung der latinisierten Episteln nach der mündlich vermittelten hermetischen Lehre der arabischen Bruderschaft.

Mit seiner ›Charta caritatis‹ war der seit 1109 Abt gewordene Stephan Harding der eigentliche Begründer des Zisterzienserordens. Das weiße Gewand mit dem roten Kreuz, das der neue Orden sich als Tracht ausgesucht hatte, verband die Tradition der Druiden, Therapeuten und Batini der Ismailiten. Das Geheimwissen war inzwischen vollends *christianisiert*. Es war an der Zeit, den christlichen Geheimorden zu gründen. 1112 wurden dreißig Ritter in den Orden aufgenommen. Unter ihnen ein Bruder und sieben Neffen des Andreas von Montbard! Nach Abschluß ihrer Unterweisung 1115 übereignete Hugo von der Champagne dem Zisterzienserorden ein Gebiet an der Aube, damit dort die Abtei Clairvaux als Mutterkloster des Geheimordens entstehe. Abt Stephan betraute seinen besten Schüler mit dem Vorhaben: Bernhard von Fontaine. Vier seiner leiblichen Brüder, ein Onkel, zwei Vettern, ein Architekt und zwei betagte Mönche mühten sich neun Jahre lang ab, bis Clairvaux 1124 sich selbst versorgen konnte.

Sowohl die Essener als auch die Ismailiten hatten als ersten Grad ihres Ordens das Handwerk und als zweiten die Streiter Gottes, dann erst begann der innere Kern der Eingeweihten. Als ›weltlicher Arm‹ von Clairvaux benötigte man also die ersten zwei Grade. Dennoch unterschied man sich von den Vorbildern dadurch, daß die Handwerker (blaues Gewand) keine Möglichkeit hatten, zum Ritter aufzusteigen, da dieser adliger Herkunft sein mußte. Der erste Grad war deshalb der Knappe. Aus dem zweiten Grad, der Ritter, konnte man jedoch in den dritten Grad und somit zum inneren Kreis der Geheimlehre gelangen, was ohnehin das Ziel eines jeden Mitglieds der Ritterschaft war. Während Clairvaux im Werden begriffen war, lebten diese beiden Grade seit 1118 im Zisterzienserfürstentum Seborga an der Riviera zwischen San Remo und Monaco.

Hier wurden auch die ersten neun Ritter im Jahre 1127 von Bernhard von Clairvaux selbst zum Kern des neuen Ritterordens geweiht. Damit sollte Clairvaux von jeglicher weltlicher Belastung mit Grundbesitz befreit werden und diese dem weltlichen Arm überlassen. In der Tat, von nun an wurde Hugo von Payns bei seinen Werbungen in England, Schottland, Nordspanien und Frankreich jeweils von zwei Brüdern aus Clairvaux begleitet. Und wo immer eine Komturei der Templer errichtet wurde, entstand gleichzeitig ein Clairvaux-Ableger. Bis zum Tode Bernhards 1153 waren es bereits 68.

Somit war der Templerorden der weltliche Arm von Clairvaux, ein Orden mit Initiationsriten, hierarchischem Aufbau und innerem Kern zur Pflege des Geheimwissens wie seine Vorbilder aus jüdischer und islamischer Tradition.

Den besten Beweis, daß die Geheimlehre der Tempelritter nicht von den Assassinen bzw. Ismailiten stammt, sondern von den Baumeistern, liefert der Prozeß der Inquisition gegen den Orden: Die Ritter erwähnten ein Etwas namens »Baphomet«, dem man eine an Götzendienst grenzende Verehrung entgegengebracht hatte. Dabei ist »Baphomet« die Verballhornung des arabischen Wortes *Abu al- fihamat*, »Vater der Weisheit«. Und dieser Name des Inhabers der hundertsten Erkenntnisstufe kommt bei den Ismailiten nicht vor, sondern ausschließlich bei den Baumeistern.

Daß sie *militia Christi* (Soldaten Christi) hießen, kommt nicht von den ismailitischen *fida'is* (Streiter Gottes), sondern von ihrem päpstlichen Auftrag im Kreuzzug. Sie waren auch nicht die ersten, die diese Bezeichnung trugen, da bereits 1099 der Ritterorden vom Heiligen Grab als Soldaten Christi bezeichnet wurde. Auch die 1110 aus dem Bürgerhospiz hervorgegangene Bruderschaft des Hospitals des heiligen Johannes zu Jerusalem (die Hospitaliter) nannte sich Soldaten Christi nach dem christlichen Ritterideal.

Die Geheim-lehre der Tempelritter

Wie bereits ausgeführt, wurde nicht jeder Ritter automatisch in den inneren Kreis der Kaplane aufgenommen. Betrachtet man den Aufbau des Ordens – aus Laien (Hausleuten, Landarbeitern, Knechten, Handwerkern) und Brüdern (Knappen, Rittern, Kaplanen) – sowie die assoziierten Mitbrüder (confratres), die Ritter auf Zeit (milites ad terminum) und die sich dem Orden Schenkenden (traditio), stellt man leicht fest, daß nur ein geringer Teil der Brüder zum Geheimwissen zugelassen wurde. Hier erkennen wir die Tradition der Essener/ Therapeuten und der Ismailiten/Batini wieder. Damit steht ebenso fest, daß der Templerorden seine Geheimlehre zwar von der Bruderschaft der Baumeister, seinen Aufbau jedoch von den Orden der Streiter Gottes der Juden und der Muslime entlehnt hat. Der Grad des Ritters war der Grad des Streiters Gottes bzw. des fida'is für die Errichtung des Gottesstaates. Das erklärt den charismatischen Charakter des Tempelritters: Er war Soldat und Mönch zugleich und kämpfte eigens zur Ehre Gottes, da er weder Ruhm noch Belohnung suchte. Das unterschied ihn von den abendländischen Rittern, die mit den zahlreichen Kreuzzügen ins Heilige Land kamen auf der Suche nach Lohn und Lehen.

Die Geheimlehre der Tempelritter stammte von all ihren Vorgängern bei den Essenern, den Hermetikern, den Gnostikern, den Okkultisten, den Kabbalisten, den Alchimisten, den Sufis, den Ismailiten und hatte demnach das gleiche Ziel: sich der Quelle des Großen Lichtes nähern, das die Geburt in ein neues Leben erlaubt, die Erlangung des tiefen Friedens bis zur Vereinigung mit dem Allmächtigen. Die Annäherung an das Große Arkanum konnte dabei nur allmählich, stufenweise geschehen, da der Uneingeweihte die tiefe Wahrheit einer Lehre nicht ohne weiteres erfassen kann. Die Aufnahme in den Kreis der Kaplane erfolgte durch ein Einweihungsritual, das kein Ziel an sich darstellte, sondern ein Schlüssel war, der den Zutritt zu einer neuen Welt ermöglichte und mit Hilfe des Symbols das Wissen vermittelte. Das Wesen dieser Einweihung habe ich im Kapitel *Die Mysterien*, den Verlauf des Rituals im Kapitel *Die Essener* dargelegt. Weder das Ritual noch die Lehre wurden schriftlich festgehalten, sie waren nur erlebbar und erfahrbar, um sie vor Profanierung zu schützen. So war es Stephan Harding, dem geistigen Vater des Templerordens, ohne die mündliche Unterweisung durch die Bruderschaft der Baumeister in Akkon nicht möglich, den Sinn hinter den *Episteln der Lauteren Brüder* zu erfassen.

Demnach fanden sich in der Geheimlehre der Tempelritter babylonische Astrologie, iranische Spekulation, zoroastrische Magie, ägyptische Geheimlehren, jüdische Zahlenmystik, griechische Philosophie, hellenistische Mysterienreligiosität, chinesische Esoterik, pythagoreische Sphärenharmonie, chaldäische Apokalyptik, christliche Gnostik, ja druidische Reintegration wieder als sicherer Weg zur Erleuchtung und zur inneren Erkenntnis. Für die römisch-katholische Kirche enthielt sie Beängstigendes. Seit ihrer Entstehung hatte sie alle gnostischen und esoterischen Auslegungen der Religion, insbesondere der christlichen, als Häresie bekämpft und mit heiligem Krieg belegt. Ein Grund mehr für den Templerorden, der nur dem Heiligen Stuhl unterstand, seine esoterische Lehre geheim zu halten. Er stand in der Tradition der Therapeuten, Gnostiker, Hermetiker, Kabbalisten und Sufis in der Verehrung Salomos als Haupt allen Wissens. Das ist auch die wahre Bedeutung des Namens des Ordens und hat nichts mit einem angeblichen Aufenthalt auf dem Salomonischen Tempel von Jerusalem zu tun.

Unter den vielen Tempelritterburgen, die im Heiligen Land entstanden waren, ist die Templerfestung Athlit für unsere Betrachtung von besonderer Bedeutung. Sie wurde 1218 erbaut und 1291 aufgegeben, als die Kreuzfahrer ihren Besitz in der Levante endgültig verloren hatten und das Land deshalb verlassen mußten. Sieben Jahrhunderte später wurde sie von der

Israelischen Archäologischen Vermessungsgesellschaft ausgegraben. Dabei wurden auf einem Friedhof zwei Gräber gefunden, die für die Geschichte der Freimaurerei von essenzieller Bedeutung sein dürften: Neben der üblichen Darstellung eines Schwertes trug das eine Grab ein Winkelmaß und ein Lot; auf dem anderen stand ein verziertes Kreuz, ein Winkelmaß und ein Hammer. Somit sind sie der frühste bekannte Fall von Templergrabsteinen, die Freimaurersymbole aufweisen. Ein weiterer Fall aus dem Jahre 1263 ist in Reims anzutreffen. Ein dritter, vergleichbaren Alters, findet sich ebenfalls in Frankreich: in dem früheren Templerordenshaus Bure-les-Templiers an der Côte-d'Or. Nimmt man diese Steinzeugnisse zusammen mit dem esoterischen Kern, weisen sie auf eine wichtige frühe Verbindung zwischen den Templern und den Anfängen der Freimaurerei hin.

König Philipp IV. von Frankreich empfahl dem Papst die Vereinigung der militärischen Orden sowohl der Templer als auch der Hospitaliter unter dem Oberbefehl eines seiner Söhne. Der Großmeister des Templerordens lehnte 1306 eine Anfrage des Papstes nach der Möglichkeit eines solchen Zusammenschlusses strikt ab. Ihm wurde jedoch klar, daß die Hospitaliter, der König von Frankreich und der Papst diesen Plan nicht aufgeben würden. Deshalb rettete er 1306 das esoterische Geheimwissen des Ordens, indem er in Frankreich eine Gesellenbruderschaft (französisch *Comagnonnage*) mit Geheimwissen, Symbolen und Einweihungsriten gründete und ihren Ursprung auf die Erbauung des Salomonischen Tempels unter der Leitung des Baumeisters Hiram zurückführte.

Ihre Legende von der Ermordung des Baumeisters deckte sich wortgetreu mit der der arabischen Bruderschaft der Baumeister. Ihre Überlieferung sprach allerdings von drei (die Triaden der Druiden!) Gräbern: einem für den Körper Hirams, einem für seine Kleidung und einem dritten für seinen Stock. Die neun Meister, die aufbrachen, Hiram zu suchen, entdeckten das Grab dank eines frisch gepflanzten Akazienbaumes. Hier arbeitete man mit dem Orden von Zion Hand in Hand.

Denn nach den Annalen dieses Ordens habe Großmeister Wilhelm von Gisors 1306 die *Pieuré de Sion* in eine »hermetische Baumeistergesellschaft« umgewandelt.

In ihren Einweihungszeremonien waren die Gesten und die Haltung des ganzen Körpers von Bedeutung. Ziel des Rituals war es, den jungen Mann in einen emotionalen Zustand zu versetzen, der die idealistischen Gefühle in ihm ansprach und ihn so dazu brachte, sich selbst zu übertreffen, um zur Vollkommenheit zu gelangen. Zu ihrer Symbolik gehörten Winkelmaß, Zirkel, Waage, Hammer, das Salomonische Pendel sowie die Übergabe der Handschuhe. Sie kannte drei Grade: den Lehrling, den zum Gesellen Beförderten und den angelernten Gesellen. Das Meisterwerk bildete den Gipfel.

Daß die Mitglieder der Compagnonnage *Kinder Salomos* hießen, ist nicht aufschlußreich, da Salomon hinter vielen esoterischen Gruppierungen steht. Aber daß sie *Devoirs de la Liberté* (= Gesellen der Freiheit) genannt wurden, verrät die templerische Herkunft, denn das war die Bezeichnung der Baumeister und Steinmetzen im Templerorden. Hier haben wir die erste Auskoppelung eines operativen Handwerks aus dem Templerorden mit einem spekulativen inneren Kreis. Hier konnte man das esoterische Wissen erwerben, ohne sich dem Orden anzuschließen und ohne die drei Gelübde abzulegen: Keuschheit, Armut und Gehorsam. Das war auch der Sinn der Bruderschaft der Baumeister im Orient.

Wenn auch der Leser in diesen Seiten die Geheimlehre selbst nicht findet, so hat er dennoch viele Einzelheiten über das Geheimwissen, die Aufnahmerituale, den hierarchischen Aufbau von Erkenntnisstufen, den Sinn und das Ziel der Erkenntnis und der Erleuchtung erfahren, die es ihm möglich machen, die Sehnsucht der Neophyten und deren Drang zur Aufnahme nachzuvollziehen. All das fehlt in sämtlichen Abhandlungen über die Templer, seien sie als Mythos, Geschichte oder Aufstieg und Untergang des Ritterordens betitelt worden.

Obwohl die Prozeßakten der Inquisition gegen die Templer von Ketzerei und magischem Wissen sowie Kollaboration mit den Assassinen sprechen, bemüht sich die Mehrzahl der Autoren nach wie vor nachzuweisen, daß Neid und Geldgier des Königs von Frankreich am Prozeß und an dem Verbot der Bruderschaft schuld seien. Doch die Spannung zwischen dem König von Frankreich und den Tempelrittern geht viel weiter zurück als in die Zeit der Regierung Philipps IV. des Schönen.

Ludwig IX. und die Tempelritter

Am 12. August 1248 brach der 34jährige König Ludwig IX. von Frankreich von Paris zu einem Kreuzzug auf, den man heute den sechsten nennt. Am 25. August schiffte er sich von Aigues-Mortes nach Zypern ein. In seiner Begleitung waren unter anderem seine Brüder Graf Karl von Anjou und Graf Robert von Artois. Das königliche Geschwader traf am 17. September in Limassol auf Zypern ein. Während der folgenden Tage sammelten sich die Truppen für den Kreuzzug auf Zypern. Außer den Edlen aus Frankreich trafen aus Akkon der stellvertretende Großmeister der Hospitaliter Johannes von Ronay und der Großmeister der Tempelritter Wilhelm von Sonnac sowie zahlreiche syrische (abendländische in der Levante) Barone auf der Insel ein. Alle waren sich einig, daß Ägypten das Ziel des Kreuzzuges sein müsse. Es war die reichste und am wenigsten geschützte Provinz des Aiyubiden-Reiches und bereits das Ziel des vorigen Kreuzzuges gewesen. Sobald der Beschluß gefaßt war, wünschte Ludwig, das Unternehmen unverzüglich in Gang zu setzen. Die Großmeister und die syrischen Barone brachten ihn davon ab. Die Winterstürme, erklärten sie, würden in Kürze beginnen, und dann werde es gefährlich, sich der Küste des Deltas mit ihren wenigen Häfen und heimtückischen Sandbänken zu nähern. Der wahre Grund jedoch, wie Ludwig noch feststellen mußte, war, den König dazu zu bewegen, in die Familienzwiste der Aiyubiden einzugreifen.

Im Sommer 1248 hatte der Fürst von Aleppo seinen Vetter aus Homs vertrieben, der Vertriebene hatte sich an den Sultan von Ägypten um Hilfe gewandt. Und dieser war von Ägypten heraufgekommen und hatte ein Heer ausgesandt, um Homs zurückzuerobern. Die Tempelritter hatten bereits Verhandlungen mit dem Sultan eingeleitet und zu verstehen gegeben, daß er sich durch Gebietsabtretungen fränkische Hilfstruppen verschaffen könne. Aus den christlichen Rittern war eine Söldnertruppe geworden! Doch König Ludwig war gekommen, um gegen die Ungläubigen zu kämpfen, und nicht, um Diplomatie zu betreiben. Er befahl den Tempelrittern, die Verhandlungen abzubrechen.

Im Dezember 1248, als König Ludwig sich auf Zypern befand, trafen zwei nestorianische Christen namens Markus und David in Nikosia ein und erklärten, sie seien von einem mongolischen Heerführer namens Aldschighidai geschickt, der des Großchans Beauftragter in Mossul sei. Sie brachten einen Brief mit, der in überschwenglichen Worten von der Sympathie der Mongolen für das Christentum sprach. Den Anfang hatte bereits 1245 Papst Innozenz IV. gemacht. In seinen Bemühungen, die orientalischen Christen zum »wahren« Glauben zu bekehren, hatte er in jenem Jahr eine Gesandtschaft an den Hof des Großchans in die Mongolei geschickt, von dem Franziskaner Johannes von Pian del Carpine geführt, die im April Lyon verließ, fünfzehn Monate lang quer durch Rußland und die Steppe Zentralasiens reiste und schließlich das kaiserliche Feldlager in Sira Ordu in der Nähe von Karakorum im August 1246 erreichte. Als Guyuk, der oberste Machthaber, unter dessen Ratgebern zahlreiche nestorianische Christen waren, den Brief des Papstes las, worin sein Übertritt zum Christentum verlangt wurde, reagierte er nicht, wie der Papst erwartet hatte. Er setzte ein Antwortschreiben auf, in dem er dem Papst

181

befahl, seine Oberherrschaft anzuerkennen und mit sämtlichen Fürsten des Westens zu kommen, um ihm zu huldigen.

Noch bevor Papst Innozenz IV. dieses Schreiben Ende 1247 erhielt, hatte er bereits Ende 1246 eine zweite Gesandtschaft unter dem Dominikaner Ascelin von der Lombardei geschickt. Diese war durch Syrien gereist und war im Mai 1247 in Täbris mit dem mongolischen Heerführer Baitschu zusammengetroffen. Dieser war bereit, die Möglichkeit eines Bündnisses gegen die Aiyubiden zu erörtern. Er plante einen Angriff auf Bagdad, und es hätte ihm gut gepaßt, wenn die syrischen Muslime durch einen Kreuzzug abgelenkt worden wären. Er schickte zwei Abgesandte namens Aibeg und Serkis, von denen letzterer nestorianischer Christ war, zusammen mit Ascelin nach Rom zurück. Die Abgesandten verweilten etwa ein Jahr beim Papst. Im November 1248 wurden sie angewiesen, zu Baitschu zurückzukehren und Beschwerde zu führen, weil nichts weiteres unternommen worden sei, um das Bündnis zustande zu bringen.

Ludwig war deshalb hocherfreut, wieder von den Mongolen zu hören, und entsandte unverzüglich eine Mission von Dominikanern unter der Führung des Andreas von Longjumeau und seines Bruders, die beide Arabisch sprachen. Andreas war der Hauptbeauftragte des Papstes bei den jüngsten Verhandlungen mit den monophysitischen Christen gewesen. Sie machten sich im Januar 1249 von Zypern nach dem Feldlager Aldschighidais auf und wurden von ihm in die Mongolei weitergeschickt, Andreas sollte jedoch nicht vor Ablauf von drei Jahren zu König Ludwig zurückkehren.

Als der Frühling nahte, wandte sich Ludwig an die ortsansässigen italienischen Handelsniederlassungen und ersuchte sie um Schiffe. Die Venezianer mißbilligten den Kreuzzug und wollten nicht helfen. Im März brach ein offener Krieg zwischen Genuesen und Pisanern längs der syrischen Küste aus, und die Genuesen, auf die Ludwig sich hauptsächlich verließ, zogen hierbei den kürzeren. Inzwischen empfing Ludwig in Nikosia verschiedene Besucher und Gesandtschaften. Bohemund von Antiochia ersuchte um eine Truppe von sechshundert Bogenschützen, um sein Fürstentum gegen die turkmenischen Räuberbanden zu schützen, und erhielt sie auch. Maria von Brienne, die lateinische Kaiserin von Konstantinopel, reiste eigens nach Zypern, um Hilfe gegen den byzantinischen Kaiser von Nikäa zu erbitten. Im Mai wurde es schließlich möglich, die Schiffe zu beschaffen, die der Kreuzzug benötigte. Am 13. Mai 1249 lag eine Flotte von hundertzwanzig großen Transportschiffen und zahlreichen kleineren Fahrzeugen vor Limassol. Am 4. Juni traf das königliche Geschwader vor Damiette ein, und am 5. Juni war Damiette erobert. Am 24. Oktober traf Ludwigs zweiter Bruder, Graf Alfons von Poitou, mit den Verstärkungen aus Frankreich ein. Und am 23. November starb Sultan Aiyub von Ägypten in Mansura. Sein einziger Sohn Turanschah befand sich weit weg als Vizekönig in der Gezira im nordöstlichen Syrien. Am 14. Dezember erreichte der König Baramun, und am 21. Dezember schlug sein Heer am Ufer des Bahr al-Saghir gegenüber von Mansura sein Lager auf.

Durch Verrat der Lage einer Furt über den Bahr al-Saghir gelang es den Kreuzfahrern, beim Morgengrauen des 8. Februars 1250 den Fluß zu überqueren. Der Bruder des Königs, Graf Robert von Artois, befehligte zusammen mit den Tempelrittern und dem englischen Truppenteil die Vorhut. Mit dieser Vorhut führte er unverzüglich einen kühnen, aber siegreichen Reiterangriff auf das ägyptische Lager vor Mansura. Trotz der Ratschläge von Bruder Gilles, Großkomtur der Tempelritter, beschloß Robert, seinen Vorteil durch einen Angriff auf die Stadt Mansura auszubauen, ohne das Eintreffen des Königs abzuwarten.

Vergebens mahnte ihn Bruder Gilles seiner Weisungen, die Ägypter nicht anzugreifen, bis der König hierzu die Erlaubnis erteilte. Der Graf sagte spöttisch, Gilles könne zurückbleiben, wenn er wolle. Hier wurde der Unterschied der Mentalität der Kreuzfahrer zu der der ansässigen Ritterorden deutlich: Die Kreuzfahrer waren sicher, daß gerade für sie ein Wunder geschehen werde. Doch in dem erbarmungslosen Straßenkampf erlitten der Graf und seine Vorhut eine vernichtende Niederlage. Robert von Artois wurde getötet und die Templer verloren fast 200 Mann. Als der König vom stellvertretenden Großmeister der Hospitaliter erfuhr, daß sein Bruder gefallen war, brach er in Tränen aus und machte die Tempelritter dafür verantwortlich.

Am 5. April 1250 geriet König Ludwig in Gefangenschaft. Nach langen Verhandlungen mußte er sich einverstanden erklären, sich selbst durch die Abtretung von Damiette und sein Heer durch die Zahlung von 500 000 Pfund *tournois* auszulösen, das heißt, mit insgesamt einer Million Byzantii. Am 10. April brachte Königin Margarethe von Frankreich in Damiette in Erfahrung, daß die Pisaner und Genuesen die Räumung Damiettes planten, da nicht mehr ausreichend Lebensmittel vorhanden waren. Sie wußte, daß sie Damiette ohne Hilfe der Italiener nicht halten konnte, und rief ihre Führer zu sich, um sie zu einer Sinnesänderung zu bewegen. Wenn Damiette aufgegeben wurde, besaß sie nichts mehr, womit sie den König auslösen konnte. Als sie vorschlug, alle in der Stadt vorhandenen Nahrungsmittel selbst aufzukaufen und ihre Verteilung zu besorgen, erklärten die Italiener sich zum Bleiben bereit. Der Ankauf kostete sie über 360 000 Pfund.

Sobald man sich auf die Bedingungen geeinigt hatte, wurden der König und die bedeutendsten Barone an Bord von Galeeren gebracht, die den Fluß hinab nach Fariskar fuhren, wo der neue Sultan Turanschah – er war am 28. Februar 1250 im ägyptischen Lager angekommen – seine Residenz aufschlug. Es wurde vereinbart, daß sie von dort weiter nach Damiette reisen, und daß die Stadt zwei Tage später, am 30. April, übergeben werden sollte. Von Damiette aus begab sich der Patriarch Robert unter sicherem Geleit zum Sultan nach Fariskar, um die Vereinbarungen über das Lösegeld zu treffen. Bei den abschließenden Verhandlungen hatte sich eine gewisse Verzögerung ergeben. Am Montag, dem 2. Mai 1250, befanden sich Turanschah und seine Gefangenen noch in Fariskar.

An diesem Tag gab der Sultan seinen Emiren ein Gastmahl. Aber er hatte die Unterstützung der Mamelucken (arabisch für Leibeigene) eingebüßt. Diese große Heeresgruppe von türkischen und tscherkessischen Sklaven hatte während der Regierungszeit seines Vaters, dessen besondere Gunst sie mit unverbrüchlicher Treue belohnt hatten, stetig an Bedeutung und Macht gewonnen. Durch die Unterstützung, die sie seiner verwitweten Stiefmutter gewährten, hatte Turanschah den Thron erhalten. Jetzt jedoch, als Sieger über die Franken, fühlte sich Turanschah stark genug, um die Regierungsposten mit seinen Günstlingen aus der Gezira zu besetzen. Als er sich erhob, um das Gastmahl zu verlassen, drangen Soldaten des mameluckischen Regimentes, geführt von Baibars Bundukdari, ein und hieben, Baibars voran, mit ihren Schwertern auf den Sultan ein. Die triumphierenden Verschwörer ernannten den rangältesten mameluckischen Befehlshaber Aibek zum Oberbefehlshaber und Regenten, und er heiratete die verwitwete Stiefmutter Turanschahs, die die rechtmäßige Erbfolge verkörperte.

Die Mamelucken bestätigten die vorher vereinbarten Bedingungen. Der König und die Edlen sollten auf freien Fuß gesetzt werden, sobald Damiette übergeben war. Aber die gemeinen Soldaten, von denen einige nach Kairo gebracht worden waren, würden warten müssen, bis das Lösegeld bezahlt war, und dieses wurde auf 400 000 Pfund *tournois* herabgesetzt, wovon die Hälfte in Damiette und die Hälfte nach dem Eintreffen des Königs in Akkon zu entrichten war.

Am Freitag, dem 6. Mai 1250, wurde Damiette übergeben. Der König und die Edlen wurden noch am gleichen Nachmittag dorthin gebracht, und Ludwig machte sich daran, die erste Teilzahlung des Lösegeldes aufzutreiben. Aber in seinen eigenen Schatztruhen befanden sich nur noch 170 000 Pfund. Bis die Restsumme herbeigeschafft war, hielten die Ägypter den Bruder des Königs, Alfons von Poitou, als Geisel zurück. Es war bekannt, daß die Tempelritter auf ihrer Hauptgaleere große Vorräte an barem Geld besaßen. Aber erst unter Androhung von Gewaltmaßnahmen erklärten sie sich bereit, die 30 000 Pfund herauszugeben. Unverzüglich wurde der Graf von Poitou auf freien Fuß gesetzt, und noch an jenem Abend schifften sich der König und die Barone nach Akkon ein. Am 3. Juli gab Ludwig seine Entscheidung öffentlich bekannt, daß er in Outremer (= Übersee, französisch für die fränkischen Besitzungen in der Levante) bleiben und den Kreuzzug fortsetzen wolle. Er entband seine Brüder und die führenden Vasallen von ihrer Heerespflicht, und sie gingen Mitte Juli von Akkon aus in See. Die Königin blieb mit dem König zurück, der unverzüglich als tatsächlicher Herrscher des Königreiches anerkannt wurde. Nach Recht und Gesetz gehörte der Thron nach wie vor Konrad von Deutschland. Aber es war mittlerweile offensichtlich geworden, daß Konrad niemals nach Osten kommen würde.

Als die Nachricht vom Tod Turanschahs in Homs eintraf, zog der Fürst von Aleppo von dort gen Süden und besetzte am 9. Juli Damaskus, wo man ihn als Urenkel Saladins begeistert willkommen hieß. Wieder einmal kam es zu erbitterter Rivalität zwischen Kairo und Damaskus, und beide Höfe bemühten sich eifrig, sich die Hilfe der Franken zu verschaffen. Ludwig war kaum in Akkon angelangt, als dort bereits eine Gesandtschaft aus Damaskus eintraf. Aber Ludwig wollte seine Vereinbarung mit den Ägyptern zur Befreiung der fränkischen Gefangenen nicht gefährden. Im Winter 1250 fiel das Heer von Damaskus in Ägypten ein. Am 2. Februar 1251 stieß es bei Abbasa im Delta, zwanzig Kilometer östlich des heutigen Zagazig, mit dem ägyptischen Heer unter Aibek zusammen und verlor die Schlacht, da ein Regiment Mamelucken im syrischen Heer mitten im Schlachtgetümmel desertierte. Die Machtstellung der Mamelucken in Ägypten war gerettet, aber die Aiyubiden hielten nach wie vor Palästina und Syrien.

Als der Aiyubide bald darauf Boten aus Damaskus nach Akkon sandte und andeutete, daß er vielleicht als Entgelt für fränkische Hilfe Jerusalem abtreten werde, waren die Tempelritter eindeutig dafür, mit Damaskus gemeinsame Sache zu machen. Ludwig hingegen schickte eine Gesandtschaft nach Kairo, um Aibek mitzuteilen, daß er sich mit Damaskus verbünden werde, wenn die Frage der fränkischen Gefangenen nicht bald geregelt werde. Es gelang seinem Botschafter Johann von Valenciennes im Verlauf von zwei Besuchen, zuerst die Freilassung der Ritter zu erwirken, die im Jahr 1244 in Gaza in Gefangenschaft geraten waren, unter denen sich auch der Großmeister der Hospitaliter befand, und dann 3000 andere in jüngerer Zeit Gefangengenommene gegen 300 Muslime auszutauschen, die sich in fränkischen Händen befanden.

Aibek zeigte, wie sehr ihm daran lag, mit dem König auf freundschaftlichen Fuß zu gelangen, indem er ihm mit der zweiten Gruppe der Freigelassenen einen Elephanten und ein Zebra als Geschenk übersandte. Nunmehr nutzte Ludwig die Gunst der Stunde und verlangte die Freilassung aller noch in mameluckischen Händen befindlichen Gefangenen ohne weitere Zahlungen. Als Aibek erfuhr, daß sich ein Abgesandter Ludwigs, der Arabisch sprechende Yves der Bretone, am Hof von Damaskus befand, gab er um den Preis eines Militärbündnisses gegen Damaskus dem Verlangen des Königs nach. Ludwig stimmte zu, doch die Tempelritter weigerten sich, ihre Beziehungen zu Damaskus abzubrechen. Das hätte jedoch den Vertrag zunichte gemacht. Der König war genötigt, ihnen einen öffentlichen Verweis zu erteilen und eine untertänigste Entschuldigung zu verlangen. Gegen Ende März 1252 waren sämtliche Gefangenen freigelassen.

Wie gesagt, die Spannung zwischen dem König von Frankreich und den Tempelrittern geht viel weiter zurück als in die Zeit Philipps IV. des Schönen. Sollten die Angaben der Quellen stimmen, so waren es die Tempelritter, die geldgierig und geschäftstüchtig waren, nicht der König. Und die Spannung lag in den gewachsenen Bündnissen in Outremer und nicht in einer Kollaboration mit dem Feind begründet.

Wir haben gesehen, daß sowohl das Gründungsdatum als auch die Gründungsumstände, ja selbst der Zweck und das Ziel der Gründung des Templerordens mit der üblichen überlieferten Version nicht übereinstimmen. Vielleicht sollten wir uns auch den Untergang des Ordens näher betrachten, da dieser ebenfalls nicht mit der üblichen Historie übereinstimmt.

Papst Gregor X. und die Tempelritter

Bereits 1274 auf dem Konzil zu Lyon hatte Papst Gregor X. die christliche Welt erneut aufgerufen, streng gegen Wucher einzuschreiten. Er beunruhigte sich über den Reichtum des Templerordens und schöpfte Verdacht wegen seiner unabhängigen Stellung; er gab dem Gedanken Ausdruck, es sei wünschenswert, die verschiedenen geistlich-militärischen Orden zu verschmelzen. Dann würden sie einander überwachen und sich in ihren Ansprüchen hemmen; der Heilige Stuhl würde die Oberherrschaft ausüben.

So lesen wir es üblicherweise. Stimmt das? Hat die Nachricht vom Aufruf gegen Wucher etwas mit den Templern zu tun, oder warum wird dieser Umstand in dem Zusammenhang erwähnt? Hat sich der Papst tatsächlich wegen des Reichtums der Templer beunruhigt? Wie kann er wegen der unabhängigen Stellung des Ordens Verdacht schöpfen, wenn der Papst selbst mit der Bulle *Omne datum optimum* vom 29. März 1139 dem neuen Orden völlige Freiheit und Unabhängigkeit gegenüber Kirche, Mönchsorden und Staat gewährt und ihn unmittelbar dem Heiligen Stuhl unterstellt hatte?! Wenn er den Gedanken zum Ausdruck gebracht haben soll, die drei Ritterorden zu verschmelzen, geschah dies tatsächlich zu dem Zweck, daß sie einander überwachten und hemmten? Warum sollte der Hei-

188

lige Stuhl erst durch diesen Schritt die Oberherrschaft ausüben, die er von Anfang an innehatte? Wir sollten uns Papst Gregor X. und das Konzil zu Lyon im Jahre 1274 näher ansehen.

Zu Beginn des Pontifikats von Papst Urban IV. (29. August 1261), dem ehemaligen lateinischen Patriarchen von Jerusalem Jakob Pantaléon aus Troyes in der Champagne, erschien in Viterbo der lateinische Kaiser von Konstantinopel Balduin II., der soeben (August 1261) vom byzantinischen Kaiser Michael VIII. Palaeologos von Nikäa vertrieben worden war. Er ersuchte seinen Oberlehnsherrn, einen Kreuzzug zur Rückeroberung des Lateinischen Kaiserreichs zu führen. Um einen solchen Plan zu verhindern, schlug Michael dem Papst im Sommer 1262 in einem Schreiben die Beendigung des Schismas vor.

In Verfolgung der Antistauferpolitik der Päpste entschloß sich der neue Papst, im Königreich Sizilien einen vom Heiligen Stuhl abhängigen Souverän einzusetzen und die Macht der Stauferdynastie in Italien ein für allemal zu brechen. Obwohl Manfred, der natürliche Sohn Friedrichs II., in Sizilien regierte, bot der Franzose auf dem Heiligen Stuhl die sizilische Krone König Ludwig IX. von Frankreich an. Dieser lehnte jedoch ab. Daraufhin bot der Papst die Krone dessen jüngerem Bruder Karl, Graf von Anjou, an, und am 17. Juni 1263 wurde ein entsprechender Vertrag aufgesetzt. Danach sollte Karl gegen eine Pauschale von 50 000 Silbermark und die Zusage eines jährlichen Tributs in Höhe von 10 000 Unzen Gold, Freiheit für die Kirche des Königreichs und Militärhilfe je nach Bedarf mit dem Königreich von Süditalien (Neapel) und Sizilien belehnt werden. Doch bevor es zu einer Vereinbarung mit dem byzantinischen Kaiser oder mit Karl von Anjou kam, starb der Papst 64jährig am 2. Oktober 1264

Am 5. Februar 1265 wurde der Franzose Guy Foulques, Kardinalbischof von Sabina, in Perugia in Abwesenheit zum Papst gewählt. Dieser war nämlich im November 1263 als päpstlicher Legat nach England geschickt worden. Wegen der in Norditalien herrschenden feindseligen Stimmung mußte er sich in Mönchskleidung nach Perugia begeben. Als Papst Klemens IV. residierte er, wiederum wegen der feindseligen Atmosphäre in Rom, zunächst in Perugia und danach in Viterbo. Als erste Amtshandlung drängte er Karl von Anjou, nach Rom zu kommen. Dieser traf in Mai 1265 in der Stadt ein, wo ihn am 28. Juni fünf vom Papst beauftragte Kardinäle mit dem Königreich von Süditalien und Sizilien belehnten. Klemens half ihm mit der durch einen 30jährigen Zehnten an Frankreichs Kirche gedeckten Anleihe riesiger Geldsummen bei toskanischen Bankiers. Damit sollte der sizilische Feldzug gegen Manfred finanziert werden, den er unternehmen sollte, um das ihm belehnte Reich in Besitz nehmen zu können. In Frankreich war ein Kreuzzug gegen Manfred gepredigt worden, und ein mächtiges französisches Heer marschierte an die Grenzen des Königreichs. Die Entscheidungsschlacht wurde am 26. Februar 1266 bei Benevent ausgetragen und endete mit Manfreds Niederlage und Tod.

Der byzantinische Kaiser Michael VIII. war noch immer bemüht, den vom Papst geplanten Kreuzzug zur Wiedereroberung Konstantinopels durch Karl von Anjou zu verhindern. Am besten gelänge dies, wenn das Schisma zwischen der West- und Ostkirche beseitigt würde, da dies allein den Papst in die Lage versetzte, gegen für ketzerisch erklärte Christen einen Kreuzzug zu führen. Deshalb schrieb der Kaiser Anfang 1267 an den Papst und zeigte sich stark an der Wiederherstellung der Kircheneinheit interessiert. Klemens IV. hingegen wollte sich diese Trumpfkarte nicht aus der Hand nehmen lassen und verlangte in einem herrischen Antwortschreiben vom 4. März 1267 die völlige Unterwerfung der Griechen unter den Primat Roms. In diesem Jahr fühlte sich König Ludwig IX. von Frankreich endlich in der Lage, Vorbereitungen zu seinem zweiten Kreuzzug zu treffen, und nahm langsam die nötigen Vorkehrungen und die Aufbringung der erforderlichen Geldmittel in Angriff. Er hatte das Heilige Land niemals vergessen. Alljährlich schickte er eine Summe zur Erhaltung der kleinen Abteilung von Truppen, die er unter Gottfried von

Sargines in Akkon zurückgelassen hatte. Und diese Gepflogenheit wurde nach dem Tode Gottfrieds, ja nach seinem eigenen Tod beibehalten.

1268 zog der letzte Staufer, der 16jährige Konradin, Herzog von Schwaben und König von Jerusalem, nach Italien, um sein kaiserliches Erbe zurückzuerobern. Klemens versuchte, seinen Vormarsch aufzuhalten, indem er ihn und seine Anhänger exkommunizierte und ihn als König von Jerusalem absetzte. Außerdem bestellte er am 17. April Karl von Anjou zum Reichsvikar in der Toskana. Im Juli 1268 wurde Konradin in Rom ein begeisterter Empfang zuteil, aber am 23. August wurde er bei Tagliacozzo in der Provinz L'Aquila von Karl geschlagen, gefangengenommen und nach einem Prozeß am 29. Oktober enthauptet. Der Papst war nun die Staufer losgeworden, dafür errang aber Karl von Anjou die Vorherrschaft in Mittel- und Norditalien und im Kirchenstaat selbst. Am 29. November 1268 starb der 73jährige Papst.

Nach seinem Tode rangen die Kardinäle beinahe drei Jahre lang in Viterbo um einen Nachfolger. Der Kreuzzugsgedanke wurde nur noch von den Franzosen König Ludwig IX. und dessen Bruder König Karl I. von Neapel-Sizilien verfolgt. Und Karl hatte eine konkrete Vorstellung, die er seinem Bruder unterbreitete. Das fränkische Outremer sieche dahin und sei nicht mehr zu retten. Und Portugal habe 1251 die Algarve erobert und damit seine heutige Ausdehnung erreicht. Es sei an der Zeit, in Nordafrika ein französisches Outremer zu gründen, bevor die Portugiesen ihnen zuvorkämen. Er wußte auch wo: Emir al-Mustansir von Tunis, der die afrikanische Küste gegenüber Sizilien beherrschte, war dafür bekannt, daß er den Christen wohlgesonnen war. Aber er hatte sich Karls Unmut zugezogen, weil er seinen Gegnern aus Sizilien Zuflucht gewährte. Dorthin sollte der neue französische – heute allgemein siebter und letzter genannter – Kreuzzug gehen.

Am 1. Juli 1270 stach Ludwig an der Spitze eines gewaltigen Kriegszuges bei Aigues-Mortes in See. Die Kriegsflotte traf am 18. Juli in der vollen Sonnenglut des afrikanischen Sommers vor Karthago ein. Der Emir von Tunis brauchte nicht zu kämpfen. Das Klima leistete ganze Arbeit. Seuchen griffen im französischen Feldlager um sich. Fürsten, Ritter und Soldaten lagen zu Tausenden darnieder. Der König war einer der ersten, den die Krankheit niederwarf. Als Karl von Anjou am 25. August 1270 mit seinem Heer eintraf, erfuhr er, daß sein Bruder wenige Stunden zuvor gestorben war. Karls Tatkraft rettete den Kriegszug vor der Katastrophe bis zum Herbst. Dann zahlte ihm der Emir eine große Ablösungssumme dafür, daß er nach Italien zurückging.

Die Kardinäle zu Viterbo, die sich noch immer nicht auf einen Nachfolger für Klemens IV. hatten einigen können, delegierten schließlich die Wahl an ein Sechserkomitee, das am 1. September 1271 Tedaldo Visconti, Erzdiakon von Lüttich, in Abwesenheit erkor. Der 61jährige Tedaldo befand sich gerade im Heiligen Land, wohin er Ende 1270 eine Truppe aus den Niederlanden angeführt hatte. Er begleitete, ebenso wie eine kleine Abteilung Bretonen unter ihrem Grafen, dem Herzog Edmund von Lancaster (dem künftigen König von England), der seinem Bruder Prinz Eduard mit Verstärkung ins Heilige Land gefolgt war. Eduard war mit einem Kreuzzug von etwa tausend Mann am 9. Mai 1271 in Akkon an Land gegangen. Hier erreichte Tedaldo die Nachricht von seiner Wahl zum Papst.

Tedaldo war entsetzt über den Stand der Dinge in Outremer, den fränkischen Besitzungen im Orient. Die politische Lage hatte sich zwar seit einiger Zeit verändert, da die Mamelucken dort seit 1252 die Macht als Soldatensultane übernommen, und die Mongolen seit dem 10. Februar 1258 dem Kalifat von Bagdad ein Ende bereitet hatten. Die Franken hatten nur noch Küstenbesitzungen und wurden von Mamelukken und Mongolen gleichermaßen bedroht. Prinz Eduard wußte wohl, daß sein eigenes Heer klein war, aber er hoffte, die Franken des Ostens zu einer gewaltigen Körperschaft zusammenzuschließen, um einen wirksamen Angriff gegen Sultan Baibars von Ägypten zu unternehmen. Er mußte zu seinem Schrecken feststellen, daß die Venezianer einen blühenden Handel mit dem Sultan betrieben und ihn mit allem Holz und Metall versorgten, das er für seine Rüstung benötigte, während die Genuesen sich nach Kräften bemühten, ebenfalls in dieses gewinnbringende Geschäft einzusteigen. Den ägyptischen Sklavenhandel hatten sie ja ohnehin bereits in der Hand.

Aber als Eduard den Kaufleuten in Akkon Vorwürfe machte, daß sie so die Zukunft des christlichen Ostens gefährdeten, wiesen sie ihm Gewerbescheine vor, die sie vom Hochgericht in Akkon erhalten hatten. Von den Rittern Zyperns war auch nicht viel zu erwarten, denn diese machten ihm mit Bestimmtheit klar, sie seien lediglich zur Verteidigung der Insel zum Militärdienst verpflichtet.

Die Abendländer besaßen im Osten drei Ritterorden für den Kampf gegen die Ungläubigen. Wo waren sie damals?

Der Großmeister der Hospitaliter Hugo von Revel stellte fest, daß der Orden anstatt der zehntausend Ritter, wie in früheren Zeiten, jetzt nur noch dreihundert in Outremer unterhalte. Außer dem Hauptquartier in Akkon besaß der Orden nämlich nur noch die Burg Marqab, betätigte sich jedoch als Schutzherr der nestorianisch-christlichen Kaufleute aus Mossul und stützte sich auf die Kaufleute aus Genua.

Die Tempelritter unter Großmeister Thomas Bérard hingegen besaßen ihr Hauptquartier in Tortosa nördlich von Tripolis sowie Sidon und die riesige Burg Athlit, den einzigen fränkischen Besitz südlich von Akkon. Sie betätigten sich als Schirmherren der muslimischen Kaufleute aus Bethlehem, denn ihre Bankverbindungen mit der gesamten levantinischen Welt erlegte ihnen diese Funktion auf, und sie waren mit den Venezianern verbündet.

Der Deutsche Ritterorden besaß lediglich sein Hauptquartier von Akkon im Heiligen Land und hatte keine Verbündeten unter den italienischen Seerepubliken. Und keiner von ihnen war bereit, an Kämpfen eines neuen Kreuzzuges teilzunehmen.

Kurz nach seiner Ankunft in Akkon schickte Prinz Eduard
eine aus drei Engländern bestehende Gesandtschaft, nämlich
Reginald Russell, Godfrey Welles und John Parker, an den
Ilkhan der Mongolen. Abaga, dessen Hauptheere in Turke-
stan im Feld lagen, erklärte sich bereit, so gut zu helfen, wie
er konnte. In der Zwischenzeit begnügte sich Eduard mit einigen kleineren Überfällen über die Grenze. Um die Mitte
1271 erfüllte Abaga sein Versprechen, indem er zehntausend
Berittene von seinen Garnisonen in Anatolien abtrennte. Sie
fegten an Ainab vorbei nach Syrien hinab und besiegten die
turkmenischen Truppen, die Aleppo abschirmten. Die mameluckischen Besatzungstruppen von Aleppo flohen vor ihnen nach Hama. Abagas Reitertruppen drangen über Aleppo
hinaus weiter nach Maarat al-Numan und Apamea vor. Unter den ortsansässigen Muslimen brach eine Panik aus. Aber
Baibars, der sich in Damaskus aufhielt, war nicht besonders
beunruhigt. Er hatte ein großes Heer zur Hand und rief Verstärkung aus Ägypten herbei. Als er am 12. November 1271
nach Norden vorzurücken begann, kehrten die Mongolen
um und zogen sich mit Beute beladen hinter den Euphrat
zurück.

Während Baibars von den Mongolen abgelenkt wurde,
führte Eduard die Franken über den Berg Karmel zu einem
Überfall in die Ebene von Saron. Aber er besaß so wenig Truppen, daß er nicht einmal den Versuch unternahm, die kleine
mameluckische Festung Qanqun zu stürmen, welche die
Straße durch das Bergland bewachte. Wenn irgendein Gebiet
zurückerobert werden sollte, war ein größeres Kreuzfahrer-
heer vonnöten. Und das begriff auch der Kreuzfahrer Tedaldo,
der designierte Papst, und sah seine Hauptaufgabe als Papst
darin, zu einem neuen und schlagkräftigen Kreuzzug auf-
zurufen. Dafür jedoch wäre die Unterstützung durch den wieder zu Macht und Ehren gekommenen Kaiser von Byzanz un-
bedingt erforderlich. Um dies zu erreichen, müßte zunächst
das Schisma mit der griechischen Kirche beseitigt werden.
Noch von Akkon aus setzte Tedaldo den byzantinischen Kai-

ser Michael VIII. Palaeologos von seinem Wunsch nach Wiederherstellung der Kircheneinheit in Kenntnis. Auch der Kaiser suchte die Vereinigung, allerdings, um das ehrgeizige Vorhaben König Karls I. von Neapel-Sizilien, seinem Verbündeten, dem exilierten lateinischen Kaiser von Konstantinopel Balduin II., zu helfen und dem Westen Konstantinopel zurückzuerobern, zu vereiteln. Beim Verlassen Palästinas gelobte der designierte Papst, Jerusalem niemals zu vergessen und die Befreiung der heiligen Stätten zum Inhalt seines Pontifikats zu machen. Am 27. Februar 1272 traf er in Viterbo ein, dann begab er sich nach Rom. Nach seiner Ordination zum Priester wurde er am 27. März in St. Peter als Papst Gregor X. inthronisiert.

Bereits am 13. April 1272 verschickte Gregor X. Einladungen zu einem allgemeinen Konzil mit drei Tagesordnungspunkten: ein neuer Kreuzzug, die Wiedervereinigung mit der griechischen Kirche und die Reform des Klerus. Zwischenzeitlich erhielt er den von ihm vor seiner Abreise aus Akkon veranlaßten ausführlichen Bericht zur Lage in Outremer vom vormaligen Großmeister des Dominikaner-Ordens Humbert von Romans. Dieser schrieb sein *Opus Tripartitum* im Hinblick auf ein allgemeines Kirchenkonzil, das die genannten drei Themen erörtern sollte. Er glaubte nicht an die Möglichkeit, die Muslime zu bekehren, wiewohl die Bekehrung der Juden von Gott verheißen und die Bekehrung der osteuropäischen Heiden nach seiner Ansicht durchführbar war. Er war der Auffassung, daß ein neuer Kreuzzug ins Morgenland unerläßlich sei.

Trotz des Widerstands durch Karl von Anjou und die französische Gruppierung innerhalb der Kurie trieb Gregor sein Projekt voran und schickte im Oktober 1272 Gesandte nach Konstantinopel. Er lud Kaiser Michael ein, Delegierte auf das bevorstehende Konzil in Lyon zu entsenden. Am 25. Mai 1273 starb der Großmeister des Templerordens, und man wählte Wilhelm von Beaujeu zu seinem Nachfolger. Dieser war mit dem französischen Königshaus verwandt und befand sich zur

Zeit seiner Wahl in Apulien, auf dem Gebiet seines Vetters Karl von Anjou. So verband sich der Templerorden mit der Politik des französischen Königshauses.

Das Konzil wurde am 7. Mai 1274 in Lyon eröffnet. Und am 24. Juni trafen die griechischen Delegierten ein. König Karl hatte ihnen widerstrebend freies Geleit gewährt. Übereinstimmend mit den bereits getroffenen Vereinbarungen billigten sie das römische Glaubensbekenntnis einschließlich der Formel von der zweifachen Ausgießung des Heiligen Geistes. Auf der vierten Sitzung vom 6. Juli konnte der Papst die Union formell verkünden. Zu den Plänen Gregors für einen Kreuzzug, der durch einen Zehnten auf kirchliche Einkünfte finanziert werden sollte, erklärten sich die Könige Englands, Frankreichs, Aragóns und Siziliens grundsätzlich zur Teilnahme bereit. Unter der Voraussetzung, daß der Westen einen dauerhaften Frieden mit ihm schließe und König Karl I. und seinen Verbündeten Balduin II., den exilierten lateinischen Kaiser von Konstantinopel, im Zaum halte, war auch Kaiser Michael Palaeologos dazu gewillt.

Zu den verabschiedeten Reformen zählten Dekrete, die mit den verschiedenen Mißbräuchen wie ungerechtfertigt langer Vakanz einer Pfründe, Ämterhäufung und unerlaubter Abwesenheit Schluß machten. Mit Ausnahme der Franziskaner und Dominikaner wurden sämtliche Orden strengen Bestimmungen unterworfen. Damit versuchte der Papst, die nominell nur dem Papst unterstellten Ritterorden in den Griff zu bekommen. In diesem Zusammenhang äußerte er den Gedanken, es sei wünschenswert, die verschiedenen geistlich-ritterlichen Orden zu verschmelzen. Dann würden sie einander überwachen und in ihren Ansprüchen hemmen; der Heilige Stuhl würde die Oberherrschaft ausüben. Auf diesem Wege könnte man den französischen Einfluß auf den stärksten dieser Orden, die Tempelritter, einschränken. Das war die erste Aktion des Papsttums gegen die Tempelritter, jedoch weder wegen ihres Reichtums noch wegen ihrer Geheimlehre, sondern aus rein politischen Überlegungen heraus.

Etwa zur Zeit des Konzils schrieb Jacquemart Gelée aus Lille einen *Renart le Nouvel*, eine heftige Attacke gegen die Kirche und die geistlichen Orden. Darin stehen alle Orden im Dienst Goupils des Hinterlistigen, der seine Söhne zu Ordensmeistern macht. Er selbst beschließt, die Leitung des vereinigten Ordens vom Tempel und vom Hospital zu übernehmen. Er trägt zur Rechten den Habit des Hospitals, zur Linken den des Tempels, und seine linke Gesichtshälfte ziert ein Bart.

Als der neue Großmeister des Templerordens, der Franzose Wilhelm von Beaujeu, 1275 in den Osten kam, war er entschlossen, die Pläne seines Vetters Karl I. von Neapel-Sizilien zu fördern. Gregor X. starb 65jährig am 10. Januar 1276 in Arezzo, und aus keinem seiner Konzilspläne wurde etwas: Der Kreuzzug kam nicht zustande, die Bevölkerung im byzantinischen Osten lehnte die Vereinigung mit der Westkirche ab, und die drei Ritterorden blieben zerstritten.

Mit Hilfe der Tempelritter erwarb Karl I. im März 1277 die Rechte der Maria von Antiochia auf den Titel des Königs von Jerusalem gegen tausend Goldpfunde und eine Jahresrente von viertausend Pfund *tournois*. Karl nahm unverzüglich den Titel eines Königs von Jerusalem an und schickte im April Roger von San-Severino, den Grafen von Marsico, mit einer bewaffneten Truppe als seinen *Bailli* nach Akkon. Dabei ermächtigte er den Tempelritter Aymar von Petrucia, an die Adresse des Templerordens die Pferde und Waffen nach Syrien zu schicken, die seinem jüngsten Sohn gehört hatten. Roger konnte dank der Hilfe der Tempelritter und der Venezianer in Akkon an Land gehen, wo er Beglaubigungsschreiben mit den Unterschriften Karls, Marias und Papst Johannes XXI. vorwies. Roger hißte Karls Banner, rief ihn zum König von Jerusalem und Sizilien aus und befahl sodann den Baronen des Königreiches, ihm zu huldigen. 1278 sicherte sich Karl I. von Anjou die Dienste eines Templerschiffes für den Transport von 35 Pferden nach Akkon, wo sein Bailli Roger sie in Empfang nahm. So betrieben die Tempelritter französische Politik und konnten keineswegs mit dem französischen König in Konflikt geraten sein, der damals Philipp III. der Kühne, Sohn Ludwigs IX., war.

Im Interesse des auf dem 2. Konzil zu Lyon 1274 beschlossenen Kreuzzugs setzte Papst Nikolaus III., wenn auch ohne Erfolg, die Bemühungen Johannes' XXI. um eine Vermittlung zwischen Alfons X. von Kastilien und Philipp III. von Frankreich fort, die beide das Königreich Navarra beanspruchten, und betrieb weiterhin die Einziehung der vom Konzil beschlossenen Hilfsgelder. In diesem Rahmen schrieb er 1278 den drei Ritterorden und verlangte von ihnen, im Orient eine große Zahl Soldaten für den Kreuzzug zu halten.

Karl war bald mit eigenen Problemen in Sizilien dermaßen beschäftigt, daß er nicht in der Lage war, sich in die Angelegenheiten Outremers einzumischen. Denn die Sizilianer, mit der Verlegung der Hauptstadt von Palermo nach Neapel und der Einsetzung französischer Beamter unzufrieden, rebellierten 1282 gegen den französischen König. König Peter III. von Aragón forderte 1283 den Beistand der in seinem Land ansässigen Tempelritter in einem Verteidigungskrieg gegen seine *christlichen* Gegner, die Franzosen. Mit Hilfe des Königs von Aragón verjagten die Sizilianer die Angiovinen von der Insel und besiegten im Juni 1284 Karls Flotte in der Bucht von Neapel. Dabei nahmen sie seinen Sohn Karl (II.) gefangen. Karl I. war mit der Vorbereitung einer Gegenoffensive beschäftigt, als er am 7. Januar 1285 in Foggia 58jährig starb, während sich sein Sohn noch immer in Gefangenschaft befand.

Die Letzten Jahre von Outremer

Seit 1284 regierte in Persien als *Ilkhan* ein Mongole und Buddhist namens Arghun. Zu seinen Ratgebern gehörten auch der Jude Saad al-Daula und der nestorianisch-christliche Katholikos Mar (aramäisch für Sankt) Jahballaha. Dieser bemerkenswerte Mann war der Herkunft nach ein Türke, der in der chinesischen Provinz Schan-si am Ufer des Hoang-Ho geboren worden war. Er war mit seinem Landsmann Rabban Sauma nach dem Westen gekommen in der vergeblichen Hoffnung, eine Pilgerreise nach Jerusalem machen zu können. Während er sich 1281 im Irak befand, ergab es sich, daß der Stuhl des Katholikos (Patriarch der Ostkirche) unbesetzt war, und man wählte ihn in dieses Amt. Er besaß großen Einfluß auf den neuen Ilkhan, dessen Sprache er perfekt beherrschte. So entstand auf Anregung des Katholikos der Plan, Palästina und Ägypten mit Hilfe eines Kreuzzuges des Westens »zur Befreiung Jerusalems« zu erobern.

1285 schrieb Ilkhan Arghun an Papst Honorius IV., um gemeinsame Schritte vorzuschlagen, erhielt jedoch keine Antwort. Zwei Jahre später beschloß er, eine Gesandtschaft nach dem Westen zu schicken, und wählte als seinen Botschafter den Freund des Katholikos Rabban Sauma. Zu Beginn des Jahres 1287 machte sich der Botschafter auf den Weg. Er schiffte sich in Trapezunt am Schwarzen Meer ein und kam um die Osterzeit in Konstantinopel an. Er wurde von Kaiser Andronikos herzlich empfangen. Der Kaiser stand bereits mit den Mongolen auf gutem Fuß und war bereit, ihnen zu helfen, soweit seine schwindenden Hilfsmittel dies erlaubten. Von Konstantinopel begab sich Rabban Sauma nach Neapel, wo er Ende Juni eintraf. Er ritt weiter nach Rom, dort war Papst Honorius IV. am 3. April 1287 gestorben, und das Konklave zur Wahl seines Nachfolgers war noch nicht zusammengetreten. Nachdem er in den Hauptkirchen Roms seine Andacht verrichtet hatte, reiste er weiter nach Genua. Die Genuesen hießen ihn mit größter Feierlichkeit willkommen. Das Bündnis mit den Mongolen war für sie bedeutungsvoll, und sie schenkten den Vorschlägen des Botschafters gebührende Aufmerksamkeit.

Ende August 1287 reiste Rabban Sauma nach Frankreich weiter und traf Anfang September in Paris ein. Dort wurde ihm ein Empfang bereitet, wie er ihn sich nicht besser wünschen konnte. Ein Geleitzug brachte ihn in die Hauptstadt, und als der 19jährige König Philipp IV. ihm eine Audienz gewährte, wurden ihm die einem Souverän zustehenden Ehren bezeugt. Der König erhob sich von seinem Thron, um ihn zu begrüßen, und hörte mit tiefem Respekt seine Botschaft an. Rabban Sauma verließ die Audienz mit dem Versprechen, daß Philipp, so es Gott gefiel, selbst ein Heer zur Rettung Jerusalems anführen werde. Der Botschafter war entzückt von Paris, der König selbst führte ihn durch die Sainte-Chapelle und zeigte ihm die geheiligten Reliquien, die sein Großvater Ludwig IX. aus Konstantinopel mitgebracht hatte. Als er schließlich von Paris weiterreiste, ernannte der König einen eigenen Botschafter, Gobert von Helleville, der mit ihm an den Hof des Ilkhan zurückreiste und weitere Einzelheiten des Bündnisses vereinbaren sollte.

Rabban Saumas nächster Gastgeber war Eduard I. von England, der sich zu dieser Zeit in Bordeaux, der Hauptstadt seiner französischen Besitzungen, aufhielt. Bei Eduard, der selbst 1271 im Osten gekämpft und sich seit langem für ein Bündnis mit den Mongolen eingesetzt hatte, stießen seine Vorschläge auf einsichtsvollen Widerhall. Rabban Sauma war ganz besonders geschmeichelt, als man ihn aufforderte, vor dem englischen Hof die Messe zu zelebrieren. Aber als es darum ging, einen Zeitplan aufzustellen, machte Eduard Ausflüchte. Weder er noch Philipp von Frankreich konnten den genauen Zeitpunkt angeben, zu dem sie bereit sein würden, sich zum Kreuzzug aufzumachen. Der Botschafter des Ilkhan reiste ein wenig besorgt und unbehaglich nach Rom zurück. Er machte während der Weihnachtstage in Genua Halt.

Am 15. Februar 1288 wurde der 60jährige General des Franziskaner-Ordens Girolamo Masci als Kompromißkandidat einstimmig zum neuen Papst gewählt – der erste Franziskaner auf dem Papststuhl. Nachdem er die Annahme der Wahl zunächst verweigert hatte, wählten ihn die Kardinäle am 22. Februar erneut und weihten ihn als Papst Nikolaus IV. Bald darauf empfing er den mongolischen Botschafter. Von Anfang an zeigte er sich stärker an einem Kreuzzug interessiert als seine Vorgänger. Rabban Sauma sprach den Papst als den ersten Bischof der Christenheit an, und Nikolaus übersandte dem nestorianischen Katholikos seinen Segen und erkannte ihn als Patriarchen des Ostens an. Während der Karwoche zelebrierte der Botschafter vor sämtlichen Kardinälen die Messe und empfing aus den Händen des Papstes selbst die Kommunion. Er verließ Rom zusammen mit dem Botschafter Philipps von Frankreich, Gobert von Hellville, im Spätfrühling 1288, beladen mit Geschenken, darunter vielen kostbaren Reliquien für den Ilkhan und den Katholikos, und mit Briefen an beide sowie an die beiden christlichen Prinzessinnen am Hof und den jakobitischen Bischof Dionysios von Täbris. Die Briefe waren jedoch unbestimmt gehalten, denn der Papst konnte keine definitiven Maßnahmen zu irgendeinem genauen Zeitpunkt versprechen.

Mit Hilfe des Königs von England Eduard I. und des neuen Papstes gelang die Entlassung Karls (II.) aus der Gefangenschaft, nachdem er versprochen hatte, seinen Anspruch auf Sizilien aufzugeben. Doch kaum war er auf freiem Fuß, wurde er durch den Papst von seinem Versprechen entbunden, und der Kampf um Sizilien ging weiter.

Ilkhan Arghun wollte nicht glauben, daß den Christen des Westens bei all den frommen Beteuerungen ihrer Treue und Hingabe das dem Heiligen Lande drohende Schicksal derart gleichgültig sein konnte. Er hieß Rabban Sauma bei seiner Heimkehr mit höchsten Ehren willkommen und empfing Gobert von Helleville mit Herzlichkeit. Aber er verlangte nach genaueren Angaben, als Gobert sie ihm machen konnte. Bald nach Ostern 1289 schickte er einen zweiten Abgesandten, einen Genuesen namens Buscarel von Gisolf, der seit langem in seinen Ländern ansässig war, mit Briefen zum Papst und zu den Königen von Frankreich und England. Sie waren in mongolischer Sprache und uigurischen Schriftzeichen geschrieben. Arghun bekundet darin – der Brief an Philipp ist uns erhalten – im Namen des Großchans Khubilai dem König von Frankreich, daß er beabsichtige, mit Gottes Hilfe im letzten Wintermonat des Jahres des Panthers, will sagen im Januar 1291, nach Syrien aufzubrechen und um die Mitte des ersten Frühlingsmonats, nämlich des Februar, in Damaskus einzutreffen. Wenn der König bereit sei, Hilfstruppen zu entsenden, und wenn die Mongolen Jerusalem erobern sollten, werde ihm die Stadt übergeben werden. Aber wenn er seine Mitwirkung versage, werde der Feldzug umsonst geführt werden. Angefügt an diesen Brief findet sich ein französisch geschriebenes Blatt Buscarels, das dem König von Frankreich taktvolle Komplimente zollt und zusätzlich mitteilt, daß Arghun die christlichen Könige von Georgien und zwanzig- oder gar dreißigtausend Berittene mitbringen werde und daß er bereit sei, den Leuten aus dem Westen reichliche Verpflegung zu gewährleisten.

Nach dem Fall von Tripolis im Libanon am 26. April 1289 erließ Papst Nikolaus einen entsprechenden Aufruf und schickte eine kleine Flotte, vermochte jedoch nicht, das Abendland aufzurütteln. Zudem antworteten sowohl die Könige von Frankreich und England als auch der Papst dem Ilkhan ausweichend. Trotz der wenig verheißungsvollen Antworten, mit denen Buscarel zurückkehrte, schickte Arghun ihn nochmals aus, und zwar in Begleitung von zwei christlichen Mongolen namens Andreas Zagan und Sahadin. Sie begaben sich vorerst nach Rom, wo Papst Nikolaus sie empfing, und machten sich dann auf den Weg zum König von England, bewaffnet mit dringlichen Briefen vom Papst, der ihn für einen aussichtsreicheren Kreuzfahrer erachtet zu haben schien als König Philipp. Denn Eduard befand sich bereits 1271 in Ou-

202

tremer. Sie trafen zu Beginn des Jahres 1291 bei ihm ein. Aber die Jungfrau von Norwegen war 1290 gestorben, König Eduard erhob Anspruch auf den schottischen Thron und steckte tief in den schottischen Angelegenheiten. Philipp war voll damit beschäftigt, seine königliche Machtstellung zu stärken. Und so kehrten die Abgeordneten untröstlich nach Rom zurück. Es war jedoch zu spät. Das Schicksal Outremers nahm seinen Lauf, und der Ilkhan Arghun war tot.

Am 18. Mai 1291 fiel Akkon, die letzte Bastion der Franken in Outremer, mit Ausnahme des großen Ordenshauses der Tempelritter, das an der Nordwestspitze der Stadt ins Meer hinausragte. In den Kämpfen war der Großmeister der Tempelritter Wilhelm von Beaujeu tödlich verwundet worden. Seine Gefolgsleute trugen ihn ins Ordenshaus, wo er starb. Der Großmeister der Hospitaliter Johann von Villiers war verwundet, aber seine Leute schafften ihn auf ein Schiff. Die überlebenden Tempelritter flüchteten mitsamt einer Anzahl von Bürgern beiderlei Geschlechts ins Ordenshaus, Schiffe, die Flüchtlinge in Zypern an Land gesetzt hatten, kamen zu ihrer Hilfe zurück. Nach nahezu einer Woche schickte der Ordensmarschall Peter von Sevrey beim Einbruch der Nacht den Ordensschatz mit dem Befehlshaber des Ordens Tibald Gaudin und einigen Nichtkämpfenden auf einem Boot zur Burg von Sidon. Am 28. Mai begann die landeinwärts gekehrte Seite des Ordenshauses niederzubrechen. Während sich die Mameluken hineinkämpften, stürzte das Gebäude krachend über ihnen ein und begrub Verteidiger und Angreifer gleichermaßen unter den Trümmern.

Die übrigen fränkischen Städte nach Norden hin teilten bald Akkons Schicksal. Am 19. Mai, als sich der größte Teil Akkons in seiner Hand befand, schickte der Sultan al-Aschraf eine große Abteilung Truppen nach Tyros. Es war die stärkste Stadt an der Küste, uneinnehmbar für jeden Feind, der nicht das Meer beherrschte. Einst hatten seine Mauern sogar Saladin selbst zweimal erfolgreich getrotzt. Aber ihre Besatzung war klein; und sobald der Feind nahte, verlor ihr Kommandant

203

Adam von Cafran die Nerven, gab die Stadt kampflos auf und segelte nach Zypern davon. In Sidon beschlossen die Tempelritter, Widerstand zu leisten. Die überlebenden Ritter wählten den Befehlshaber des Ordens Tibald Gaudin als Nachfolger Wilhelms von Beaujeu zum Großmeister. Einen Monat später rückte ein riesiges Mamelucken-Heer heran. Die Ritter waren zu wenige, um die Stadt halten zu können; daher segelte Tibald unverzüglich nach Zypern, um Truppen aufzutreiben. Die Tempelritter in der Burg kämpften tapfer, doch als die mameluckischen Pioniere begannen, einen Damm übers Meer zu bauen, gaben sie am 14. Juli die Hoffnung auf und segelten die Küste hinauf nach Tortosa.

Am 30. Juli besetzte der Sultan Haifa, ohne auf Widerstand zu stoßen; am 31. Juli zogen die Mamelucken in Beirut ein. Es verblieben noch die beiden großen Tempelritterfestungen von Tortosa und Athlit, aber in keiner von beiden war die Besatzung stark genug, um einer Belagerung standhalten zu können. Tortosa wurde am 3. August und Athlit am 14. August geräumt.

Wir lesen in den Quellen, Papst Nikolaus IV. habe den Plan zur Verschmelzung der Ritterorden wieder aufgenommen, der dennoch nie ausgeführt worden sei, obwohl man ihn auf einen Zusammenschluß der Tempelritter mit den Hospitalitern ohne die Deutschritter beschränkt habe. Was war geschehen, und wozu die Verschmelzung? War es ein gezielter Schlag gegen die Tempelritter? Wenn ja, warum? Steckte etwa König Philipp IV. der Schöne dahinter?

Der Fall von Akkon bewog den 63jährigen Papst Nikolaus IV. zu neuen ohnmächtigen Appellen. Es gab niemanden, an den Nikolaus sich hätte wenden können. Das Ansehen des Papsttums war durch den Mißerfolg des sizilischen Krieges schwer geschädigt worden. Die Könige machten sich nicht mehr die Mühe, dem päpstlichen Geheiß zu folgen. Der westliche Kaiser, dessen weltumspannende Macht die Päpste gebrochen hatten, war vollauf in Deutschland beschäftigt. Wenn er hervortrat, so war es nur, um einen Zug nach Italien zu führen. König Philipp IV. von Frankreich war ein fähiger und rühriger Mann, aber nachdem er sein Königreich aus den Verwicklungen des sizilischen Krieges herausgelöst hatte, verwandte er seine Tatkraft darauf, seine königliche Machtstellung zu stärken. Eduard I. von England hatte in Schottland alle Hände voll zu tun. Überdies gerieten England und Frankreich stetig tiefer in jenes Verhältnis heftiger Rivalität hinein, das in Bälde zum Ausbruch des Hundertjährigen Krieges führen sollte. Jakob II. von Aragón, der Monarch mit der stärksten Flotte im Mittelmeer, lag zusammen mit seinem Bruder Friedrich, dem Prätendenten von Sizilien, gegen Karl II. von Neapel, den Schützling des Papstes, im Krieg. Weiter östlich hatte der Kaiser von Byzanz genug damit zu tun, sich einerseits die Türken, andererseits die neuen Balkan-Monarchien Bulgarien und Serbien vom Leib zu halten. Zudem übernahmen die Angiovinen von Neapel jetzt die Ansprüche der enteigneten lateinischen Kaiser. Ihr Schutzherr, der Papst, durfte sich folglich von den Griechen nicht viel Anteilnahme erhoffen.

Karl II. von Anjou, König von Neapel, wiederum war durchaus willens, einen Kreuzzug zu unterstützen, mußte aber vorerst die Aragonier aus Sizilien hinauswerfen. Aber er war der Meinung, daß ein militärisches Eingreifen im Osten im Augenblick unmöglich sei. Er trat für eine wirtschaftliche Abriegelung Ägyptens und Syriens ein in der Meinung, sie sei leicht durchzuführen und könne dem Sultan schweren Schaden zufügen. Doch weder die italienischen noch die provençalischen und aragonischen Handelsstädte hätten jemals dabei mitgeholfen. Karl unterstützte den bereits 1274 von Papst Gregor X. gemachten Vorschlag, daß die Ritterorden, um ihrer Rivalität ein Ende zu machen, zusammengelegt und miteinander verschmolzen werden sollten. Weiter schlug er vor, an die Spitze des vereinten Ordens einen Königssohn zu stellen. Er sollte auserkoren sein, König von Jerusalem zu werden.

205

Um der *vox communis* zu entsprechen, befragte er Anfang
1292 den Klerus: Die meisten der versammelten regionalen
Konzilien sprachen sich für den Zusammenschluß aus. Das
Konzil von Arles fügte der Forderung, eine allgemeine Abgabe
solle erhoben werden und Frieden und Eintracht zwischen den
Fürsten herrschen, eine weitere hinzu: »Alle Templer und
Hospitaliter sollen in einem einzigen Orden zusammengefaßt
und vereint werden.« Die in Reims versammelten Bischöfe
schlugen vor, daß die Ritterorden ebenfalls Dezimen und An-
naten zahlen sollten. Die weltlichen Gewalten hatten die Ritterorden zumeist von den Wegzöllen und Abgaben an die
Krone sowie von Steuern und vom Heeresdienst befreit. Die
Weltgeistlichen neideten deshalb den Ritterorden schon immer ihre Unabhängigkeit. Sie faßten gar die Konfiszierung der
Bistümer der Ritterorden ins Auge. Doch wem sollten sie
übergeben werden? Der Bischof Wilhelm von Angers dachte an
den Säkularklerus.

Seit 1250 versuchte die Krone von Aragón, die Privilegien
der Templer einzuschränken oder gar aufzuheben. Anfang
1292 setzte sie sich durch, wenn auch nur halb: Der Templerorden zahlte künftig Steuern, aber nur in halber Höhe. Jakob II.
von Aragón setzte die Templer in einem Angriffskrieg gegen
seinen christlichen Feind Navarra ein, obwohl sie sich offiziell
in kriegerische Verwicklungen zwischen Christen nicht ein-
mischen durften. Er verlangte den Heeresdienst von den Männern, die sich dem Orden assoziiert hatten, aber auch von den
Tempelrittern selbst. Wenn sie nicht zum Heeresbann erschienen, so hieß es, müßten sie eine Abgabe zahlen.

An Jerusalem dachte niemand.

Philipp IV.,
der »Unschöne«

Die Ritterorden waren ursprünglich gegründet worden, um für die Christenheit im Heiligen Land zu kämpfen, und dies war noch immer ihre oberste Pflicht. Der Deutsche Ritterorden ließ nach dem Fall von Akkon das Morgenland fahren und wandte sich seinen Besitzungen im Baltikum zu; die Tempelritter und Hospitaliter jedoch richteten ihre Hauptquartiere in Zypern ein. Da sie dort nicht in der Lage waren, sich ihrer eigentlichen Aufgabe zu widmen, verlegten sie sich darauf, sich in die örtliche Politik einzumischen. Nikolaus IV. konnte sich vermutlich darauf verlassen, daß sie jeden tatsächlichen Kriegszug unterstützen würden. Aber Tempelritter und Hospitaliter allein konnten ohne Hilfe keinen Kreuzzug in Gang bringen.

Nikolaus sah ein, daß ein Kreuzzug vorerst nicht durchführbar war, und überlegte, ob er nicht die Templer und Hospitaliter als Begleitung für die Missionare, zumeist Franziskaner, die er auf den Balkan, Osteuropa und in den Nahen Osten schickte, einsetzen konnte. Doch er überlebte seine Idee nicht lange, denn er starb 64jährig am 4. April 1292. Auch dieser Versuch, den Templerorden umzufunktionieren, geschah weder wegen seines Reichtums noch wegen seiner Geheimlehre.

Obwohl stets behauptet wird, Philipp IV. habe seinem Papst die Idee von der Verschmelzung der beiden Ritterorden der Templer und der Hospitaliter eingeredet, stellen wir hier fest, daß die Idee bereits 1274 und noch einmal 1292 vom Papst selbst in Erwägung gezogen worden war. Außerdem gab es bereits 1274 eine Denkschrift mit diesem Inhalt. Wie kommt es, daß Philipp von Frankreich zum Sündenbock für den Untergang des Templerordens wurde?

Philipp IV., der Schöne, gelangte zu ewigem Ruhm durch die Verbindung seines Namen mit der Verfolgung und Vernichtung des Templerordens. Dabei wurde er mit den übelsten Attributen versehen und unlauterer Motive bezichtigt. Hierbei

vergißt man gern, daß er einer der größten Könige der Kape-
tinger-Dynastie Frankreichs war, denn die meisten Chronisten
sind Kirchenmänner, und Philipp hatte es geschafft, das
Papsttum in die Schranken zu weisen und die Unabhängigkeit
seiner gallikanischen Staatskirche vom Heiligen Stuhl zu verteidigen, womit er für die Chronisten zum Kirchenfeind geworden war. Das überlieferte Bild ist verzerrt und entspricht
den damaligen Verhältnissen keinesfalls.

1268 in Fontainebleau als zweiter Sohn von Philipp III. dem
Kühnen und seiner Gemahlin Isabella von Aragón und Enkel
von König Ludwig IX. geboren, war er drei Jahre alt, als seine
Mutter an den Folgen des Kreuzzugs Ludwigs in Tunesien
starb. Er wuchs mit den drei Brüdern ohne Mutter auf. 1274,
als er sechs war, heiratete sein Vater die schöne und kultivierte
Maria von Brabant. Im selben Jahr kam die zweijährige Johanna, die Erbin von der Champagne und Navarra, als Flücht-
ling an den Hof. 1276, als er acht war, starb Philipps älterer
Bruder und Thronerbe Ludwig, und man munkelte, sein Tod
sei nicht natürlich gewesen, vielmehr wolle Maria von Brabant die Söhne ihrer Vorgängerin beseitigen. Die plötzliche
und unerwartete Thronfolge und die Angst vor möglichen
Mordversuchen weckten in ihm das Gefühl von Unsicherheit
und Mißtrauen, und er suchte nach einem Vorbild für sein Leben und fand es in dem legendenumwobenen Großvater Ludwig IX. Er gewann die Überzeugung, daß es seine heilige
Pflicht sei, die Ziele des berühmten Ahnen zu verwirklichen.

1284, als er 16 wurde, erhielt Philipp den Ritterschlag und
wurde mit der 12jährigen Johanna von Navarra vermählt. 1285
begleitete er seinen Vater auf einem Feldzug gen Süden, um
seinen jüngeren Bruder Karl auf den Thron von Aragón zu setzen. Doch er fühlte Unbehagen ob dieses Unternehmens, da es
auf Betreiben seiner Stiefmutter geschah und gegen den König
von Aragón, seiner Mutter Bruder, gerichtet war. Als sein Vater am 5. Oktober 1285 in Perpignan starb, kehrte Philipp unverzüglich zurück. Mit siebzehn war er König von Frankreich
und wurde in den sizilischen Krieg hineingezogen.

Der Papst hatte Sizilien Karl von Anjou, dem jüngeren Bruder seines Großvaters Ludwig IX., gegeben; jetzt, da die Sizilianer 1282 sich gegen Karl erhoben hatten, und dieser am 7. Januar 1285 gestorben war, während sein Sohn und Nachfolger sich in sizilisch-aragonischer Gefangenschaft befand, waren beide, das Papsttum und Frankreich, aus Prestigegründen genötigt, gegen die beiden größten Seemächte des Mittelmeeres, Genua und Aragón, um die Rückeroberung der Insel zu kämpfen. Solange die sizilische Frage nicht geregelt war, waren weder Honorius IV. noch Philipp bereit, an einen Kreuzzug zu denken. Eduard von England gelang es 1286, zwischen Frankreich und Aragón einen Waffenstillstand zu stiften, und Philipp widmete sich mit Eifer der Verwirklichung von Ludwigs Plänen zur Reform und Rationalisierung der Verwaltung des Reiches. Die Reformen stärkten die Position der Monarchie, verärgerten jedoch die Noblen, Bürger und den Klerus, da sie alle von der laxen Einhaltung der Verwaltungsvorschriften profitiert hatten.

1294 veröffentlichte ein Genuese namens Galvano von Levanti, Arzt am päpstlichen Hof, ein dem König Philipp IV. von Frankreich gewidmetes Buch über den Fall von Akkon, das eine Mischung aus Analogien, die dem Schachspiel entnommen waren, und mystischen Ermahnungen war und jeglichen praktischen Verstand vermissen ließ. Vor allem verstand es nichts von Nachschub und Versorgung mit Waffen.

Die Nachfrage nach Waffen und Pferden war natürlich im Osten beträchtlich. Oft schenkten Kreuzfahrer, wenn sie Outremer verließen, ihre Waffen und Pferde den Tempelrittern oder den Hospitalitern. Aber man brauchte so viele, daß man massiv importieren mußte. Karl I. und Karl II. von Anjou machten aus ihrem süditalienischen Königreich ein Zentrum für die Lieferung von Kriegsmaterial und -ausrüstung nach der Levante und nach Griechenland. Am 26. Mai 1294 erhielt der Provinzialmeister von Morea, Eustachius von Guercheville, von Karl II. einen Passierschein, um unbehelligt Apulien mit einem Schiff verlassen zu können, das sieben

209

Pferde und ein Maultier an Bord hatte. Und im gleichen Jahr untersagte der König seinen Zollbeamten, sich die Bögen und Armbrüste, die sich auf den Templerschiffen aus der Levante befanden, vorzeigen zu lassen. Am 18. Februar 1295 beauftragte König Karl II. die Tempelritter, jedes Jahr tausend »Saumen« (etwa zweihundert Tonnen) Weizen an Ritter zu verteilen, die Akkon verteidigt hatten und sich nunmehr ohne große Ressourcen auf Zypern befanden. Dafür durfte der Großmeister Jakob von Molay zollfrei jedes Jahr viertausend »Saumen« Weizen, Gerste und Gemüse ins östliche Mittelmeer ausführen.

1294 begann Philipp einen Krieg mit England, der zehn Jahre lang dauerte; ein regelrechter und intensiver Krieg hätte vermieden werden können, wollte Philipp, vielleicht in einer Anwandlung von jugendlichem Übermut, nicht seine Macht über den mächtigen Eduard I. von England, seinen Vasallen, wegen der Kontrolle über das Herzogtum Gascogne demonstrieren. Beide Länder brachten die für den Krieg erforderlichen Gelder durch Besteuerung der Geistlichkeit auf.

Während des gesamten 13. Jahrhunderts verwaltete der Templerorden in seinem Pariser *Temple* den gesamten französischen Staatsschatz, das heißt die ordentlichen Einnahmen. Für die Verwaltung der Steuern und für die Anleihen zog es Philipp, wie übrigens Eduard I. von England, vor, sich an die italienischen Bankiers zu wenden. Ein Kassenbuch des Pariser Temple aus den Jahren 1295–1296 zeigt, daß es 60 Konten gab, die Würdenträgern des Ordens, Klerikern, dem König (als Privatperson), seiner Familie, seinen Beamten, Pariser Kaufleuten und verschiedenen Seigneurs gehörten. 1295 befand Philipp, der Augenblick sei gekommen, für eine umfassende Neuordnung der Finanzen zu sorgen, die darin bestand, alle Einnahmen der Krone bei den berühmten italienischen Finanziers Biche und Mouche in einer Hand zu versammeln. So ließ er den Staatsschatz aus dem Temple ins Königsschloß, den Louvre, schaffen.

210

Als Papst Bonifatius VIII. jedoch am 25. Februar 1296 mit seiner Bulle *Clericis laicos* die Besteuerung der Geistlichkeit durch Philipp und Eduard unterbinden wollte, reagierten sowohl Philipp als auch Eduard mit harten Maßnahmen, um ihre Autorität und Einkünfte zu retten. Philipp rächte sich mit einem Ausfuhrverbot für Geld und Kostbarkeiten und der Ausweisung ausländischer Kaufleute – ein geschickter Schachzug, war der Etat des Papstes doch auf die Einkünfte aus Frankreich angewiesen. Da Philipps Vasall Guy von Dampierre, Graf von Flandern, 1296 mit Eduard paktierte, führte dies zum Bruch in ihrer Beziehung und zum Krieg Frankreichs gegen Flandern. Im folgenden Jahr errang Philipp den Sieg bei verschiedenen Kämpfen gegen Eduard von England, was ihm jedoch keinen Landgewinn einbrachte.

Schließlich mußte Bonifatius VIII. nachgeben: Im Juli 1297 ermächtigte er die beiden Könige, den Klerus im Notfall auch ohne Konsultation mit Rom zu besteuern. Ferner zwang er Jakob II. von Aragón, die Unabhängigkeit und die Exemtion der Templer zu respektieren. Der auf diese Weise vorübergehend wiederhergestellte Friede wurde am 11. August 1297 mit der Heiligsprechung von Philipps verehrtem Großvater Ludwig IX. besiegelt.

Die Hospitaliter auf Zypern schienen in einer tiefen Krise zu stecken. Zulauf hatten sie ohnehin nicht zu verzeichnen. Was sollten sie noch in der Levante? Der Großmeister Wilhelm von Villaret berief 1297 das Ordenskapitel in Frankreich ein. Er wollte den Hauptsitz des Ordens dorthin verlegen. Doch das Kapitel lehnte dies kategorisch ab.

Mit der Heirat Philipps mit Johanna von Navarra, deren Vater auch Graf der Champagne war, war die französische Krone in den Besitz der reichen Grafschaft gekommen. Vorher hatten die Grafen der Champagne als souveräne Fürsten in Troyes residiert. Ihre Macht teilten sie mit den Tempelrittern, zu denen von Anfang an eine enge Verbindung geherrscht hatte. Und ein großer Teil der Einkünfte der Champagne flossen in die Kassen der Templer. Es war eine Frage der Zeit, wann Philipp die Besitzungen der Tempelritter in Frankreich besteuern würde.

1299–1300 führten die Mongolen eine Offensive in Syrien durch und forderten die Ritterorden auf, ihrerseits von der Küste her anzugreifen. Doch die Ritterorden und die Kreuzfahrer waren unterschiedlicher Meinung über die Kriegsziele: Sollte man vor allem das armenische Königreich Kilikien unterstützen, den letzten christlichen Staat im östlichen Mittelmeer? Oder sollte man einen ausgedehnten Kreuzzug gegen Syrien-Palästina oder Ägypten unternehmen?

Im Juni 1300 führten die beiden Ritterorden, verstärkt durch einige abendländische Kreuzfahrer und zypriotische Truppen, Piratenangriffe gegen Alexandreia, das Nildelta und die syrische Küste, namentlich auf Tortosa durch, wo sie ohne die Mongolen nichts ausrichten konnten. Die Tempelritter besetzten die kleine Insel Ruad gegenüber Tortosa, etwa drei Kilometer vor der Küste, und befestigten sie. Sie sollte künftig Hauptsitz des Ordens werden. Der Ordensmarschall Bartholomäus befehligte eine Garnison, die aus 120 Rittern, 500 Bogenschützen und 400 dienenden Brüdern bestand. Doch sie hatten keine Schiffe, was sich bald als verhängnisvoll erweisen sollte.

Wie 1297 berief auch im Jahre 1300 der Großmeister der Hospitaliter Wilhelm von Villaret das Ordenskapitel in Frankreich ein. Er wollte den Hauptsitz des Ordens dorthin verlegen. Doch wiederum lehnte das Kapitel kategorisch ab. Damit verurteilte es den Orden zu einem Piratendasein, da er auf Zypern nur geduldet war. Nach außen hin wußten die Hospitaliter und Tempelritter, ihren Konflikten Grenzen zu setzen und so ein Minimum an Solidarität zu wahren. Dennoch waren sie Anfang des 14. Jahrhunderts in entgegengesetzten Lagern an den Querelen um die zyprische Krone beteiligt.

Und im Jahre 1300 forderte König Jakob II. von Aragón erneut den Beistand der Tempelritter in einem Verteidigungskrieg gegen Kastilien. Im Namen des Grundsatzes der »Landesverteidigung« drohte der König dem Templermeister von Aragón: »Wenn ihr anders handelt, werden wir gegen euch und die Besitzungen eures Ordens so vorgehen, wie es recht ist vorzugehen gegen diejenigen, die sich unmenschlicherweise weigern, für ihr Land zu kämpfen.« Damit waren die Tempelritter zu Söldnern degradiert. Der Templerorden und die internationalen Orden mußten sich an der Schwelle zum 14. Jahrhundert berechtigte Sorgen über ihr Verhältnis zu den monarchischen Staaten machen, den gleichen Staaten, denen sie doch auf finanziellem Gebiet so viel halfen.

Im Herbst 1301 flackerte der Konflikt des Papstes mit Philipp erneut auf und steigerte sich zu verheerender Gewalttätigkeit. Der König hatte den ihm ungehorsamen Bernhard Saisset, Bischof von Pamiers, zu einer unbefristeten Gefängnisstrafe wegen Verrats verurteilt und verlangte seine Degradierung. Doch Bonifatius VIII. sah die Gelegenheit gekommen, die Frage königlicher oder päpstlicher Kontrolle über den Klerus zu seinen Gunsten zu entscheiden. Ohne den Fall selbst zu untersuchen, verdammte er am 5. Dezember 1301 die Verletzung der kirchlichen Freiheit und zog die davor bewilligten Steuerbefreiungen zurück. 1302 schlossen Karl II. von Anjou und Friedrich Frieden miteinander. Ersterer behielt Neapel und Süditalien, der andere Sizilien. Und die Tempelritter erlitten auf der Insel Ruad eine empfindliche Niederlage. Im November berief der Papst den höheren Klerus Frankreichs zu einer Synode nach Rom, um seine Beschwerden zu erörtern. Nach der Synode, an der 39 französische Bischöfe teilnahmen, erließ Bonifatius am 18. November 1302 seine vieldiskutierte Bulle *Unam sanctam*, eine extreme Darlegung der Suprematie der geistlichen über die weltliche Macht; im Schlußsatz wurde behauptet, daß jedes Geschöpf für die Erlangung seines Seelenheils dem Pontifex untertan sein müsse.

1303 schloß Philipp einen Friedensvertrag mit Eduard von England, wonach Philipps Tochter Isabella den künftigen

Eduard II. heiraten sollte, und der Friede hielt an. Philipp ging nun unter dem Einfluß seines neuen Ratgebers Wilhelm von Nogaret zu einem massiven persönlichen Angriff gegen Bonifatius VIII. über. Er veröffentlichte eine Zusammenstellung sämtlicher Anklagen gegen den Papst, die von Unrechtmäßigkeit über sexuelles Fehlverhalten bis zur Ketzerei reichte, und es erhob sich die hartnäckige Forderung nach einem Konzil, um ihn abzusetzen. Daraufhin drohte der Papst am 13. April 1303 mit der Exkommunikation des Königs.

In diesem Jahr hatten die Tempelritter ihre Pläne in Outremer begraben müssen, denn die Mamelucken entrissen ihnen den Stützpunkt Ruad und brachten ihnen eine empfindliche Niederlage bei.

Der Großmeister, der 59jährige Franzose Jakob von Molay, trug sich mit dem Gedanken, den Hauptsitz des Ordens nunmehr nach Frankreich zu verlegen, deshalb »empfahl« man sich dem König durch Unterstützung seines Kampfes gegen den Papst. Die Tempelritter fügten sich in die neue Rolle des Söldnerdaseins ein.

In Anagni wies Bonifatius die Vorwürfe gegen sich zurück und bereitete seine Bulle *Super Petri solio* vor, in der Philipps Exkommunizierung manifestiert wurde, und die er am 8. September 1303 zu veröffentlichen gedachte. Am Vortag jedoch traf Nogaret, der mit der Vollmacht zur Festnahme des Papstes nach Italien gekommen war, zusammen mit einem Söldnerhaufen in Anagni ein, stürmte den Papstpalast und verlangte den Rücktritt des Papstes. Als dieser sich weigerte, wurde er ergriffen, um ihn nach Frankreich zu schaffen, wo er von einem Konzil verurteilt werden sollte. Die Bürger jedoch befreiten ihn und vertrieben seine Häscher. Am 25. September kehrte er nach Rom zurück, wo er am 12. Oktober, gebrochen an Leib und Seele, 68jährig im Vatikan starb.

Da der Versuch, alle Einnahmen der Krone in die Hände der berühmten italienischen Finanziers Biche und Mouche zu legen, nicht die erwarteten Ergebnisse brachte, kehrte der französische Staatsschatz 1303 wieder in den Temple von Paris zurück. Auch der König von Aragón gab in diesem Jahr die Kronjuwelen der Templerburg Monzon zur Aufbewahrung. Privatpersonen brachten Schmuckstücke zum Orden, die bisweilen als Pfand für andere Operationen dienten, an denen die Tempelritter beteiligt waren. Sie deponierten beim Orden auch Geldbeträge für einen bestimmten späteren Zweck. Jedes Depot wurde in einen Kasten getan, zu dem der Schatzmeister des Ordenshauses den Schlüssel hatte. Er öffnete ihn nur mit Einwilligung des Hinterlegers. Zum Söldnerdasein kam nun auch die Rolle des Bankiers im Abendland.

Bonifatius' VIII. Nachfolger, der 63jährige Benedikt XI., dessen Pontifikat ganze achteinhalb Monate dauerte, unterrichtete Philipp nicht offiziell von seiner Wahl, da dieser exkommuniziert war. Am 6. Februar 1304 bestätigte er alle Privilegien des Templerordens und gab ihm so seine Glaubwürdigkeit zurück, die ins Zwielicht geraten war. Auf diese Weise wollte er sich des Ordens versichern als Schutz gegen die Angriffe der französischen Monarchie gegen den Heiligen Stuhl. So standen die französischen Komtureien des Ordens auf Philipps Seite, während die italienischen zum Papst hielten. Nun wurden die Tempelritter überall im Abendland als Söldner herangezogen, auch im Kampf Eduards I. von England gegen Schottland. Papst Bonifatius VIII. hatte 1300–1302 den Templer Hugo von Vercelli zum Cubicularius des Papstes ernannt. Und nun bekleidete der Templer Jakob von Montecuco dasselbe Amt.

Als Philipps Gesandte indes im März 1304 in Rom mit dem Auftrag eintrafen, dem neuen Papst zu seiner Wahl zu gratulieren und jede notwendige Absolution zu »akzeptieren«, erließ der Papst am 25. März eine Bulle, mit der er Philipp und seine Familie von allen Zensuren, die sie sich aufgeladen hatten, erlöste. Diese bedingungslose Absolution bewirkte jedoch kein Nachlassen der französischen Kampagne für ein allgemeines Konzil zur posthumen Verurteilung des Papstes Bonifatius VIII., und im April und Mai widerrief Benedikt sämtliche gegen Frankreich oder den französischen König, seine Berater und seine Beamten gerichteten Strafmaßnahmen durch Bonifatius. Benedikt starb am 7. Juli 1304 in Perugia als Opfer akuter Dysenterie, und es dauerte ganze elf Monate, bis ein Nachfolger gewählt wurde.

Philipp IV. und der Kreuzzug

Der Streit Frankreichs mit England wurde 1303 durch einen Friedensvertrag beigelegt, und der Streit mit Papst Bonifatius VIII. war im Mai 1304 siegreich zu Philipps Gunsten entschieden worden. Vor Monsen-Pévèle rächte sich Philipp unter Einsatz persönlicher Tapferkeit für die Niederlage von 1302 bei Courtrai gegen Flandern. 1305 gelang es ihm, Flandern einen demütigenden Frieden aufzuzwingen. Von 1304 bis 1313 lebte das Land in Frieden.

Nun war es an der Zeit, den langgehegten Wunsch nach einem Kreuzzug aufzugreifen. Und so tat der 36jährige König Philipp IV. von Frankreich seinen Wunsch kund, einen Kriegszug in die Wege zu leiten, und sowohl am päpstlichen Hof als auch in Paris wurden Pläne für seine Durchführung entworfen und geprüft. Philipp schrieb:

»Die Werke der Frömmigkeit und Barmherzigkeit, die wunderbare Großzügigkeit, die der heilige Orden des Tempels, vor langer Zeit aufgrund göttlicher Gnade gegründet, auf der ganzen Welt und jederzeit offenbart, sein Mut, der es verdient, ermuntert zu werden, sich noch aufmerksamer und beharrlicher um die gefährliche Bewachung des Heiligen Landes zu kümmern, veranlassen uns, unsere königliche Freizügigkeit auf diesen Orden und seine Ritter auszudehnen, wo auch immer in unserem Königreich sie sich befinden, und dem Orden und seinen Rittern, für die wir eine aufrichtige Vorliebe hegen, die Zeichen unserer besonderen Gunst zu gewähren.«

So schrieb kein Mann, der den Tempelrittern Böses wollte! Zudem hatte Philipp in seinem Kampf gegen Papst Bonifatius VIII. die Unterstützung der Tempelritter des Königreiches sowie eines bedeutenden Würdenträgers, Hugo von Pairauds, Generalvisitator des Ordens. Höhepunkt dieses Kampfes war das Attentat von Anagni im September 1303. Bis Ende 1304 haben wir keinen einzigen Anhaltspunkt, keinen triftigen Grund, weshalb Philipp gegen die Tempelritter gewesen sein sollte.

Dennoch wird in den Quellen behauptet, Philipp IV. habe über ›seinen‹ Papst Klemens V. versucht, auf den Spuren von Nikolaus IV. den Gedanken Gregors X. wieder aufnehmen zu lassen und die beiden militärischen Orden, die Tempelritter und Hospitaliter, unter dem Oberbefehl eines seiner Söhne zu vereinigen.

Diese Angabe ist historisch falsch. Von 7. Juli 1304 bis 15. November 1305 gab es keinen Papst, schon gar nicht Klemens V., der dem König von Frankreich zu Willen hätte sein können. Außerdem meinte es Philipp mit seinem Kreuzzug ernst und wurde dabei moralisch von seiner Gemahlin Johanna von Navarra nach Kräften unterstützt.

Da veröffentlichte 1305 der 73jährige große katalanische Prediger Raimundus Lullus aus Mallorca sein *Liber de fine*, welches seine Gedanken im einzelnen darlegte und ein durchführbares Programm unterbreitete. Lullus ist vornehmlich als Mystiker berühmt, war aber gleichzeitig ein praktischer Politiker. Als Spanier hatte er gute Kenntnis des Arabischen und war in den islamischen Ländern weit herumgekommen. Um das Jahr 1295 hatte er dem Papst eine Denkschrift unterbreitet über die Maßnahmen, welche zur Bekämpfung des Islam erforderlich wären. Jetzt erklärte Lullus, sowohl die Muslime als auch die schismatischen und irrgläubigen christlichen Kirchen müßten soweit als möglich durch gebildete Prediger für die Sache gewonnen werden; zugleich aber wäre ein bewaffneter Kriegszug erforderlich. Sein

Führer sollte ein König sein, der Rex Bellator, und alle Ritter-orden waren unter seinem Oberbefehl zu einem neuen Orden, Ritter von Jerusalem, zu vereinigen, der das Rückgrat des Heeres bilden sollte. Lullus schlug vor, das Kreuzheer solle die Muslime aus Spanien vertreiben, sodann nach Afrika über-setzen und längs der Küste nach Tunis und von dort nach Ägypten vordringen. An einer anderen Stelle befürwortete er jedoch auch eine Flottenexpedition und schlug vor, Malta und Rhodos mit ihren ausgezeichneten Häfen zu erobern und als Stützpunkte zu verwenden. An einer dritten Stelle scheint er es vorzuziehen, daß ein Landheer den Griechen Kon-stantinopel wegnehmen und sodann quer durch Anatolien ziehen solle. Seine Schrift ist voll konkreter Vorschläge für den Aufbau des Heeres und der Flotte und die Versorgung mit Le-bensmitteln und Kriegsmaterialien und enthält Anweisungen an die Prediger, die das Heer zu begleiten hatten.

Die Idee, alle Ritterorden zu einem neuen Orden zu ver-einen, stammte somit von dem berühmtesten Mystiker seiner Zeit Raimundus Lullus – wie zuvor 1274 von Papst Gregor X. und Jacquemart Gelée sowie 1292 von Papst Nikolaus IV. – und nicht von Philipp IV. von Frankreich. Die bisherige Finanzie-rung der Kriege gegen England und Flandern wurde durch Be-steuerung der Geistlichkeit in Frankreich aufgebracht. Gerade deshalb hatte Papst Bonifatius VIII 1296 dies mit einer Bulle unterbunden, was der König mit harten Maßnahmen beant-wortete. Der Papst mußte 1297 nachgeben. 1301 hatte Bonifa-tius abermals seine Einwilligung zurückgezogen und dem Kö-nig mit der Exkommunikation gedroht. Erst sein Nachfolger hob diese Maßnahme 1304 auf. Nun stand ein Kreuzzug im Raum, an dessen Finanzierung gedacht werden mußte.

Und mitten in diesen Vorbereitungen starb im April 1305 Königin Johanna, die glühende Verehrerin Ludwigs IX. des Heiligen und zweifachen Kreuzfahrers. Der 37jährige Monarch verlor mit ihr Lebensgefährtin und Mitstreiterin. Sie war die Mutter dreier künftiger Könige von Frankreich: Ludwig X., Philipp V. und Karl IV. In den folgenden Monaten dachte er daran, zugunsten seines ältesten Sohnes, des 15jährigen Ludwig, abzudanken und die Herrschaft im Heiligen Land als König und Oberhaupt eines vereinigten und einzigen Kreuzritterordens zu übernehmen. Schon der von ihm verehrte Großvater, der heilige Ludwig IX., hatte sich 1250 entschlossen, in Outremer zu bleiben, und war dort unverzüglich als tatsächlicher Herrscher des Königreiches anerkannt worden.

Strenggenommen war ein Kreuzzug Sache des Papstes und wurde von einem päpstlichen Legaten begleitet; auch der Aufruf zum Kreuzzug erfolgte durch den Papst. Doch um diese Zeit gab es keinen Papst, und Philipp wurde von dem lang gehegten Wunsch des Abendlandes nach Rückeroberung des Heiligen Landes getrieben. Er beauftragte den französischen Rechtsgelehrten Pierre Dubois, eine entsprechende Denkschrift für ihn auszuarbeiten.

Eine andere Behauptung der Quellen spricht davon, daß es König Philipp IV. der Schöne gewesen sei, der die Tempelritter zerschlagen und beerben wollte und zu diesem Zwecke den ihm willfährigen Papst angestiftet habe. Er soll es auch gewesen sein, der sie 1305 beim Papst als Häretiker und Verräter denunziert habe. Stimmt das?

Am 5. Juni 1305 wurde der 45jährige Franzose Bertrand von Got, Erzbischof von Bordeaux, zum Papst gewählt. Er machte sich eilends daran, allerlei Denkschriften zu seiner eigenen und Philipps Unterweisung zu sammeln. Die interessanteste dieser Denkschriften war nur für Philipps Augen bestimmt, die Flugschrift des Pierre Dubois. Die erste Hälfte davon sollte an die Fürsten Europas ausgegeben werden, um sie aufzufordern, sich unter dem König von Frankreich der Bewegung anzuschließen. Sie enthielt gewisse Empfehlungen über den einzuschlagenden Reiseweg und die Mittel und Wege zur Finanzierung des Kriegszuges. Die Geistlichkeit sollte mit Erbschaftssteuern belegt werden. Vor allem die Tempelritter sollten verboten und ihr Besitz eingezogen werden:

So tapfer seine Ritter auch stets in Kriegszeiten gekämpft hätten, seien sie doch durch ihre Geldgeschäfte in enge Berührung mit den Muslimen gekommen. Viele von ihnen hätten muslimische Freunde und interessierten sich für muslimische Religion und Gelehrsamkeit. Gerüchte (in der Region von Agen entstanden) wollten wissen, daß der Orden sich hinter den Mauern seiner Burgen mit einer seltsamen esoterischen Philosophie befasse und sich Zeremonien hingebe, die einen Anstrich von Ketzerei hätten. Man spreche von Einweihungsriten, die sowohl gotteslästerlich als auch unzüchtig seien, und flüstere von Orgien, bei denen naturwidrige Laster geübt würden. Es sei unklug, diese Gerüchte als grundlose Erfindung von Feinden von der Hand zu weisen.

Hinzugefügt waren einige allgemeine Hinweise, daß es wünschenswert sei, Priestern die Ehe zu gestatten und die Klöster in Mädchenschulen umzuwandeln. Die zweite Hälfte der Schrift bestand aus privaten Ratschlägen an den König, wie er die Kirche in seine Gewalt bringen könne, indem er das Kardinalskollegium mit seinen eigenen Leuten besetzte, und forderte ihn auf, unter einem seiner Söhne ein östliches Kaiserreich zu begründen.

Die Denkschrift enthielt demnach zum einen theoretische Ratschläge für den Kreuzzug und zum anderen Gerüchte gegen die Tempelritter. Sollten die Gerüchte einen wahren Kern haben, so war der Papst verpflichtet, eine entsprechende Untersuchung von der päpstlichen Inquisition durchzuführen zu lassen. Papst Gregor IX. hatte diese Institution 1231/32 gegründet, die von Dominikanern ausgeübt wurde und bei der ein Verteidiger nicht zugelassen war. 1252 erlaubte Papst Innozenz IV. die Anwendung der Folter. Was den Kreuzzug betraf, so bat der neue Papst die Großmeister des Tempels und des Hospitals um ihre Meinung zur Organisation eines Kreuzzuges, aber auch zur Verschmelzung der beiden Orden.

Der designierte Papst plante zunächst, sich in Vienne krönen zu lassen, wo er im Interesse des geplanten Kreuzzuges zwischen dem englischen und dem französischen König zu vermitteln hoffte, da Eduard sich damals in seinen französischen Besitzungen aufhielt. Mit Rücksicht auf Philipps Wünsche ließ er dies fallen und wurde in Lyon am 15. November als Klemens V. gekrönt. Hier traf er mit König Philipp zusammen. Hauptthema der Zusammenkunft war der angestrebte Kreuzzug und der Austausch von Denkschriften und Gedanken diesbezüglich. Als Klemens im Dezember 1305 zehn Kardinäle berief, waren neun davon Franzosen (darunter vier Neffen). Ebenfalls im Interesse des Kreuzzuges löste der Papst 1305/06 Eduard I. von England von seinen den englischen Baronen geleisteten Schwüren und suspendierte auf seine Proteste hin Robert von Winchelsea als Erzbischof von Canterbury.

Demnach war es nicht der König von Frankreich, sondern der französische Rechtsgelehrte Pierre Dubois, der die Gerüchte gegen die Tempelritter verbreitet oder zumindest dem Papst zu Ohren gebracht hatte. Wenn es um Häresie ging, war er, wie erwähnt, verpflichtet, der Sache nachzugehen. Man braucht nur an den Albigenser-Kreuzzug der Jahre 1209 bis 1229 zu denken, der von Papst Innozenz III. gegen die Katharer in Südfrankreich wegen Häresie veranlaßt worden war. Philipp wollte den Erfolg seines Kreuzzuges, und das ginge nur mit Hilfe der Ritterorden im Orient. Einem Zusammenschluß der beiden Orden, am liebsten unter seinem eigenen Oberbefehl, war er nicht abgeneigt.

Der Verlust Outremers hatte die Ritterorden in einem Zustand der Ungewißheit zurückgelassen. Die Deutschen Ordensritter lösten ihr Problem, indem sie ihre gesamte Tatkraft auf die Eroberung des Baltikums richteten. Die Tempelritter und Hospitaliter jedoch sahen sich auf Zypern beschränkt, wo man sie bei dem dynastischen Konflikt in die verschiedenen politischen Lager zerrte. Sowohl die Hospitaliter unter dem neuen (1305) Großmeister Fulko von Villaret als auch die Tempelritter begannen, sich nach einer anderen Heimstätte umzusehen. Jakob von Molay verfaßte im Winter 1305/06 eine

Denkschrift über das zweite Thema der päpstlichen Bitte, nämlich über die Verschmelzung der beiden Orden. Diese Denkschrift ist in den Prozeßakten enthalten. Daher wissen wir, welche Einstellung Molay zu diesem Thema hatte, was wir von dem Großmeister der Hospitaliter nicht sagen können, da seine Antwort nicht überliefert ist. Molay zählte alle Punkte auf, die für eine Verschmelzung sprachen, so daß man den Eindruck gewinnen konnte, er wäre nicht abgeneigt, dies zu befürworten. Dann führte er die Gründe auf, die gegen eine Vereinigung der beiden Ritterorden sprachen, hielt sich dabei jedoch bedeckt. Im Juni 1306 bestellte Papst Klemens V., der sich im Poitou aufhielt, die Großmeister der beiden Ritterorden zu sich.

Zu den Denkschriften nämlich, die Papst Klemens gesammelt hatte, gehörte auch die Arbeit des armenischen Fürsten Hethum von Korykos, der sich nach Frankreich zurückgezogen hatte und Prior einer Prämonstratenser-Abtei in der Nähe von Poitiers geworden war. Unter dem Titel *Flos Historiarum Terre Orientis* enthielt sie eine gedrängte Zusammenfassung der levantinischen Geschichte sowie eine gut informierte Erörterung des damaligen Zustandes des Mamelukkenreiches. Hethum (oder nach französischer Schreibung Hayton) riet zu einem doppelten Kriegszug, der den Seeweg nehmen und sich auf Zypern und Armenien stützen sollte. Er empfahl ein Zusammenwirken mit den Armeniern und ein enges Bündnis mit den Mongolen. Diese Denkschrift wurde 1307 veröffentlicht und erlangte sofort weite Verbreitung.

Ähnliche Ansichten wurden wenig später von dem päpstlichen Diplomaten Wilhelm Adam geäußert, der weit im Osten umherreiste und schließlich bis nach Indien gelangte. Er fügte den Vorschlag hinzu, die Christen sollten eine Flotte im Indischen Ozean unterhalten, um den Osthandel Ägyptens zu unterbinden. Er war gleichfalls der Ansicht, daß die Lateiner Konstantinopel zurückerobern müßten.

Aus dem Buch von Raimundus Lullus und aus der Denkschrift des Pierre Dubois hatte sich Philipp die praktischen

Anregungen vor allem für die Finazierung des Kreuzzuges reiflich überlegt und war zu dem Schluß gekommen, daß jeder dafür seinen Beitrag leisten sollte: die Kirche, die Ritterorden und die Juden. Gestützt auf den Aufruf Gregors X. von 1274, den Wucher zu bekämpfen, ließ er am 22. Juli 1306 sämtliche Juden ohne Unterschied von Stand, Alter und Geschlecht ergreifen und in Gefängnisse und Kerker einsperren. Binnen Monatsfrist mußten sie unter Zurücklassung ihrer beweglichen und unbeweglichen Habe das Land verlassen. Ihr Vermögen fiel der Krone zu.

Im Sommer 1306 kam der genuesische Seeräuber Vignolo dei Vignoli, der vom byzantinischen Kaiser Andronikos die Inseln Kos und Leros in Pacht erhalten hatte, nach Zypern und schlug dem Großmeister der Hospitaliter, Fulko von Villaret, vor, gemeinsam den gesamten Dodekanesischen Archipel zu erobern und ihn untereinander zu teilen; er selbst wollte ein Drittel für sich behalten. Man beachte, daß der Großmeister der Tempelritter nicht angesprochen wurde, obwohl er noch nicht nach Frankreich ausgereist war! Fulko sah sich schon als Haupt einer Seemacht im Mittelmeer und wollte sich auf den griechischen Inseln des Dodekanes eine solide Basis verschaffen. Unter Beihilfe einiger genuesischer Galeeren landete eine Flotille der Hospitaliter in Rhodos und begann mit der schrittweisen Unterwerfung der Insel. Die griechische Besatzung schlug sich gut. Die große Burg Philermo fiel den Eindringlingen am 15. August 1306 nur durch Verrat in die Hände. Die Stadt Rhodos selbst hielt noch zwei Jahre länger durch.

Als Jakob von Molay mit dem Präzeptor Zyperns Reinhold von Caron im Herbst 1306 in Frankreich eintraf, hatte er ein anderes Anliegen außer der Besprechung des Kreuzzuges mit dem Papst. Sollten nämlich die beiden Ritterorden zusammengelegt werden, was würde aus der Geheimlehre der Tempelritter werden? Das Geheimwissen mußte schleunigst in Sicherheit gebracht werden. Deshalb verständigte er sich mit dem Großmeister des Ordens von Zion Wilhelm von Gisors, das im Heiligen Land erworbene esoterische Geheimwissen zu retten. So entstand noch 1306 in Frankreich eine Gesellenbruderschaft (französisch *Compagnonnage*) mit Geheimwissen, Symbolen und Einweihungsriten, die ihren Ursprung auf die Erbauung des Salomonischen Tempels unter der Leitung des Baumeisters Hiram zurückführt. Nach den Annalen des Ordens von Zion wandelte sein Großmeister 1306 den Orden in eine »hermetische Baumeistergesellschaft« um.

Im Frühjahr 1307 plädierte Molay für einen allgemeinen Kreuzzug. In diesem Sinne argumentierte er bei seinem Gespräch mit Papst Klemens in Poitiers: Ein Kreuzzug könne gelingen, wenn er sich auf Zypern und auf eine große Flotte stützte, deren Leitung dem gefürchteten Befehlshaber der aragonesischen Flotte Siziliens Roger von Lauria anvertraut werden solle. Ziel des neuen Kreuzzuges sollte auf jeden Fall Ägypten sein.

Vom Papst erfuhr er, daß der Prior von Montfaucon soeben Beschuldigungen gegen den Orden erhoben hatte, was die von Pierre Dubois aufgeführten Gerüchte noch schwerwiegender machte. Molay verlangte daraufhin eine öffentliche Untersuchung. Die Anfrage des Papstes nach der Möglichkeit eines Zusammenschlusses der Tempelritter und der Hospitaliter wies er höflich aber bestimmt zurück. Diese Haltung des Großmeisters der Tempelritter paßte ins Bild der ihnen angelasteten Arroganz und stimmte sowohl den Papst als auch den König, der sich ebenfalls in Poitiers befand, gegen sie.

Im Juni hielt Jakob von Molay in Paris ein Ordenskapitel ab. Dort diskutierte man über die ärgerlichen Gerüchte, die über den Orden umgingen. Es handelte sich nicht mehr um die traditionelle Kritik am hochmütigen Stolz, am Geiz, sondern um Besorgniserregenderes: Ketzerei, Götzenkult, Sodomie. Dennoch unternahm man nichts, um sich in Sicherheit zu bringen, obwohl die Inquisition bei solchen Gerüchten unweigerlich aktiv werden mußte. Mehr noch: In einer Initiationsfeier erhielt ein Ritter noch am 16. August 1307 den weißen Mantel.

Im August traf der Großmeister der Hospitaliter in Poitiers ein und blieb bis September 1309 in Europa. Die weitere Unterwerfung der Insel Rhodos fand also ohne ihn statt. Auch er war in seiner Denkschrift über den Kreuzzug der gleichen Meinung wie Jakob von Molay und plädierte für Ägypten als Ziel der kriegerischen Bemühungen. Rhodos erwähnte er jedoch mit keinem Wort.

Prozeß und Untergang

Jetzt widersprechen sich die Angaben der Quellen und werden nicht nachvollziehbar. Philipp soll in der Nacht zum 15. September 1307 oder nach anderer Darstellung am Freitag, dem 13. Oktober 1307, veranlaßt haben, daß sämtliche Tempelritter Frankreichs verhaftet wurden. Er soll dies aufgrund von Protokollen gewisser Vernehmungen veranlaßt haben, nachdem der Papst Philipps Anschuldigungen gegen die Templer zurückgewiesen und im August 1307 dem König eine Untersuchung zugesichert habe. Die Templer sollen keinen Widerstand geleistet haben.

Welche Vernehmungen und welche Anschuldigungen? Der Orden unterstand einzig und allein dem Heiligen Stuhl. Selbst wenn man ihm Hochverrat und Kollaboration mit dem Feind vorwerfen sollte, wäre der König von Frankreich nicht die richtige Adresse, eine Verhaftung aufgrund bereits durchgeführter Vernehmungen vorzunehmen. Lautete der Vorwurf auf Ketzerei und Zauberei, so wäre nur die Inquisition dafür zuständig, die ausschließlich den Dominikanern unterstand.

Der Papst soll die Anschuldigungen gegen die Templer in der Bulle *Faciens misericordians* als unwahrscheinlich und beinahe unglaublich zurückgewiesen haben. Welcher Natur waren diese Anschuldigungen, daß sie mittels einer öffentlichen und offiziellen Stellungnahme des Heiligen Stuhls abgewiesen werden mußten? Wer hatte die Vernehmungen durchgeführt und mit wem, wenn eine Verhaftungswelle noch nicht stattgefunden hatte?

Philipp habe es auf den Reichtum des Ordens abgesehen und wolle damit seine leeren Staatskassen auffüllen. Warum auf diese Weise? Die Kriegskosten hatte er bereits durch Besteuerung der Geistlichkeit aufgebracht. Und soeben hatte er alle Juden im Lande enteignet und ihr Eigentum der Krone zugefügt. In Geldnot befand er sich nicht. Sollte er damit den Kreuzzug finanzieren wollen, so hätte er dies durch Besteuerung der Besitzungen des Ordens besser erreicht. Allein in Frankreich sollen die Tempelritter 1307 etwa 2000 Komtureien und mehr als zwei Millionen Hektar Land besessen haben! Durch das Verbot des Ordens fiel sein Eigentum auf französischem Boden den Hospalitern zu. Was hätte Philipp also mit seiner Aktion finanziell gewonnen?

Philipp soll mehrmals bei den Tempelrittern Anleihen aufgenommen haben. Selbst noch Ende 1307 soll er bei ihnen 500 000 Pfund *tournois* für die Mitgift seiner Tochter Isabella geborgt haben, die am 25. Januar 1308 den künftigen König Eduard II. von England heiratete. Die Summe ist mit der ersten Lösegeldforderung für die 1250 in Gefangenschaft der Ägypter geratenen Kreuzfahrer unter dem Heiligen Ludwig identisch! Wie konnte Philipp Ende 1307 eine Anleihe bei den Tempelrittern aufnehmen, wenn sie allesamt bereits seit September bzw. spätestens Oktober in Haft schmachteten?! Und wozu hätte er eine Anleihe aufnehmen sollen, wenn er die Summe dem konfiszierten Reichtum der Komtureien hätte entnehmen können!

Tatsache ist, daß Philipp von der Haltung der Tempelritter sehr enttäuscht war, daß er die Verschmelzung der beiden Ritterorden »mit Gewalt« durchführen wollte, doch nicht zur persönlichen Bereicherung, sondern zur Sicherung des geplanten Kreuzzuges. Er sprach den Papst auf die Gerüchte in der Denkschrift des Pierre Dubois gegen die Tempelritter an und erhielt am 24. August 1307 vom Papst die Mitteilung, daß dieser eine Untersuchung angeordnet habe. Das erschien ihm zu wenig, ja zu langsam. Denn er gedachte, mit dem anwesenden Großmeister der Hospitaliter konkrete Maßnahmen zur Durchführung des geplanten Kreuzzuges auszuarbeiten und benötigte unverzüglich die Mittel der Tempelritter.

Am 14. September, dem Tag der Kreuzerhöhung, schrieb er an seine Bailli in den verschiedenen Provinzen des Königreichs und gab Order, »daß ausnahmslos alle Mitglieder des selbigen Ordens unseres Königreichs festgenommen, gefangengehalten und dem Urteil der Kirche vorbehalten werden, und daß all ihre Güter, bewegliche und unbewegliche, beschlagnahmt, von uns eingezogen und getreu verwahrt werden«. Im Morgengrauen am Freitag, den 13. Oktober, wurden allen Komtureien in Frankreich polizeilich aufgesucht und sämtliche Tempelritter verhaftet.

Das Schreiben zeigt zwei deutliche rechtliche Absichten: Nicht der König klagt die Tempelritter an, sondern die Kirche; nicht der König sitzt über sie zu Gericht, sondern die Kirche; die Maßnahmen dienten der Sicherung und der Verwahrung, Sicherungshaft für die Angeschuldigten und Verwahrung ihrer Güter als Vormaßnahme der Konfiszierung. Hier werden keine neuen Beschuldigungen vorgebracht, der Souverän handelt vielmehr gesetzlich als Vollstrecker der Kirche.

Am 15. Oktober berief der Papst ein Konsistorium in Poitiers ein, um diesen mit ihm nicht abgesprochenen Schritt zu behandeln. »Euer überstürztes Vorgehen ist eine Beleidigung gegen uns und die römische Kirche«, schrieb er dem König. Dieser erklärte, er handle auf Verlangen des Inquisitors Wilhelm von Paris. Daraufhin nahm der Papst Philipps Handeln die legale Deckung, indem er die Machtbefugnisse der Inquisitoren suspendierte. Daher die Pressionen des Königs auf den Papst, dieser möge die Befugnisse der Inquisitoren wieder in Kraft setzen.

Der Papst wollte das von Philipp in Gang gesetzte Schnellverfahren blockieren und die Initiative zurückgewinnen. Die

Voruntersuchung durch die Inquisition hatte zur Anklageerhebung geführt; der Templerorden war unter Anklage gestellt und sollte öffentlich und von der Kirche untersucht werden. Durch die Bulle *Pastoralis praeeminentiae* verfügte er am 22. November die Verhaftung aller Templer und die Unterstellung ihrer Besitztümer unter die Kirche.

Als der König im Oktober die von seinen Beamten beschlagnahmten Güter »strikt und sämtlich einbehalten« ließ, hatte er die Absicht, sie ganz für sich zu behalten, wenn auch für den übergeordneten Zweck der Finanzierung des geplanten Kreuzzuges. Die sechste der sieben an die Universität gestellten Fragen läßt kaum einen Zweifel: »Man fragt, ob die Güter, die die besagten Templer gemeinsam besaßen und die ihr Eigentum waren, zugunsten des Fürsten konfisziert werden sollen, in dessen Gerichtsbarkeit sie angehäuft worden sind, oder aber entweder der Kirche oder dem Heiligen Land zugesprochen werden sollen, weil sie im Hinblick darauf von ihnen erworben oder gesucht worden waren.« Die Antwort der Universität war eindeutig: die Besitztümer sollten dem Heiligen Land zugute kommen. Das war kein Widerspruch, denn der Kreuzzug sollte dem Heiligen Land zugute kommen und der einzig verbliebene Ritterorden, die Hospitaliter, war an der Planung beteiligt!

Eins steht jedenfalls fest: Der Papst wurde tätig, die Inquisition machte ihre Arbeit, und ein formeller Prozeß nach kirchlichem Recht fand statt. Der Vorwurf war Häresie und Pflege einer gnostischen Geheimlehre, und darauf stand die Todesstrafe durch Verbrennung, wie in späteren Hexenprozessen. Im Frühjahr 1308 befahl der Papst allen Herrschern, in deren Reichen die Tempelritter Besitzungen hatten, sie festzunehmen und ähnliche Prozesse einzuleiten. Auch dort, mit Ausnahme Portugals, wurden die Ritter vor kirchliche Gerichte gestellt. Die Folter wurde nicht immer und überall angewendet, wohl aber ein feststehendes Verhör. Die Angeklagten wußten, welche Geständnisse man von ihnen erwartete, und viele von ihnen gestanden.

Für den Papst war es von besonderer Bedeutung, daß die Regierung von Zypern hierbei mitwirkte, denn das Hauptquartier des Ordens befand sich auf der Insel. Im Mai 1308 kam Prior Hayton aus Frankreich mit einem Brief vom Papst an, der die sofortige Verhaftung der Ritter anordnete, da sie sich als Ungläubige erwiesen hätten. Am 1. Juni ergaben sich die Ritter und wurden zunächst in Khirokhitia und Yourmasoyia und später in Lefkara unter Beobachtung gestellt. Am 22. März 1312 wurde der Templerorden aufgelöst. Jakob von Molay wurde am 18. März 1314 auf dem Scheiterhaufen verbrannt. Die Hospitaliter verlegten ihren Sitz 1310 nach Rhodos, dafür hießen sie Rhodiserritter. Als die Türken 1523 Rhodos eroberten, überließ Kaiser Karl V. dem Orden 1530 Malta, daher hießen sie Malteserritter, wo sie bis 1798 selbständig waren.

Mag man über die Handlungsweise des Königs von Frankreich geteilter Meinung sein, der Bösewicht und Scharlatan, wie man ihm nachsagt, war er nicht. Früher oder später wäre dieses Ende der Templer gekommen, denn der Neider gab es viele, und der Orden hatte seine Zeit und Aufgaben überlebt. Als Söldnerorden und Bankier war er zu reich und mächtig, als daß man ihn wie einen Staat im Staate dulden konnte. Doch die große Anteilnahme der verschiedensten Autoren an dem Schicksal der Tempelritter basiert in erster Linie auf ihrer geheimnisumwobenen Geheimlehre.

Und die Geheimlehre?

Wir haben ausführlich dargelegt, daß die Geheimlehre der Tempelritter eine Fortsetzung der esoterischen Geheimlehren im Orient von den alten Ägyptern über die jüdischen Kabbalisten, die Hermetiker, die

Sufis bis hin zur Bruderschaft der Baumeister darstellt. Ist die Fortsetzung mit dem Untergang des Templerordens abgebrochen? Ist das Geheimwissen im Abendland verloren gegangen?

1306 hatte Jakob von Molay die Geheimlehre gerettet, indem er, gemeinsam mit dem Orden von Zion, die Gesellenbruderschaft *Compagnonnage* gründete. Offensichtlich hatte die Bruderschaft der Baumeister bei dieser Entscheidung Pate gestanden. Diese Bruderschaft hatte mit Vereinigungen der Handwerker nach dem Vorbild der *ministeria* des spät- und oströmischen Reiches oder der *somata* des byzantinischen Reiches nichts zu tun. Vielmehr war sie ein Geheimbund mit Initiationsriten, geheimen Schwüren, gewählten Häuptern, die »Meister« genannt wurden, beratenden Gremien von Oberhäuptern und einer Ideologie, die sowohl mystisch als auch sozial war. Sie stand als interkonfessionelle Organisation jeder Religion offen: Muslimen, Christen, Juden und Mazda-Anhängern. Sie praktizierte mündliche Information und mündliche Initiation, drückte sich in Anspielungen und Symbolen aus, die von den Bauleuten entnommen waren, rühmte die Erhabenheit und Würde der Baukunst und bezeichnete sie als Königliche Kunst. Die Bruderschaft bestand aus vier Graden: Lehrling, Geselle, Meister und Eingeweihter. Erst der vierte Grad führte zum Geheimwissen, das von den Sufis in Südarabien übernommen worden war. Das Wissen wurde in 99 Stufen aufgeteilt, analog zu den 99 Namen Gottes. Nur wer den hundertsten Namen Gottes erfuhr, galt als der Kopf, das Haupt der Weisheit, arabisch *Abu al-fihamat*. Wie bei den Hermetikern galt der Bruderschaft der Königlichen Kunst der Salomonische Tempel als Vollendung allen Strebens nach Perfektion, und sie ließ die Legende von dessen Erbauung unter der Leitung des Baumeisters Hiram wieder aufleben. Der allegorischen Geschichte Hirams entlehnte man den Titel »Sohn der Witwe« für den Gründer. All dem begegnen wir bei der Compagnonnage wieder.

Was aus der Compagnonnage wurde, ist uns nicht überliefert. Doch scheint es bei interessierten Kreisen bekannt gewesen zu sein, daß man das Geheimwissen bei der Bruderschaft der Baumeister im Orient erwerben konnte. Der 1493 in Einsiedeln (Kanton Schwyz) geborene Theophrast von Hohenheim, den die Welt unter dem Namen Paracelsus kennt, verbrachte 21jährig etwa zehn Jahre »auf der Wanderschaft« in Ägypten, dem Heiligen Land und schließlich Konstantinopel und lernte bei der Bruderschaft der Baumeister das Geheimwissen, das es ihm ermöglichte, praktische Alchimie und Magie zu pflegen.

Eine Ähnlichkeit zu Aufbau und Zielsetzung der Compagnonnage läßt sich bei der mystischen Bruderschaft der Rosenkreuzer erkennen, wenn sie auch ihre Symbolik aus dem keltischen Christentum (das irische Steinkreuz heißt Rosenkreuz, was im Kreis um den Mittelpunkt des Kreuzes dargestellt wird) entlehnten. Sie wurden erstmals 1602 in der Literatur genannt. Interessanter jedoch ist die Legende vom Gründer dieser Bruderschaft, Christian Rosenkreuz (1378 bis 1484): er soll nämlich 21jährig eine Wallfahrt nach Jerusalem unternommen haben und unterwegs in Damaskus in die uralten geheimen Weisheiten und Erkenntnisse der Araber eingeweiht worden sein.

1805 taucht in Italien ein freimaurerisches Hochgradsystem mit 90 Graden auf, der Misraim-Ritus, dessen drei letzte Grade »Unbekannten Oberen« vorbehalten blieben. Vier Serien und 17 Klassen umfaßten die Rituale der 90 Grade. Es gab symbolische, philosophische, mystische und schließlich hermetisch-kabbalistische Grade. Sowohl der Name als auch die Zahl der Grade erinnern an die Bruderschaft der Baumeister im Orient. Seit 1814 wurde der Ritus hauptsächlich von den drei Brüdern Michel, Marc und Joseph Bedarride aus Avignon, die in diesem Jahr nach Paris übersiedelten, in Frankreich stark verbreitet. Michel Bedarride hatte bei der Napoleonischen Armee in Italien mit den Armeelieferungen zu tun gehabt und war in den Ritus aufgenommen worden.

231

Wie man sieht, scheinen die Kontakte des Abendlands zur Bruderschaft der Baumeister im Morgenland nicht aufgehört zu haben. Heute lebt diese Bruderschaft als »arabische Freimaurerei« weiter.

Immer wieder wiesen Autoren auf die Verbindung der Templer zur Freimaurerei hin und verbreiteten zahlreiche Theorien und Hypothesen, und genau so eifrig argumentierten wiederum andere dagegen. Für uns ist von Interesse, ob wir das Geheimwissen der Templer bei der Freimaurerei wiederfinden.

Ganz gleich, ob die Tempelritter nun in Schottland Zuflucht gefunden und überlebt hatten, seit 1130 gab es einige Gründungen der Zisterzienserabtei Clairvaux des Heiligen Bernhard auf schottischem Boden. Und dort wurde das esoterische Geheimwissen gepflegt. Sie beherbergten zwei Schulen und einen Kreis der Auserwählten: Die äußere Schule war für die Kinder des Adels aus der Umgebung bestimmt, hier lernten sie vor allem Latein, Literatur, Verskunst, Lesen und Schreiben. Der Adel erhielt also Allgemeinbildung, die Laienbrüder aus dem Bürgertum erlernten das Handwerk. Alles übrige war den Klerikern selbst vorbehalten, wobei die Mönche die Freien Künste, die Schönschreibekunst, die Illuminierkunst, die Bildhauerei und Malerei pflegten, teilweise auch Heilkräuterkunde und theologische Auslegung der Heiligen Schrift. Nur Auserwählte fanden über die Esoterik der Meditation Zugang zum inneren Kreis der Eingeweihten, der die hermetischen Künste pflegte und geheim hielt.

Im August 1560 siegte die presbyterianische Reformation in Schottland. Damals war das Jahreseinkommen der Kirche zehnmal so hoch wie das der Krone. Das erklärt leicht die Attraktivität des Kirchenamts für nichtgeistliche Karriereadlige. Kirchenländereien waren Laien als Lehnsgut übertragen, Laien waren auch Eintreiber von Kircheneinkünften geworden und mit Abteien als Pfründen belohnt worden. Dadurch wurde Kirchenbesitz, insbesondere Klosterbesitz, effektiv säkularisiert. Und der Protestantismus bot dem Adel und den Gutsbesitzern von Schottland nicht nur eine geistlich lebendige Kirche mit Laienbeteiligung, sondern auch die Möglichkeit, das belehnte Kirchengut nicht mehr zurückgeben zu müssen. So wurden in kürzester Zeit Hunderte von Klöstern überfallen, geplündert und aufgelöst. Die Folge war, daß Tausende von Mönchen zu Flüchtlingen und Vertriebenen wurden, ohne Obedienz im Lande. Darunter auch die Zisterzienser.

Das Geheimwissen wurde obdachlos und rettete sich in die Logen und die Korporation der Bauleute und bildete dort einen inneren Kreis von nichtoperativen Steinmetzen. Zur Kennzeichnung der Mitglieder des inneren Kreises des Geheimwissens in der Korporation wurde das Maurerwort (in Anlehnung an die Erkennungszeichen des Kreises der Eingeweihten) eingeführt, das sich erst nach 1560 manifestierte und sich zunächst auf die Ordensgeistlichen als Vertreter der »Königlichen Kunst« beschränkte. Hier konnte man zum Geheimwissen zugelassen werden, ohne deshalb die drei Gelübde ablegen zu müssen: Keuschheit, Armut und Gehorsam.

Für die Geschichte der Freimaurerei in Schottland ist Jakob Hepburn 4. Graf von Bothwell, seit 15. Mai 1567 Gemahl der Königin Maria Stuart, von besonderer Bedeutung: Der Protestant war ein *gentleman mason*, einer der Auserwählten des inneren Kreises der Hermetischen Künste gewesen, der sich in der Maurerloge etabliert hatte, und wurde von seinen politischen Gegnern beschuldigt, Maria Stuart mit Hilfe der Magie verzaubert zu haben! (J. Schierm, *Life of James Hepburn Earl of Bothwell*, Edinburgh 1887). Somit wäre er der erste »Freimaurer« in Schottland, von dem wir Kenntnis erhalten haben.

Der beste Hinweis für den Zusammenhang dieser Freimaurerei mit den Tempelrittern ist die neue Legende der Baukunst in diesen Logen. Wir kennen zahlreiche Manuskripte mit der Legende des Bauhandwerks aus England, so das Regius-Gedicht von 1390 (im Dialekt von Cloucestershire und dem westlichen Oxfordshire der englischen Midlands geschrieben) und die Cooke-Handschrift von 1410. In keinem von ihnen kommt die Hiram-Legende vor. Doch in der Freimaurerei ist sie die Hauptlegende überhaupt! Somit stammt sie nicht aus den Legenden der Korporationen und Zünfte, sondern kommt von einer anderen Quelle, die die Baukunst allegorisch verwendet, wie die Bruderschaft der Baumeister im Orient, die Compagnonnage in Frankreich oder die Geheimlehre der Tempelritter.

Am 19. August 1589 heiratete Jakob VI. von Schottland Anna, Tochter des Königs von Dänemark und Norwegen. Die erste als Rosenkreuzer bekannte Bruderschaft entstand 1494 im dänischen Schleswig. Auf sie bezieht sich Fortuin in seinem Buch *De Guildarum Historia*, das sich hauptsächlich mit der historischen Dokumentation zur dänischen Geschichte befaßt. Im Gefolge der Anna von Dänemark kamen die Rosenkreuzer 1589 nach Schottland, wo sie mit den gentlemen mason als identische bzw. artverwandte Bewegung fusionierten. Ein äußerlicher Beweis hierfür mag das in Edinburgh 1638 erschienene Gedicht *Muses Threnodie* von Henry Adamson dienen, in dem es heißt:

For wie be brethren of the Rosie Crosse
We have the Mason's Word and the second sight.
zu deutsch:
Denn wir sind Brüder vom Rosenkreuz,
Wir haben das Maurerwort und das zweite Gesicht.

Und die Assassinen? Gibt es sie noch?

Wir haben festgestellt, daß die im Abendland »Assassinen« genannten Batini der Nizari-Gruppe der Ismailiten angehörten und ein religiöser Orden waren mit dem Ziel, den Gottesstaat zu errichten. Wir erklärten, daß der esoterische Islam sich in verschiedene Gruppen abgesplittert hat, die sich lediglich in der Zahl ihrer Imame unterscheiden, nicht in der Lehre. Und jede von ihnen besaß ihren militärisch-religiösen Orden, dessen 2. Grad der fida'i, der Streiter Gottes ist. Die Siebener-Schiiten, zu denen die Ismailiten, Alawiten, Nizariten und Druzen zählen, hatten ihren Gottesstaat in Nordafrika und

234

Syrien bis nach Aleppo an der türkischen Grenze verwirklicht. Zwar hat Saladin 1173 ihre politische Staatsmacht zerschlagen, jedoch nicht ihre Anhänger und Orden.

Zu den Nachfolgern dieser Siebener-Schiiten zählen die Alawiten in den Bergen Syriens an der Mittelmeerküste von der Nordgrenze Libanons bis zur Südgrenze der Türkei bei Antakia (Antiochia), aber auch die Amal im nördlichen Teil des Libanon. Während die Alawiten keinen militärisch-religiösen Orden mehr besitzen, ist dieser bei den Amal recht aktiv und wird heute in den Medien als Amal-Miliz bezeichnet. Der syrische Regierungspräsident ist Alawit, deshalb ist die Amal-Miliz von Syrien abhängig. Sie wurde uns bekannt durch die spektakulären Aktionen ihrer Mitglieder im 2. Grad, den fida'is.

Die Zwölfer-Schiiten haben erst 1979 den Gottesstaat verwirklicht – in Iran. Die Mitglieder des vierten und fünften Grades des Ordens, die Da'is und Groß-Da'is, kennen wir als Ayatollahs; den siebten Grad des Stellvertreters (des Mahdis) hatte Chomeini inne. Zu diesen Schiiten gehören die Bewohner des südlichen Teils des Libanon, deren Orden wir als Hizbollah (Partei Gottes) kennen. Deshalb sind die Hizbollah von Iran abhängig. Wir kennen sie durch die Aktionen ihrer Mitglieder des 2. Grades, der fida'is.

Die Hamas-Bewegung unter den Palästinensern der West Bank ist ebenfalls ein schiitischer Orden mit dem 2. Grad der fida'is. Kaum wurde ihr Imam, Scheich Yasin, im September 1997 aus israelischer Haft entlassen, verkündete er, daß die Errichtung des Gottesstaates sein oberstes Ziel sei. Alle »Terroraktionen« der letzten Jahre von diesen drei Gruppen sind durch religiösen Eifer und Selbstaufopferung in Verfolgung der Ziele des Ordens gekennzeichnet. Man kann sie nur dann verstehen, wenn man ihre Motive als geheimer Mönchsorden begreift.

235

DIE GROSSMEISTER DES TEMPLERORDENS

(nach Marie Luise Bulst-Thiele, *Sacrae domus militiae Templi Hierosolymitani magistri*. Untersuchungen zur Geschichte des Templerordens, 1118/19–1314. Göttingen 1974)

Name	Geogr. Herkunft	Amtszeit
Hugo von Payns	Champagne	1118/19–24. Mai 1136/37
Robert von Craon	Maine (bei Vitry)	1136/37– 13. Januar 1149
Eberhard von Barres	Champagne (Meaux)	1149–1152
Bernhard von Trémelay	Freigrafschaft	1152–16. August 1153
Andreas von Montbard	Burgund	1153–17. Januar 1156
Bernhard von Blanquefort	Berry oder Bordelais	1156–2. Januar 1169
Philipp von Nablus	Hl. Land	1169–1171
Odo von St.-Amand	Provence	1171–8. Oktober 1179
Arnold von Torroja	Aragón	1180– 30. September 1184
Gerhard von Ridefort	Flandern	1185–4. Oktober 1189
Robert von Sablé	Maine	1191– 28. September 1193
Gilbert Érail	Aragon oder Provence	1194– 21. Dezember 1200
Philipp von Plessis	Anjou	1201–12. Februar 1209
Wilhelm von Chartres	Chartres	1210–25. August 1219
Peter von Montaigu	Aragón oder Südfrankreich	1219–28. Januar 1232
Hermant von Périgord	Périgord	1232– 17. Oktober 1244
Richard von Bures	Normandie oder Hl. Land	1244/45–9. Mai 1247

Wilhelm von Sonnac	Rouergue	1247 – 11. Februar 1250
Reinhard von Vichiers	Champagne?	1250 – 20. Januar 1256
Thomas Bérard	Italien oder England	1256 – 25. Mai 1273
Wilhelm von Beaujeu	Beaujolais	1273 – 18. Mai 1291
Theobald Gaudin	Chartres-Blois?	1291 – 16. April 1293
Jakob von Molay	Freigrafschaft	1294 – 18. März 1314

LITERATURVERZEICHNIS

Baigent, Michael; Leigh, Richard: The Tempel and the Lodge, London 1989; dt. Der Tempel und die Loge – Das geheime Erbe der Templer in der Freimaurerei, Bergisch Gladbach 1990

Bauer, Wolfgang; Dümotz, Irmtraud; Golowin, Sergius: Lexikon der Symbole, Dreieich 1980

Berger, Klaus: Theologiegeschichte des Urchristentums – Theologie des Neuen Testaments, Tübingen–Basel 1994

Charpentier, John: L'Ordre des Templiers, Paris 1944, 1962; dt. Die Templer, Stuttgart 1965; Tb Frankfurt–Berlin–Wien 1981

Charpentier, Louis: Les mystères templiers, Paris 1967; dt. Macht und Geheimnis der Templer – Bundeslade, Abendländische Zivilisation, Kathedralen, Olten o. J.

Cunliffe, Barry: The Celtic World, Maidenhead 1979; dt. Die Kelten und ihre Geschichte, Bergisch Gladbach 1980

Demurger, Alain: Vie et mort de l'ordre du Temple, Paris 1985; dt. Die Templer: Aufstieg und Untergang: 1120–1314, München 1991

Doberer, Kurt K.: Die Goldmacher – Zehntausend Jahre Alchemie, München 1987

Dornseiff, Franz: Das Alphabet in Mystik und Magie, Leipzig–Berlin 1925

Duri, Abdalaziz: Muqaddima fî t-târîkh al-iqtisâdî al-'arabî, Beirut 1969; dt. Arabische Wirtschaftsgeschichte, Zürich–München 1979

Du Ry, Carel J.: Die Welt des Islam, Baden-Baden 1970

Ellis, Keith: Number Power in Nature, Art, and Everyday Life, London 1977; dt. Magie der Zahl – Ihre Rolle in Natur, Kunst und Alltag, München 1979 (Tb)

Federmann, Reinhard: Die königliche Kunst – Eine Geschichte der Alchemie, Wien–Berlin–Stuttgart 1964

von Grunebaum, G. E.: Islam in the Middle Ages, Chicago 1946; dt. Der Islam im Mittelalter, Zürich–Stuttgart 1963

Hancock, Graham: (?) 1992; dt. Die Wächter des Heiligen Siegels – Auf der Suche nach der verschollenen Bundeslade, Bergisch Gladbach 1992; Tb Bergisch Gladbach 1994

Hauf, Monika: Der Mythos der Templer, Solothurn–Düsseldorf 1995

Kessler, Herbert: Bauformen der Esoterik, Freiburg i. Br. 1983

Kieckhefer, Richard: Magic in the Middle Ages, Cambridge 1990; dt. Magie im Mittelalter, München 1992

Koepgen, Georg: Die Gnosis des Christentums, Salzburg 1939, Trier 1978

Les sociétés secrètes initiatiques, Paris 1975; dt. Die großen Ge-
heimbünde, Düsseldorf–Wien 1979. Texte:
Jean Marquès-Rivière: Histoire des doctrines ésotériques, Payot
1940
Milo Rigaud: La Tradition voudoo et le Voudoo haïtien, 1953
P.-E. Joset: Les sociétés secrètes des Hommes-Léopards en Afrique
noire, Payot 1955
Serge Hutin: Histoire mondiale des sociétés secrètes, Les Amis du
Club du Livre du Mois, 1959
Lewis, Bernard: The Assassines, London 1967; dt. Die Assassinen –
Zur Tradition des religiösen Mordes im radikalen Islam, Frankfurt
am Main 1989
Lincoln, Henry; Baigent, Michael; Leigh, Richard: The Holy Blood
and the Holy Grail, London 1982; dt. Der Heilige Gral und seine
Erben – Ursprung und Gegenwart eines geheimen Ordens. Sein
Wissen und seine Macht, Bergisch Gladbach 1984
Lincoln, Henry; Baigent, Michael; Leigh, Richard: The Messianic Le-
gacy, London 1986; dt. Das Vermächtnis des Messias – Aufrag und
geheimes Wissen der Bruderschaft vom Heiligen Gral, Bergisch
Gladbach 1987
Lombard, Maurice: L'islam dans sa première grandeur (VIII'-XI' siè-
cle), Paris 1971; dt. Blütezeit des Islam – Eine Wirtschafts- und
Kulturgeschichte 8.-11. Jahrhundert, Frankfurt am Main 1991 (Tb)
Markale, Jean: Le Druidisme – Traditions et Dieux des Celtes, Paris
o. J.; dt. Die Druiden – Gesellschaft und Götter der Kelten, Mün-
chen o. J.
Markale, Jean: Montségur et l'énigme cathare, Paris 1986; dt. Die Ka-
tharer von Montségur – Das geheime Wissen der Ketzer, München
1990
Meck, Bruno: Die Assassinen – Die Mördersekte der Haschischesser,
Düsseldorf–Wien 1981
Miers, Horst E.: Lexikon des Geheimwissens, Freiburg i. Br. o. J., Tb
München 1976
Nardini, Bruno: Misteri e dottrine segrete. Dal „trapassato remoto" ai
nostri giorni, Florenz (1950er, 2. Aufl. 1976); dt. Mysterien und Ge-
heimbünde: Über den geistigen Hintergrund unserer Geschichte,
Braunschweig 1990
Neu, Heinrich: Bibliographie des Templer-Ordens 1927 – 1965, Bonn
1965
Oslo, Allan: Freimaurer – Humanisten? Häretiker? Hochverräter?,
Frankfurt am Main 1988

Pernoud, Régine: Les saints au Moyen Age, Paris 1984; dt. Die Heiligen im Mittelalter – Frauen und Männer, die ein Jahrtausend prägten, Bergisch Gladbach 1988; Tb Bergisch Gladbach 1991

Pfabigan, Alfred (Hrsg.): Die andere Bibel – mit Altem und Neuem Testament, Frankfurt am Main 1991

Pruszinsky, Hans: Die männlichen katholischen Orden und Kongregationen in Spanien – Eine kurzgefaßte Darstellung ihrer Geschichte, Organisation und Zielsetzungen, Wien 1983

Prutz, Hans: Die geistlichen Ritterorden – Ihre Stellung zur kirchlichen, politischen, gesellschaftlichen und wirtschaftlichen Entwicklung des Mittelalters, Berlin 1908

Roll, Eugen: Ketzer zwischen Orient und Okzident – Patarener, Paulikianer, Bogomilen, Stuttgart 1978

Runciman, Steven: A History of the Crusades, Cambridge 1950-54; dt. Geschichte der Kreuzzüge, München 1957-60, 1983

Schimmel, Annemarie: Mystical dimensions of Islam, Chapel Hill 1975; dt. Mystische Dimensionen des Islam – Die Geschichte des Sufismus, München 1985

Schuster, Georg: Die geheimen Gesellschaften, Verbindungen und Orden, (o. O.) 1906

Schwaiger, Georg (Hrsg.): Mönchtum, Orden, Klöster – Ein Lexikon, München 1993

Seligmann, Kurt: The History of Magic, New York 1948; dt. Das Weltreich der Magie – 5 000 Jahre geheime Kunst, Wiesbaden o. J.

Shah, Idries: The Sufis, London 1964; dt. Die Sufis – Botschaft der Derwische, Weisheit der Magier, München 1976

Sloterdijk, Peter (Hrsg.): Ekstatische Konfessionen, Jena 1909; Mystische Zeugnisse aller Zeiten und Völker – gesammelt von Martin Buber, München 1993

Vaillant, Bernard: Traditions initiatiques de l'occident, Paris 1983; dt. Westliche Einweihungslehren, München 1986; Tb München 1992

Vernet, Juan: La Cultura hispanoárabe en oriente y occidente, Barcelona 1978; dt. Die spanisch-arabische Kultur in Orient und Okzident, Zürich-München 1984

Weidinger, Erich: Die Apokryphen – Verborgene Bücher der Bibel, Augsburg o. J.

Wilson, Colin: The Occult, London 1971; dt. Das Okkulte, März Verlag 1982, Dreiech 1988

Wissenschaft und Technik im alten China, herausgegeben vom Institut für Geschichte der Naturwissenschaften der Chinesischen Akademie der Wissenschaften, chinesisch 1978, englisch 1983, deutsch Basel–Boston–Berlin 1989